SPÉCIALITÉ

HGGSP

Histoire-Géographie - Géopolitique
Sciences politiques

1re

Objectif BAC

Vincent ADOUMIÉ
Agrégé d'histoire
Agrégé de géographie
Lycée Dumont-d'Urville (Toulon)

hachette
ÉDUCATION

MODE D'EMPLOI

Vous trouverez réunis dans cet ouvrage, tous les outils pour bien préparer et réussir votre année :

UNE PRÉSENTATION DE LA SPÉCIALITÉ

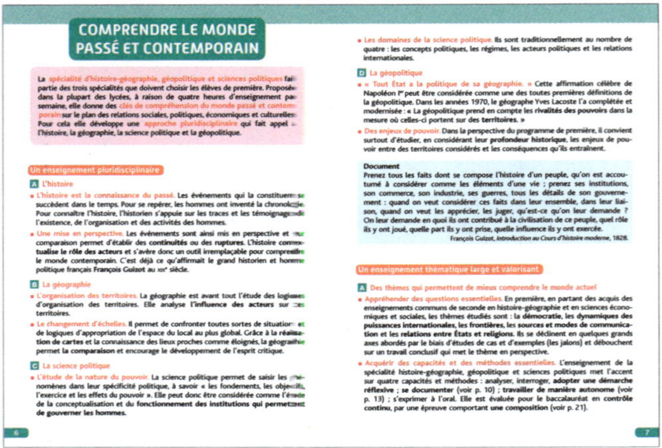

COMPRENDRE LE MONDE PASSÉ ET CONTEMPORAIN

La spécialité d'histoire-géographie, géopolitique et sciences politiques fait partie des trois spécialités que doivent choisir les élèves de première. Proposée dans la plupart des lycées, à raison de quatre heures d'enseignement par semaine, elle donne des clés de compréhension du monde passé et contemporain sur le plan des relations sociales, politiques, économiques et culturelles. Pour cela elle développe une approche pluridisciplinaire qui fait appel à l'histoire, la géographie, la science politique et la géopolitique.

Un enseignement pluridisciplinaire

A L'histoire

- L'histoire est la connaissance du passé. Les événements qui la constituent se succèdent dans le temps. Pour se repérer, les hommes ont inventé la chronologie. Pour connaître l'histoire, l'historien s'appuie sur les traces et les témoignages de l'existence, de l'organisation et des activités des hommes.
- Une mise en perspective. Les événements sont ainsi mis en perspective et leur comparaison permet d'établir des **continuités** ou des **ruptures**. L'histoire contextualise **le rôle des acteurs** et s'avère donc un outil irremplaçable pour comprendre le monde contemporain. C'est déjà ce qu'affirmait le grand historien et homme politique français **François Guizot** au XIXe siècle.

B La géographie

- L'organisation des territoires. La géographie est avant tout l'étude des logiques d'organisation des territoires. Elle analyse **l'influence des acteurs** sur les territoires.
- Le changement d'échelles. Il permet de confronter toutes sortes de situations et de logiques d'appropriation de l'espace du local au plus global. Grâce à la **réalisation de cartes** et la connaissance des lieux proches comme éloignés, la géographie permet **la comparaison** et encourage le développement de l'esprit critique.

C La science politique

- L'étude de la nature du pouvoir. La science politique permet de saisir les phénomènes dans leur spécificité politique, à savoir « les fondements, les objectifs, l'exercice et les effets du pouvoir ». Elle peut donc être considérée comme l'étude de la conceptualisation et du **fonctionnement des institutions qui permettent de gouverner les hommes.**
- Les domaines de la science politique. Ils sont traditionnellement au nombre de quatre : les concepts politiques, les régimes, les acteurs politiques et les relations internationales.

D La géopolitique

- « Tout État a la politique de sa géographie. » Cette affirmation célèbre de Napoléon Ier peut être considérée comme une des toutes premières définitions de la géopolitique. Dans les années 1970, le géographe Yves Lacoste l'a complétée et modernisée : « La géopolitique prend en compte les **rivalités des pouvoirs** dans la mesure où celles-ci portent sur des **territoires.** »
- Des enjeux de pouvoir. Dans la perspective du programme de première, il convient surtout d'étudier, en considérant leur **profondeur historique**, les enjeux de pouvoir entre des territoires considérés et les conséquences qu'ils entraînent.

Document
Prenez tous les faits dont se compose l'histoire d'un peuple, qu'on est accoutumé à considérer comme les éléments d'une vie ; prenez ses institutions, son commerce, son industrie, ses guerres, tous les détails de son gouvernement : quand on veut considérer ces faits dans leur ensemble, dans leur liaison, quand on veut les apprécier, les juger, qu'est-ce qu'on leur demande ? On leur demande en quoi ils ont contribué à la civilisation de ce peuple, quel rôle ils y ont joué, quelle part ils y ont prise, quelle influence ils y ont exercée.
François Guizot, *Introduction au Cours d'histoire moderne*, 1828.

Un enseignement thématique large et valorisant

A Des thèmes qui permettent de mieux comprendre le monde actuel

- Appréhender des questions essentielles. En première, en partant des acquis des enseignements communs de seconde en histoire-géographie et en sciences économiques et sociales, les thèmes étudiés sont : la **démocratie**, les **dynamiques des puissances internationales**, les **frontières**, les **sources et modes de communication** et les **relations entre États et religions**. Ils se déclinent en quelques grands axes abordés par le biais d'études de cas et d'exemples (les jalons) et débouchent sur un travail conclusif qui met le thème en perspective.
- Acquérir des capacités et des méthodes essentielles. L'enseignement de la spécialité histoire-géographie, géopolitique et sciences politiques met l'accent sur quatre capacités et méthodes : analyser, interroger, **adopter une démarche réflexive** ; **se documenter** (voir p. 10) ; **travailler de manière autonome** (voir p. 13) ; s'exprimer à l'oral. Elle est évaluée pour le baccalauréat en **contrôle continu**, par une épreuve comportant **une composition** (voir p. 21).

6 7

LES MÉTHODES

Des fiches méthodes pour travailler efficacement toute l'année

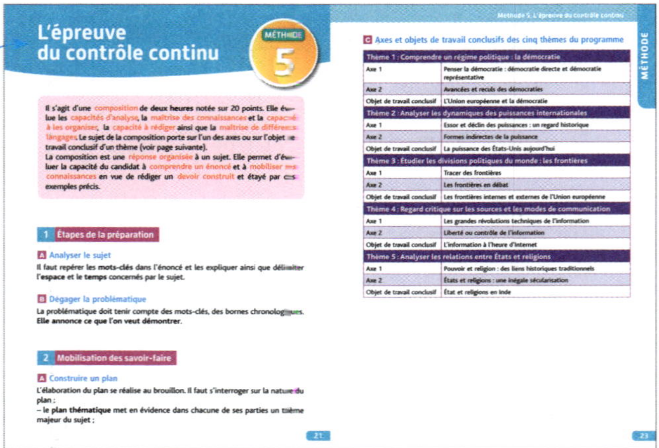

L'épreuve du contrôle continu

MÉTHODE 5

Il s'agit d'une composition de **deux heures** notée sur 20 points. Elle évalue les capacités d'analyse, la maîtrise des connaissances et la capacité à les organiser, la capacité à rédiger ainsi que la maîtrise de différents langages. Le sujet de la composition porte sur l'un des axes ou sur l'objet de travail conclusif d'un thème (voir page suivante).
La composition est une réponse organisée à un sujet. Elle permet d'évaluer la capacité du candidat à comprendre un énoncé et à mobiliser ses connaissances en vue de rédiger un devoir construit et étayé par des exemples précis.

1 Étapes de la préparation

A Analyser le sujet

Il faut repérer les **mots-clés** dans l'énoncé et les expliquer ainsi que délimiter l'**espace** et le **temps** concernés par le sujet.

B Dégager la problématique

La problématique doit tenir compte des mots-clés, des bornes chronologiques. **Elle annonce ce que l'on veut démontrer.**

2 Mobilisation des savoir-faire

A Construire un plan

L'élaboration du plan se réalise au brouillon. Il faut s'interroger sur la nature du plan :
– le **plan thématique** met en évidence dans chacune de ses parties un thème majeur du sujet ;

21

Méthode 5. L'épreuve du contrôle continu

MÉTHODE

C Axes et objets de travail conclusifs des cinq thèmes du programme

Thème 1 : Comprendre un régime politique : la démocratie	
Axe 1	Penser la démocratie : démocratie directe et démocratie représentative
Axe 2	Avancées et reculs des démocraties
Objet de travail conclusif	L'Union européenne et la démocratie
Thème 2 : Analyser les dynamiques des puissances internationales	
Axe 1	Essor et déclin des puissances : un regard historique
Axe 2	Formes indirectes de la puissance
Objet de travail conclusif	La puissance des États-Unis aujourd'hui
Thème 3 : Étudier les divisions politiques du monde : les frontières	
Axe 1	Tracer des frontières
Axe 2	Les frontières en débat
Objet de travail conclusif	Les frontières internes et externes de l'Union européenne
Thème 4 : Regard critique sur les sources et les modes de communication	
Axe 1	Les grandes révolutions techniques de l'information
Axe 2	Liberté ou contrôle de l'information
Objet de travail conclusif	L'information à l'heure d'Internet
Thème 5 : Analyser les relations entre États et religions	
Axe 1	Pouvoir et religion : des liens historiques traditionnels
Axe 2	États et religions : une inégale sécularisation
Objet de travail conclusif	État et religions en Inde

23

Conception graphique
Couverture : Stéphanie Benoit
Intérieur : Alicia Dassonville

Composition, schémas et mise en pages : Médiamax
Édition : Laurence Lesbre, Sophie Zeegers

I.S.B.N. 978-2-01-726913-7

58, rue Jean Bleuzen, CS70007, 92178 VANVES Cedex

www.hachette-education.com

Achevé d'imprimer en juin 2024 en Slovaquie par Polygraf
Dépôt légal : Juillet 2024 - Édition 01

46 CHAPITRES SUR TOUT LE PROGRAMME

Une introduction à la problématique

Une frise chronologique pour se repérer

De nombreuses aides (mots-clés, biographies, définitions…)

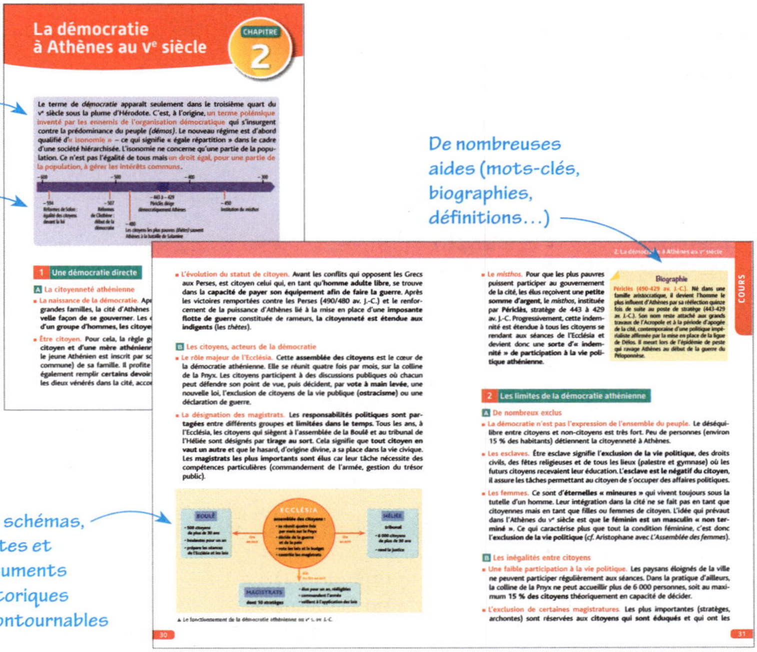

Les schémas, cartes et documents historiques incontournables

10 CONTRÔLES CONTINUS

Des sujets-types de dissertation, avec des conseils pour analyser le sujet

Des cartes mentales pour mobiliser vos connaissances

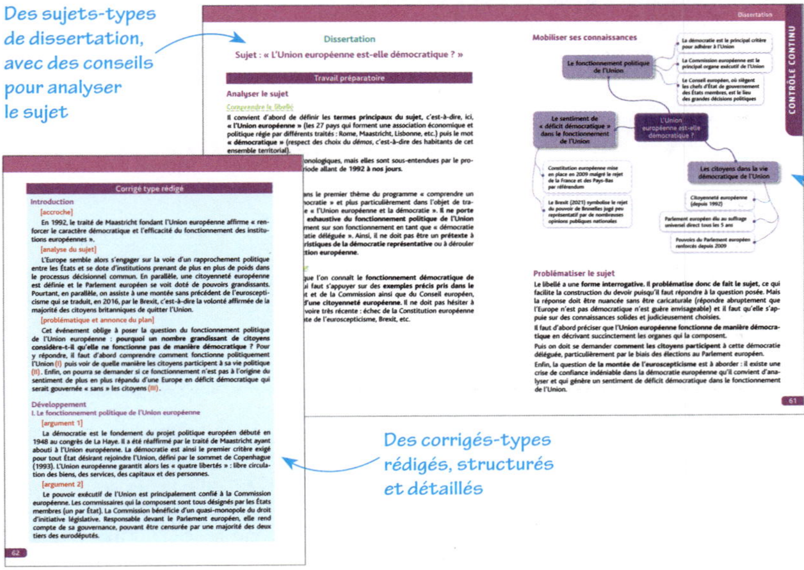

Des corrigés-types rédigés, structurés et détaillés

SOMMAIRE

Méthodes

Thème 1. Comprendre un régime politique : la démocratie

Cours

Contrôle continu

Thème 2. Analyser les dynamiques des puissances internationales

Cours

Contrôle continu

Thème 3. Étudier les divisions politiques du monde : les frontières

Cours

Contrôle continu

Thème 4. S'informer : regard critique sur les sources et les modes de communication

Cours

Contrôle continu

Thème 5. Analyser les dynamiques des puissances internationales

Cours

Contrôle continu

COMPRENDRE LE MONDE PASSÉ ET CONTEMPORAIN

La **spécialité d'histoire-géographie, géopolitique et sciences politiques** fait partie des trois spécialités que doivent choisir les élèves de première. Proposée dans la plupart des lycées, à raison de quatre heures d'enseignement par semaine, elle donne des **clés de compréhension du monde passé et contemporain** sur le plan des relations sociales, politiques, économiques et culturelles. Pour cela, elle développe une **approche pluridisciplinaire** qui fait appel à l'histoire, la géographie, aux sciences politiques et à la géopolitique.

Un enseignement pluridisciplinaire

A L'histoire

- **L'histoire est la connaissance du passé.** Les événements qui la constituent se succèdent dans le temps. Pour se repérer, les hommes ont inventé la chronologie. Pour connaître l'histoire, l'historien s'appuie sur les traces et les témoignages de l'existence, de l'organisation et des activités des hommes.
- **Une mise en perspective.** Les événements sont ainsi mis en perspective et leur comparaison permet d'établir des **continuités** ou des **ruptures**. L'histoire **contextualise le rôle des acteurs** et s'avère donc un outil irremplaçable pour comprendre le monde contemporain. C'est déjà ce qu'affirmait le grand historien et homme politique français **François Guizot**, au XIXe siècle (voir document p. 7).

B La géographie

- **L'organisation des territoires.** La géographie est, avant tout, l'étude des logiques d'organisation des territoires. Elle analyse **l'influence des acteurs** sur ces territoires.
- **Le changement d'échelles.** Il permet de confronter toutes sortes de situations et de logiques d'appropriation de l'espace du local au plus global. Grâce à la **réalisation de cartes** et la connaissance des lieux proches comme éloignés, la géographie permet **la comparaison** et encourage le développement de l'esprit critique.

C La science politique

- **L'étude de la nature du pouvoir.** La science politique permet de saisir les phénomènes dans leur spécificité politique, à savoir « les fondements, les objectifs, l'exercice et les effets du pouvoir ». Elle peut donc être considérée comme l'étude de la conceptualisation et du **fonctionnement des institutions qui permettent de gouverner les hommes**.

- **Les domaines de la science politique.** Ils sont, traditionnellement, au nombre de quatre : les concepts politiques, les régimes, les acteurs politiques et les relations internationales.

D La géopolitique

- **« Tout État a la politique de sa géographie. »** Cette affirmation célèbre de Napoléon Ier peut être considérée comme une des toutes premières définitions de la géopolitique. Dans les années 1970, le géographe Yves Lacoste l'a complétée et modernisée : « La géopolitique prend en compte les **rivalités des pouvoirs** dans la mesure où celles-ci portent sur des **territoires.** »
- **Des enjeux de pouvoir.** Dans la perspective du programme de première, il convient surtout d'étudier, en considérant leur **profondeur historique**, les enjeux de pouvoir entre des territoires considérés et les conséquences qu'ils entraînent.

Document

Prenez tous les faits dont se compose l'histoire d'un peuple, qu'on est accoutumé à considérer comme les éléments d'une vie ; prenez ses institutions, son commerce, son industrie, ses guerres, tous les détails de son gouvernement : quand on veut considérer ces faits dans leur ensemble, dans leur liaison, quand on veut les apprécier, les juger, qu'est-ce qu'on leur demande ? On leur demande en quoi ils ont contribué à la civilisation de ce peuple, quel rôle ils y ont joué, quelle part ils y ont prise, quelle influence ils y ont exercée.

François Guizot, *Introduction au Cours d'histoire moderne*, 1828.

Un enseignement thématique large et valorisant

A Des thèmes qui permettent de mieux comprendre le monde actuel

- **Appréhender des questions essentielles.** En première, en partant des acquis des enseignements communs de seconde en histoire-géographie et en sciences économiques et sociales, les thèmes étudiés sont : la **démocratie**, les **dynamiques des puissances internationales**, les **frontières**, les **sources et modes de communication** et les **relations entre États et religions.** Ils se déclinent en quelques grands axes abordés par le biais d'études de cas et d'exemples (les jalons) et débouchent sur un travail conclusif qui met le thème en perspective.
- **Acquérir des capacités et des méthodes essentielles.** L'enseignement de la spécialité histoire-géographie, géopolitique et sciences politiques met l'accent sur quatre capacités et méthodes : analyser, interroger, **adopter une démarche réflexive ; se documenter** (voir p. 10) ; **travailler de manière autonome** (voir p. 13) ; **s'exprimer à l'oral** (voir p. 16). Elle est évaluée pour le baccalauréat, par une épreuve comportant **une dissertation** (voir p. 21) et une **étude critique de documents** (voir p. 19).

B Une spécialité qui ouvre la voie à toutes sortes d'études

- **Les cursus universitaires.** Cette spécialité est très utile pour aborder sereinement de nombreux cursus universitaires, particulièrement **l'histoire**, la géographie, les sciences sociales, le **droit** et les **sciences politiques**.

- **Les classes préparatoires aux grandes écoles (CPGE).** L'histoire, la géographie, la géopolitique et les sciences politiques sont indispensables pour réussir en **CPGE littéraires,** en **CPGE économiques et commerciales**. Cet enseignement post-baccalauréat pluridisciplinaire, dispensé dans certains lycées, permet ensuite, au bout de deux ou trois ans, d'**intégrer de nombreuses écoles** (journalisme, instituts d'études politiques, écoles de commerce et de management, etc.).

Zoom

La **BEL (Banque d'épreuves littéraires).** C'est le nom du concours passé en fin de 2e année de CPGE littéraires. Outre les **écoles normales supérieures** (Lyon, Paris, Saclay), sa finalité première, ce concours offre des places dans plus de quarante écoles et formations de haut niveau : la quasi totalité des **grandes écoles de commerce** ; des écoles de **journalisme** et **d'interprétariat** ; le **management de la fonction publique** (IEP, ISMaPP) ; les **écoles des Chartes et du Louvre** ; l'école militaire de **Saint-Cyr,** etc.

Les méthodes

MÉTHODE 1

Se documenter

COMMENT FAIRE ?

L'écoute active en cours est obligatoirement complétée par un **travail de documentation,** d'abord aidé par les enseignants puis **progressivement en autonomie**. Toutes les sources d'information accessibles ne sont pas équivalentes. **Les sources imprimées sont à privilégier** tout en les complétant **par des recherches sur Internet**.

1 Connaître les principales sources de documentation

A Atlas, dictionnaires, encyclopédies et usuels

Les atlas, dictionnaires et encyclopédies sont nécessaires pour acquérir un vocabulaire de base correct et pour faire le point sur de grandes questions. Il faut posséder un dictionnaire, mais aussi consulter les encyclopédies en bibliothèque ou sur Internet.

B Les lieux « classiques » où se documenter

- **Votre bibliothèque « personnelle »** doit comporter vos manuels de lycée. Vous serez surpris(e) du nombre d'informations qu'ils recèlent. Il faut y ajouter, au minimum, un dictionnaire et un atlas.
- **Au CDI,** vous trouverez des encyclopédies, des revues et un grand nombre d'ouvrages spécialisés. Vous serez guidé(e) par le professeur documentaliste et votre professeur de spécialité. Vous pouvez aussi utiliser la **base de données informatiques interactive du CDI**. Elle est accessible grâce à des terminaux disponibles dans les salles de lecture et par Internet. Le principe de recherche ne diffère pas du système traditionnel, à la différence qu'il faut remplir des champs de valeur (auteur, titre, époque ou thème) et, ensuite, recopier les cotes pour obtenir l'ouvrage qui vous paraît le plus pertinent.

2 Le cas particulier d'Internet

A Une « caverne d'Ali Baba »

La plupart des internautes utilisent d'abord les moteurs de recherche (et principalement Google) pour se documenter. Les multiples réponses à leurs requêtes, pas toujours appropriées, les laissent souvent perplexes tant il leur est difficile de démêler l'essentiel de l'accessoire.

B Une obligation de tri

- La meilleure démarche à suivre pour gagner du temps est de savoir où trouver des informations pertinentes.
- **Les grands sites marchands : ils sont toujours référencés en premier** par les moteurs de recherche et contribuent à brouiller la clarté des réponses proposées. Ils peuvent cependant avoir une certaine utilité en indiquant des titres d'œuvres en rapport avec le sujet à traiter.
- **Les encyclopédies en ligne : Wikipédia** (http://wikipedia.fr/) est la plus utilisée, malgré la méfiance – en partie injustifiée – que lui voue encore une fraction du monde universitaire. Elle peut se révéler utile pour des détails factuels mais elle ne permet que rarement d'avoir une vue d'ensemble cohérente sur un sujet précis. L'encyclopédie **Larousse** (http://www.larousse.fr/), accessible gratuitement en ligne, offre moins de choix que Wikipédia, mais la plupart des articles sont de bonne qualité (nombreuses cartes historiques). L'encyclopédie **Universalis** (http://www.universalis.fr/) reste la plus fiable pour débroussailler une question mais l'accès aux articles complets est payant.
- **L'intelligence artificielle (IA) :** désormais facilement accessible sur Internet (Chat GPT, Rask Ai, etc.), elle peut aider à trouver des informations pertinentes sur un sujet précis. L'IA ne créé rien par elle-même, elle compile, de manière ordonnée, des informations qui paraissent être en rapport avec votre demande.

Savoir faire une fiche de lecture

Conseils généraux

Une fiche de lecture a pour but de **rendre accessible, de manière structurée**, en quelques pages, **un ouvrage** essentiel à l'approfondissement d'un thème du programme. C'est un outil documentaire qui doit être utile. Il faut donc la faire avec soin en respectant des consignes précises. Elle doit être la plus courte possible, en tenant compte, bien sûr, de la taille de l'ouvrage à ficher. Elle doit surtout être accessible au lecteur et donc être rédigée avec soin : le style « télégraphique » est à éviter.

Préparer la fiche

Il faut lire attentivement l'ouvrage à ficher et noter dans un fichier informatique « brouillon » les idées essentielles. Donner un titre général à chaque chapitre permet d'en dégager l'idée principale. Ensuite, il faut dactylographier la fiche en la rédigeant à l'ordinateur, en respectant les consignes données par le professeur (police de caractères, nombre de signes, mise en page des titres et intertitres, etc.).

Rédiger la fiche

L'introduction présente l'ouvrage : auteur, titre, date de publication, type d'ouvrage, thème principal. Suivant les consignes données par le professeur, vous devrez fournir plus ou moins de précisions sur la bibliographie de l'auteur, sur le genre de l'ouvrage ou le contexte de son écriture et de sa publication.

Le développement synthétise les idées principales de l'ouvrage soit en suivant son ordre, soit en regroupant certains chapitres qui ont la même thématique. **Il ne s'agit pas de résumer tout ce qui est écrit** mais d'en extraire les idées fortes. Il faut aussi recopier quelques courts passages marquants du livre. Ces citations doivent être limitées (une à deux par chapitre) et concises (une à deux phrases). Elles permettent d'illustrer votre synthèse. Il ne faut en aucun cas que votre fiche de lecture soit un collage d'extraits de l'ouvrage mis bout à bout !

La conclusion permet de dégager l'intérêt principal de l'ouvrage. Elle doit aussi adopter une démarche critique en soulignant ses limites (les oublis, les erreurs, les passages difficilement compréhensibles, etc.). Il faut aussi indiquer en quoi l'ouvrage vous a été utile et ce qu'il vous a appris.

Travailler de manière autonome

MÉTHODE 2

COMMENT FAIRE ?

Le plus grand changement induit par l'enseignement supérieur est une véritable liberté dans la gestion de son temps de travail, en grande partie parce que les horaires des cours semblent s'être considérablement allégés. C'est à cela que vous prépare, dès le lycée, l'apprentissage du travail en autonomie.

1 Savoir « gérer sa liberté »

A L'autonomie est une liberté « surveillée »

Cette liberté presque totale de la gestion du temps, est en fait, **plus un piège qu'un atout**, car **qui dit « liberté » dit « responsabilités »**. Vous devez comprendre que si les contraintes apparentes sont moins fortes que pour un travail encadré, elles n'en sont pas moins réelles. Les tentations sont grandes de se dire que l'on à toujours le temps de se « mettre au travail ».

B La maîtrise du temps

Travailler en autonomie, c'est, dès le début, **savoir gérer votre temps**. C'est un sujet difficile, car la majorité de votre travail dans le supérieur se fera en dehors des cours qui ne sont que la base de votre progression personnelle. **Le temps est votre seule ressource « non renouvelable »**. Ne pas savoir travailler et « gérer » son temps est la principale source d'abandons et d'échecs, bien plus que la difficulté supposée des études. C'est pour cela que cette capacité doit être acquise dès le lycée.

2 Connaître ses comportements

A Les biorythmes

C'est un terme technique pour désigner qu'il y a des moments où l'on se sent bien et des moments plus difficiles. Apprenez à les reconnaître pour les exploiter. Certains sont « du matin » et d'autres de « l'après-midi ». **Travaillez donc intensément dans vos périodes de plus grande disponibilité** et moins dans vos périodes de forme moindre.

B Les difficultés du travail individuel

- Il existe des attitudes semblables à tous les êtres humains (ou presque), surtout en ce qui concerne notre propension à l'effort. L'homme n'est pas porté naturellement au travail. Aussi, il faut savoir s'astreindre à un **minimum de règles et de méthodes** pour pouvoir travailler dans des conditions idéales, c'est-à-dire de rendement maximum. Il vaut mieux travailler peu… et bien. Pour cela, il faut acquérir une pratique quotidienne et connaître un certain nombre de règles.
- C'est pourquoi la **planification du travail en autonomie** est indispensable, en ayant bien à l'esprit que cette planification n'est qu'indicative et qu'elle est faite pour être transgressée. C'est là que se jouera une grande partie de votre réussite dans le supérieur, qui ne dépend donc pas exclusivement de l'engrangement de connaissances pointues et de la consolidation des méthodes de raisonnement historiques ou géographiques.

3 Les grandes lois comportementales régissant le travail en autonomie

Attitude	Définition	Exemple
Loi de Parkinson	*Le travail à faire prend toujours tout le temps disponible.*	Il faut toujours déterminer la durée optimale d'un travail à faire et ne pas la dépasser. Tout le monde a fait l'expérience des devoirs faits à la maison, sur lesquels on passe beaucoup plus de temps qu'en classe, pour des notes souvent pas meilleures.
Loi de Murphy	*Le travail à faire prend toujours trop de temps.*	Corollaire de la première loi, elle montre que la gestion du temps est la condition première de la réussite aux concours et aux examens. Il faut savoir estimer le temps idéal à mettre pour une tâche déterminée.

Attitude	Définition	Exemple
Loi d'Illich	*La productivité s'annule au-delà d'une certaine quantité de travail.*	Il ne sert à rien de s'abrutir des heures entières à son bureau. Au bout de deux heures, le cerveau n'enregistre plus rien de constructif. Travaillez intensément par « plages » et ménagez-vous des repos.
Loi de Laborit	*On repousse toujours les exercices difficiles à la fin.*	On programme toujours la sortie avant de faire le travail scolaire, etc. Gérer son temps, c'est aussi inscrire des tâches difficiles (ou barbantes – n'ayons pas peur des mots) dans des emplacements judicieux, qu'il faut respecter.
Loi de Pareto	*Un quart du travail donne la quasi-totalité des résultats.*	Il s'agit donc d'identifier les priorités. Cette loi peut, cependant, se révéler dangereuse si on la transforme en simple pratique « des impasses ». N'oubliez pas que vous ne travaillez pas uniquement pour les examens, mais aussi pour acquérir un savoir qui vous aidera, plus tard, pour choisir une profession.
Loi de Fraisse	*Ajouter un intérêt personnel à un travail permet de mieux le faire.*	Essayez de trouver un centre d'intérêt, même aux travaux qui vous paraissent les plus austères. Amusez-vous en travaillant. Qui sait ? Vous verrez que les résultats s'en ressentiront. Il vaut mieux prendre les contrôles comme une sorte de « challenge » qu'il faut réussir plutôt que comme une action rébarbative et obligée.

MÉTHODE 3

Se préparer aux épreuves orales

COMMENT FAIRE ?

Bien se préparer aux épreuves orales est souvent un élément déterminant d'un examen ou d'un concours (ce que l'on appelle les épreuves d'admission) et c'est maheureusement cet exercice qui est le moins travaillé au cours de la scolarité. Il faut s'y préparer très tôt, dès le lycée, pour mieux maîtriser le trac inhérent à ce type d'épreuve.

1 Comment se préparer ?

Il faut, avant tout, connaître les modalités exactes de l'oral de l'examen ou du concours préparé. Elles sont toujours précisées dans les textes officiels.

A Les grands types d'oraux

Le Grand Oral du baccalauréat

Il se déroule au mois de juin (20 minutes de préparation et 20 minutes de passage) et porte sur deux questions que vous avez choisies dans vos enseignements de spécialité.

L'oral de « repêchage » du baccalauréat

- Il concerne certaines matières (français, langues vivantes, etc.) ainsi que le 2e groupe d'épreuves d'admission (le « repêchage ») et peut être très variable dans sa forme.
- Il est toujours très court et porte sur le programme de l'année scolaire. Il se déroule dans la foulée des résultats du premier groupe (début juillet). Il n'y a, la plupart du temps, qu'un seul examinateur.

L'oral d'examen universitaire

Il arrive souvent en deuxième partie d'épreuve et peut être très variable dans sa forme. Cependant, quelques permanences existent :

– *l'oral est toujours très court* (peu de temps de préparation et peu de temps de passage),
– *il se compose de sujets très restreints* demandant des connaissances immédiates,
– *il n'y a souvent qu'un seul examinateur.*

L'oral de concours

- Il se fait avec un certain cérémonial (public, jury nombreux).
- Il nécessite un temps de préparation très long (jusqu'à 6 heures à l'agrégation).
- Il demande un travail de réflexion et de synthèse (exercice dit « de la leçon ») et peut avoir recours à des documents.

L'oral de master

Les masters, les thèses doivent être soutenus à l'oral et nécessitent donc aussi une bonne maîtrise de ce moyen d'expression.

B Comment s'exprimer ?

- Il faut s'entraîner à parler à voix haute. Un texte lu ne se comprend pas de la même manière qu'un texte écrit. Il faut apprendre à reconnaître ses erreurs de diction, les tics de langage, etc.
- Il faut assez vite prendre la parole devant un auditoire, en classe, devant des camarades, dans des lieux publics, etc.
- Il faut simuler le plus possible des conditions d'examen, soit avec un(e) camarade, soit avec des enseignants.

2 La technique de l'oral

A Il faut s'isoler et ne pas regarder les autres

Si l'on se prépare dans une salle commune, il faut **faire abstraction de l'environnement** sous peine de se déconcentrer et de perdre beaucoup de temps. Si possible, il faut reconnaître les lieux de l'oral.

B Il faut éviter les problèmes matériels

Tous les outils de l'historien et du géographe doivent être là : stylos, crayons à papier, feutres. Il faut penser à **écrire très lisiblement**, car dans l'émotion, la relecture est toujours moins aisée.

C Utiliser les feuilles de brouillon à bon escient.

Il faut utiliser uniquement **le recto**. Ne jamais écrire des deux côtés de la feuille.

Il faut **numéroter les feuilles** et noter le plan sur une feuille à part pour pouvoir toujours s'y référer. Il faut aussi faire une fiche pour marquer les noms propres qui doivent être écrits (éventuellement) au tableau.

D Ce qu'il faut rédiger

Il faut écrire entièrement l'introduction et la conclusion (mais pas le développement, par manque de temps mais aussi pour éviter de tout lire). En effet, lire les premières lignes permet de se ressaisir. De même, après un exposé souvent épuisant, il est bon d'avoir une conclusion toute prête.

3 Les principales étapes d'un oral réussi

Action à effectuer	Moyens mis en œuvre
Bien se présenter	Tout en restant **naturel**, il faut éviter de provoquer inutilement. Il faut rester toujours poli, sans exagérer.
Bien débuter	Il faut penser à **disposer correctement ses notes** avant de débuter, repérer le tableau, les craies, l'agencement de la salle, pour éviter les ruptures de rythme. Rien de plus désagréable que de dire « je ne retrouve pas telle feuille ».
Gérer son temps	C'est essentiel. Il faut **remplir tout le temps de parole imparti** (voire quelques secondes de plus pour rogner sur le temps des questions sans que le jury s'en aperçoive) en ne déséquilibrant pas les différentes parties. Il faut donc **une montre** ou mieux un réveil ou un chronomètre **car vous ne pourrez pas utiliser votre téléphone portable** (interdit dans tous les examens et concours).
Maîtriser son comportement extérieur	**Il ne faut pas lire les notes** mais les interpréter, quitte à faire un jeu d'acteur. Il faut varier l'élocution, éviter l'accumulation de « blancs » ou de tics de langage. Cependant, **un bafouillement ou un accident de parcours ne sont pas dommageables.** Au contraire, dans un exposé bien fait, ils attirent invariablement la sympathie du jury.
Juger le jury	Ne jamais tirer des conclusions hâtives. Si un membre du jury n'écoute pas, c'est peut-être qu'il n'est pas spécialiste du problème. Celui qui reste silencieux n'est pas forcément sceptique. Une agitation dans le jury peut avoir de multiples causes. Les questions, après l'exposé, doivent être bien comprises. **Si elles sont très générales et très centrées sur le sujet, c'est que l'exposé est mauvais.** L'examinateur essaye, par un autre moyen, de vous faire traiter la question posée. N'hésitez pas, répondez du mieux que vous pouvez, c'est votre seconde chance. **Si les questions sont très pointues et techniques et qu'elles vous désarçonnent, c'est souvent bon signe.** Le jury vous pousse dans vos derniers retranchements pour voir jusqu'à quelle (bonne) note il peut aller.

L'étude critique de document(s)

MÉTHODE 4

COMMENT FAIRE ?

L'étude critique de documents permet de montrer sa capacité à comprendre le contenu, l'apport et la portée d'un document grâce aux questions qui l'accompagnent afin d'en dégager le sens général et éventuellement ses limites (critique).
Lorsque deux documents sont proposés, il faut dégager le sens général de chaque document, puis les mettre en relation dans le but de montrer quel est l'intérêt de cette confrontation.

1 Présenter

Indiquer, pour le ou les documents les éléments suivants :
– **nature** du document et auteur ;
– **date** et période concernée ;
– destinataires (éventuellement) ;
– **contexte historique** (à ne pas développer au-delà de ce qui est utile à la compréhension du document).

2 Dégager le sens général

A Pour un document

- Organiser l'étude critique d'un texte selon un plan qui met en valeur les idées essentielles du **document** et qui répond **aux questions**.
- Relever toutes les informations données.
- Les classer selon ce plan.
- Commenter ces informations à partir de vos connaissances personnelles.

B Pour plusieurs documents

Pour confronter plusieurs documents, traitant d'une même situation historique ou d'un même thème, répondez aux questions suivantes :
– **se complètent-ils ?**
– **s'opposent-ils ?**
– en quoi montrent-ils **une évolution** ?

C Erreurs à éviter

- L'analyse consiste toujours à expliquer dans le(s) document(s) tout ce qui mérite une définition, un éclaircissement en relation avec les questions.
- Il faut impérativement éviter :
  – de faire des **paraphrases**, en répétant le document sans l'expliquer. **C'est l'erreur la plus fréquente.** La plupart du temps l'élève croit commenter le document mais, en fait, il le cite trop largement (il le recopie quasiment) et reformule, dans des termes souvent plus maladroits que l'original, ce qui est écrit ;
  – de **réciter** vos connaissances sans faire référence au(x) document(s). C'est aussi une erreur fréquente et une solution de facilité durement sanctionnée par la notation. Le document n'est pas étudié en lui-même mais devient un prétexte à déverser des connaissances sur le thème évoqué par le document sans en tenir réellement compte.

3 Rédiger l'analyse

- La rédaction est organisée mais, eu égard au temps limité imparti à l'exercice, il faut aller à l'essentiel.
- L'introduction présente le ou les documents.
- Le développement (deux ou trois parties) est basé sur les principaux thèmes du document tels qu'ils sont mis en lumière par **les questions** de l'énoncé. Il faut **reformuler,** grâce à vos connaissances, les idées du ou des documents en les justifiant par quelques **courtes citations**.
- La conclusion fait le bilan historique du document. Elle peut souligner les prolongements éventuels des idées développées pour une période postérieure.

La dissertation

MÉTHODE 5

COMMENT FAIRE ?

La dissertation évalue les capacités d'analyse, la maîtrise des connaissances et la capacité à les organiser, la capacité à rédiger ainsi que la maîtrise de différents langages.
La dissertation est une réponse organisée à un sujet. Elle permet d'évaluer la capacité du candidat à comprendre un énoncé et à mobiliser ses connaissances en vue de rédiger un devoir construit et étayé par des exemples précis.

1 Étapes de la préparation

A Analyser le sujet

Il faut repérer les **mots-clés** dans l'énoncé et les expliquer, ainsi que délimiter l'**espace** et le **temps** concernés par le sujet.

B Dégager la problématique

La problématique doit tenir compte des mots-clés, des bornes chronologiques. **Elle annonce ce que l'on veut démontrer**.

2 Mobilisation des savoir-faire

A Construire un plan

L'élaboration du plan se réalise au brouillon. Il faut s'interroger sur la nature du plan :
– le **plan thématique** met en évidence dans chacune de ses parties un thème majeur du sujet ;

– le **plan chronologique** est organisé en parties délimitées par des dates ou des périodes constituant des ruptures des charnières à l'intérieur des bornes chronologiques du sujet ;
– le **plan analytique** (plus rare) permet de rechercher les causes et les conséquences d'un événement ou d'un phénomène.

B Développer le sujet

- Le développement du sujet se réalise au brouillon. Il consiste, d'abord, à mobiliser les connaissances correspondant au plan : répertorier les idées essentielles, les mots-clés, les événements, les dates.
- Il faut, ensuite, **hiérarchiser ces connaissances** : associer chaque idée au thème de chaque partie, dégager des arguments et des exemples éventuels illustrant ces arguments.

3 Rédaction de la dissertation

A Rédiger l'introduction et la conclusion

- **L'introduction** doit :
  – définir les termes du sujet afin d'en présenter l'intérêt ;
  – mettre en évidence la problématique ;
  – annoncer le plan (en utilisant des phrases courtes reliées entre elles par des connecteurs logiques).
- **La conclusion** doit :
  – répondre à la problématique de l'introduction ;
  – ouvrir le sujet afin de montrer ses prolongements sur la période suivante.

B Rédiger le développement

La rédaction doit insister sur la hiérarchisation des connaissances (à la fois dans la présentation et le contenu). Chaque partie du développement devra comporter :
– une **première phrase** annonçant l'**idée principale** ;
– des **sous-parties distinctes** développant chacune un argument répondant à cette idée ;
– des **exemples** venant appuyer l'argumentation ;
– des **connecteurs logiques** pour articuler le raisonnement ;
– une **phrase de transition** permettant de passer à la partie suivante.

Le contrôle continu

MÉTHODE 6

Le **contrôle continu** détermine 40 % de la note finale du baccalauréat. Il comprend toutes les matières qui ne font pas partie de l'examen final :
– les matières du tronc commun (à l'exception des deux qui sont évaluées par des épreuves spécifiques en fin d'année : français et philosophie) avec pour chacun un coefficient de 6 ;
– la **spécialité** qui a été **abandonnée en fin de première,** créditée d'un **coefficient de 8**.

1 Mise en œuvre

A Calcul de la note de contrôle continu

- C'est la **moyenne annuelle de la classe de première** qui est prise en compte dans la note finale du baccalauréat pour les élèves qui ont abandonné la spécialité histoire-géographie, géopolitique et sciences politiques en fin de classe de première.
- Elle est basée principalement sur des **exercices faits en classe en temps limité**.

B Types d'exercice

- Les exercices correspondent à ceux qui sont exigés à l'écrit du baccalauréat, soit principalement la dissertation et l'étude critique de documents.
- Le sujet de ces exercices porte sur l'un des axes ou sur l'objet de travail conclusif d'un thème (voir page suivante).

2 Capacités mobilisées

A Pour la dissertation

(Voir méthode p. 21.)
On attend de l'élève :
– des connaissances pertinentes par rapport au sujet posé ;

– la conduite d'une démarche et d'une argumentation problématisée ;
– la construction d'une argumentation historique.

B Pour l'étude critique de documents

(Voir méthode p. 23.)

On attend de l'élève :
– la compréhension du sens général de la consigne et du sujet ;
– l'analyse critique les documents pour répondre à la problématique qui a été posée ;
– la mise en évidence de l'intérêt historique des documents.

3 Axes et objets de travail conclusifs des cinq thèmes du programme

Thème 1 : Comprendre un régime politique : la démocratie	
Axe 1	Penser la démocratie : démocratie directe et démocratie représentative
Axe 2	Avancées et reculs des démocraties
Objet de travail conclusif	L'Union européenne et la démocratie
Thème 2 : Analyser les dynamiques des puissances internationales	
Axe 1	Essor et déclin des puissances : un regard historique
Axe 2	Formes indirectes de la puissance : une approche géopolitique
Objet de travail conclusif	La puissance des États-Unis aujourd'hui
Thème 3 : Étudier les divisions politiques du monde : les frontières	
Axe 1	Tracer des frontières, approche géopolitique
Axe 2	Les frontières en débat
Objet de travail conclusif	Les frontières internes et externes de l'Union européenne
Thème 4 : S'informer : regard critique sur les sources et les modes de communication	
Axe 1	Les grandes révolutions techniques de l'information
Axe 2	Liberté ou contrôle de l'information
Objet de travail conclusif	L'information à l'heure d'Internet
Thème 5 : Analyser les relations entre États et religions	
Axe 1	Pouvoir et religion : des liens historiques traditionnels
Axe 2	États et religions : une inégale sécularisation
Objet de travail conclusif	État et religions en Inde

Thème 1

Comprendre un régime politique : la démocratie

Cours

Contrôle continu

CHAPITRE 1 Les caractéristiques de la démocratie aujourd'hui

La démocratie est basée sur des valeurs et des principes intangibles. Elle se définit comme « le gouvernement du peuple, par le peuple, pour le peuple », selon la formule du président américain Abraham Lincoln, reprise dans l'article 2 de la Constitution de la Ve République. Elle n'est pas le système politique le plus répandu dans le monde. Même si de nombreux pays se disent démocratiques, les « vraies » démocraties ne concernent qu'un peu plus du tiers de la population mondiale.

1 Les caractéristiques communes de la démocratie

A Les valeurs fondant la démocratie

- **La liberté.** C'est la valeur première de la démocratie. Telle qu'elle a été définie dès le XIXe siècle (voir le discours de Thiers ci-dessous), **chaque citoyen peut choisir de vivre comme il l'entend**, dans les limites fixées par la loi. Il peut être gouvernant ou gouverné, il peut s'exprimer sans entrave. **La liberté,** qu'elle soit individuelle (expression, croyance) ou collective (réunion, manifestation, etc.), **est garantie par l'État.**
- **L'égalité.** Chaque individu bénéficie des mêmes droits et est soumis aux mêmes obligations. C'est **une des valeurs fondatrices de la Révolution française** telle qu'elle est rappelée dès l'article 1 de la *Déclaration des droits de l'homme et du citoyen* (1789) : « Les hommes naissent et demeurent libres et égaux en droits. Les distinctions sociales ne peuvent être fondées que sur l'utilité commune. »
- **Deux valeurs indissociables.** Il n'est pas possible de dissocier la liberté et l'égalité comme valeurs démocratiques, comme le soulignait le philosophe Raymond Aron en 1955 : « La logique du libéralisme conduit à la démocratie par l'intermédiaire du principe de l'égalité devant la loi. Mais la démocratie exige, pour être réelle, le respect des libertés personnelles. »

B Les principes organisant la démocratie

- **Le principe représentatif.** Il est inséparable du **suffrage universel**. Les citoyens élisent des représentants qui vont exercer le pouvoir en leur nom. Pour être réellement démocratique, le principe représentatif doit satisfaire à quatre conditions : des **élections** à intervalles réguliers, l'**expression libre** des opinions politiques, la possibilité de **discuter les décisions prises** et l'**autonomie relative des gouvernants** dès lors qu'ils agissent pour le bien public.

Texte-clé

Les libertés nécessaires selon Thiers. « Pour moi, Messieurs, il y a cinq conditions qui constituent le nécessaire en fait de liberté. La première est celle qui est destinée à assurer la sécurité du citoyen. La seconde, c'est cette liberté d'échange dans les idées qui crée l'opinion publique. Mais, lorsque cette opinion se produit, il ne faut pas qu'elle soit un vain bruit : il faut qu'elle ait un résultat… Voilà ce que j'appelle la "liberté électorale". La liberté de représentation nationale est, selon moi, la quatrième. Enfin vient la dernière : c'est de faire que l'opinion publique devienne la directrice des actes du Gouvernement. »
Discours au Corps législatif (11 janv. 1864).

- **La séparation des pouvoirs.** Les trois **pouvoirs** (exécutif, législatif, judiciaire) constituant l'État doivent être **équilibrés** et **confiés à des organes différents** afin d'éviter qu'une personne ou un groupe ne concentre tous les moyens de gouverner en ses mains. Cette séparation, analysée par **Montesquieu** dès le milieu du XVIIIe siècle, ne peut être remise en cause et doit explicitement être inscrite dans la **Constitution**, c'est-à-dire la loi suprême définissant l'organisation et le fonctionnement politique d'un État.

Mots-clés

- **Régime parlementaire :** le pouvoir exécutif et le pouvoir législatif sont dépendants l'un de l'autre. Le chef du gouvernement est responsable devant le Parlement qui peut le renverser mais qui, en contrepartie, peut aussi être dissous par l'exécutif.
- **Système présidentiel :** les pouvoirs exécutif et législatif sont strictement séparés. Le président ne dispose pas du droit de dissolution mais ne peut pas être renversé par le Parlement.

2 Les démocraties comparées aux régimes autoritaires

A État de droit contre État despote

- **L'État de droit, garant de la démocratie.** Dans une démocratie, l'attribution et le **fonctionnement du pouvoir politique sont soumis à des règles** respectueuses des libertés individuelles et collectives qui ne peuvent être modifiées que par l'expression de la volonté générale. L'État de droit garantit aussi le **respect des minorités**, car la démocratie ne signifie pas l'octroi de tous les pouvoirs à ses représentants même élus par la majorité des citoyens ainsi que le **contrôle rigoureux des processus électoraux**.

- **L'État despote, symbole de l'arbitraire.** L'absence d'État de droit laisse le citoyen démuni face à l'arbitraire. Il **ne peut recourir à une autorité indépendante pour se défendre**, puisque c'est le pouvoir qui fixe les règles du jeu. Il contrôle directement ou indirectement la justice. Il décide seul de l'étendue des libertés individuelles et collectives ou de **la façon dont sont organisées les élections**, dont les résultats ne peuvent être sérieusement vérifiés.

B Pluralisme politique ou parti unique

- **La démocratie est indissociable du pluralisme politique.** La liberté politique est inséparable de la démocratie. Elle s'incarne dans le pluralisme politique qui s'apparente à une **situation de libre compétition des candidats et des partis**. Le citoyen doit toujours avoir le choix entre plusieurs candidats afin de se faire une opinion à partir de sources d'informations multiples et indépendantes. Ce pluralisme est renforcé par le **secret du vote**, qui met l'électeur à l'abri des pressions d'où qu'elles puissent venir.

- **Le parti unique, symbole du régime autoritaire.** L'existence d'un parti unique ou d'un statut privilégié reconnu à un parti vis-à-vis des autres **vide de son sens le processus électif démocratique**. Le citoyen vote, certes, mais **n'a pas le choix de son vote**. Plusieurs pays qui se disent des démocraties contrôlent et détournent de cette manière le suffrage universel.

Mots-clés

- **Régime autoritaire :** c'est un régime politique qui n'accepte pas les oppositions à sa politique et qui, de fait, les interdit, les élimine, les réprime ou les encadre pour les neutraliser.
- **Régime totalitaire :** c'est un régime politique autoritaire, qui, en plus, impose l'adhésion à une idéologie unique que nul ne peut discuter. Il opère une modification totale des structures politiques, économiques et sociales sans se soucier du coût humain engendré.

La démocratie à Athènes au Ve siècle

CHAPITRE 2

Le terme de *démocratie* apparaît seulement dans le troisième quart du Ve siècle sous la plume d'Hérodote. C'est, à l'origine, **un terme polémique inventé par les ennemis de l'organisation démocratique** qui s'insurgent contre la prédominance du peuple *(démos)*. Le nouveau régime est d'abord qualifié d'**« isonomie »** – ce qui signifie « égale répartition » dans le cadre d'une société hiérarchisée. L'isonomie ne concerne qu'une partie de la population. Ce n'est pas l'égalité de tous mais **un droit égal, pour une partie de la population, à gérer les intérêts communs**.

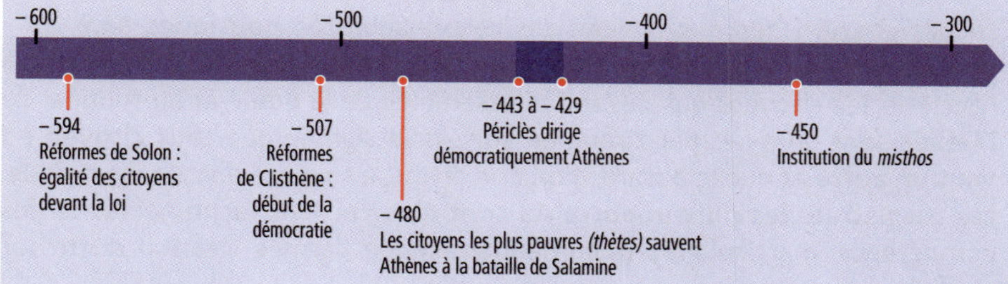

1 Une démocratie directe

A La citoyenneté athénienne

- **La naissance de la démocratie.** Après avoir été dirigée par des rois et par les grandes familles, la cité d'Athènes met progressivement en place une **nouvelle façon de se gouverner**. Les **décisions politiques passent aux mains d'un groupe d'hommes, les citoyens,** qui sont égaux devant la loi.

- **Être citoyen.** Pour cela, la règle générale veut qu'il faille être **le fils d'un citoyen et d'une mère athénienne**. Au terme de sa dix-huitième année, le jeune Athénien est inscrit par son père comme membre du dème (de la commune) de sa famille. Il profite ainsi de ses droits de citoyen mais doit également remplir **certains devoirs** (se conformer aux lois votées, honorer les dieux vénérés dans la cité, accomplir son service militaire).

- **L'évolution du statut de citoyen.** Avant les conflits qui opposent les Grecs aux Perses, est citoyen celui qui, en tant qu'**homme adulte libre**, se trouve dans la **capacité de payer son équipement afin de faire la guerre**. Après les victoires remportées contre les Perses (490/480 av. J.-C.) et le renforcement de la puissance d'Athènes lié à la mise en place d'une **imposante flotte de guerre** constituée de rameurs, **la citoyenneté est étendue aux indigents** (les *thètes*).

B Les citoyens, acteurs de la démocratie

- **Le rôle majeur de l'Ecclésia.** Cette **assemblée des citoyens** est le cœur de la démocratie athénienne. Elle se réunit quatre fois par mois, sur la colline de la Pnyx. Les citoyens participent à des discussions publiques où chacun peut défendre son point de vue, puis décident, par **vote à main levée**, une nouvelle loi, l'exclusion de citoyens de la vie publique (**ostracisme**) ou une déclaration de guerre.

- **La désignation des magistrats.** Les **responsabilités politiques sont partagées** entre différents groupes **et limitées dans le temps**. Tous les ans, à l'Ecclésia, les citoyens qui siègent à l'assemblée de la Boulê et au tribunal de l'Héliée sont désignés par **tirage au sort**. Cela signifie que **tout citoyen en vaut un autre** et que le hasard, d'origine divine, a sa place dans la vie civique. Les **magistrats les plus importants sont élus** car leur tâche nécessite des compétences particulières (commandement de l'armée, gestion du trésor public).

▲ Le fonctionnement de la démocratie athénienne au Ve s. av. J.-C.

- **Le *misthos*.** Pour que les plus pauvres puissent participer au gouvernement de la cité, les élus reçoivent une **petite somme d'argent**, le *misthos*, instituée par **Périclès**, stratège de 443 à 429 av. J.-C. Progressivement, cette indemnité est étendue à tous les citoyens se rendant aux séances de l'Ecclésia et devient donc une **sorte d'« indemnité » de participation à la vie politique athénienne**.

Biographie

Périclès (490-429 av. J.-C.). Né dans une famille aristocratique, il devient l'homme le plus influent d'Athènes par sa réélection quinze fois de suite au poste de stratège (443-429 av. J.-C.). Son nom reste attaché aux grands travaux de l'Acropole et à la période d'apogée de la cité, contemporaine d'une politique impérialiste affirmée par la mise en place de la ligue de Délos. Il meurt lors de l'épidémie de peste qui ravage Athènes au début de la guerre du Péloponnèse.

2 Les limites de la démocratie athénienne

A De nombreux exclus

- **La démocratie n'est pas l'expression de l'ensemble du peuple.** Le déséquilibre entre citoyens et non-citoyens est très fort. Peu de personnes (environ 15 % des habitants) détiennent la citoyenneté à Athènes.
- **Les esclaves.** Être esclave signifie l'**exclusion de la vie politique**, des droits civils, des fêtes religieuses et de tous les lieux (palestre et gymnase) où les futurs citoyens recevaient leur éducation. L'**esclave est le négatif du citoyen**, il assure les tâches permettant au citoyen de s'occuper des affaires politiques.
- **Les femmes.** Ce sont d'**éternelles « mineures »** qui vivent toujours sous la tutelle d'un homme. Leur intégration dans la cité ne se fait pas en tant que citoyennes mais en tant que filles ou femmes de citoyen. L'idée qui prévaut dans l'Athènes du Ve siècle est que **le féminin est un masculin « non terminé »**. Ce qui caractérise plus que tout la condition féminine, c'est donc l'**exclusion de la vie politique** (*cf.* Aristophane avec *L'Assemblée des femmes*).

B Les inégalités entre citoyens

- **Une faible participation à la vie politique.** Les paysans éloignés de la ville ne peuvent participer régulièrement aux séances. Dans la pratique d'ailleurs, la colline de la Pnyx ne peut accueillir plus de 6 000 personnes, soit au maximum **15 % des citoyens** théoriquement en capacité de décider.
- **L'exclusion de certaines magistratures.** Les plus importantes (stratèges, archontes) sont réservées aux **citoyens qui sont éduqués** et qui ont les

capacités financières d'exercer ces charges pendant une année entière. De fait, les *thètes* (citoyens les plus pauvres) en sont systématiquement exclus.

- **L'art de la parole.** À la tribune de la Pnyx (« Qui demande la parole ? » était la formule traditionnelle), certains orateurs de talent, comme Périclès, ont exercé un réel ascendant sur leurs auditeurs par leur **maîtrise de l'argumentation,** qui inspirera d'ailleurs philosophes et auteurs tragiques. Les **techniques de persuasion** deviennent, au ve siècle, un objet de réflexion et d'enseignement comme le prouve le développement de la sophistique. **Les sophistes** s'attachent à former, dans des cours privés et payants, les élites de la tribune, capables de **convaincre le peuple par un discours adapté aux attentes de l'auditoire**.

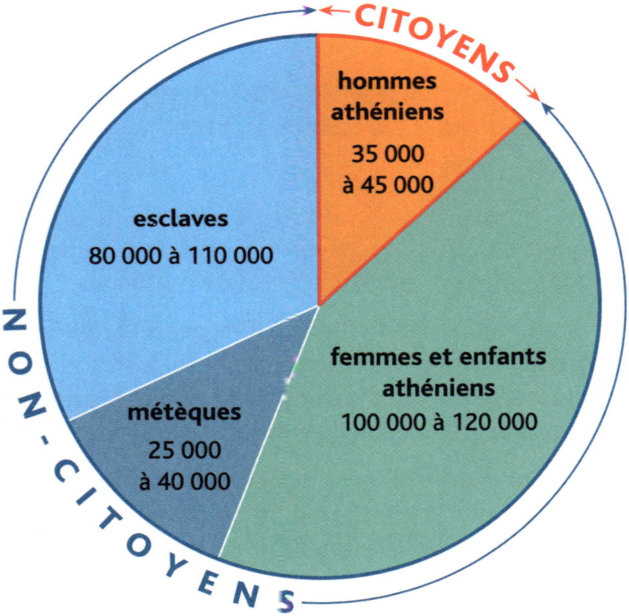

▲ La population d'Athènes au milieu du ve s. av. J.-C.

L'évolution de la notion de « liberté » au début du XIXe siècle

CHAPITRE 3

Le discours de Benjamin Constant *De la liberté des Anciens comparée à celle des Modernes* (1819) est considéré comme un des textes majeurs fondant le libéralisme politique en France. D'une manière très pédagogique, l'auteur y oppose la conception antique de la liberté (« participer directement ») à la conception héritée du Siècle des lumières et des révolutions américaine et française (« être représenté »).

1 Les libertés antiques et modernes selon Benjamin Constant

A Les Anciens : la liberté pour faire la guerre

- La guerre, état ordinaire de l'Antiquité. En Grèce, les États sont principalement des cités. Leur petite taille les oblige à **se combattre sans cesse** sous peine de disparaître ou à s'allier entre elles pour résister aux plus forts. L'**organisation politique** est ainsi **entièrement tendue vers la guerre**.

- La « démocratie » : un concept antique limité. Voir l'Antiquité comme le premier moment de la démocratie représentative est une erreur. **La plupart des régimes politiques sont autoritaires** et gouvernés par un petit nombre de personnes (une aristocratie guerrière à Sparte, des tyrannies plus ou moins despotiques à Syracuse ou à Thèbes, etc.). Seule Athènes possède une démocratie basée sur un large corps civique.

- La liberté à Athènes : un droit restrictif. Même à Athènes, **la liberté est uniquement vue comme collective**. C'est l'Ecclésia, assemblée de tous les citoyens, qui décide du gouvernement, des lois et du droit. **Rien ne garantit les libertés individuelles.** Elles sont **soumises au choix collectif**, et donc parfois à l'arbitraire. Ainsi, dans un moment de fureur, l'assemblée des citoyens, dominée par les démagogues, décide de la mise à mort immédiate de six généraux pourtant vainqueurs de la **bataille navale des Arginuses** (406 av. J.-C.) prétextant qu'ils n'auraient pas recueilli les corps des marins athéniens engloutis par les flots à cause d'une tempête.

B Les Modernes : la liberté pour commercer

- **La diminution du pouvoir du citoyen.** L'**augmentation de la taille des États** et du nombre d'habitants a **modifié la notion de « citoyenneté »**. Un citoyen athénien pouvait à lui seul influer sur une décision collective. Au début du XIXe siècle, **l'influence directe d'un citoyen** français ou américain **est négligeable**.

Texte-clé

La liberté chez les Anciens

« [Elle] consistait à exercer collectivement, mais directement, plusieurs parties de la souveraineté tout entière, à délibérer, sur la place publique, de la guerre et de la paix, à conclure avec les étrangers des traités d'alliance, à voter les lois, à prononcer les jugements, à examiner la gestion des magistrats, à les faire comparaître devant tout le peuple, à les mettre en accusation, à les condamner ou à les absoudre ; mais, en même temps que c'était là ce que les Anciens nommaient "liberté", ils admettaient comme compatible avec cette liberté collective l'assujettissement complet de l'individu à l'autorité de l'ensemble. »

B. Constant, *De la liberté des Anciens comparée à celle des Modernes*, 1819.

- **Le commerce, état ordinaire aujourd'hui.** **La guerre** était le **principal moyen** antique d'obtenir ce que l'on voulait. Il est **désormais remplacé par le commerce**, un moyen plus doux et civilisé de posséder. Certes, la guerre n'a pas disparu mais elle est devenue l'exception tant elle est une charge pour les peuples.

- **Commerce et liberté individuelle.** En rapprochant des peuples étrangers, le commerce rapproche leurs modes de vie et leurs pensées. Il réduit le risque de guerre. De plus, il **favorise la circulation des richesses** et **rend le pouvoir dépendant de son développement**. Tout État qui restreint le principe essentiel de **libre circulation** se restreint lui-même.

Texte-clé

La liberté chez les Modernes

« C'est, pour chacun, le droit de n'être soumis qu'aux lois, de ne pouvoir être ni arrêté, ni détenu, ni mis à mort, ni maltraité d'aucune manière. C'est, pour chacun, le droit de dire son opinion, de choisir son industrie et de l'exercer, de disposer de sa propriété, d'en abuser même ; d'aller, de venir sans en obtenir la permission… C'est, pour chacun, le droit de se réunir à d'autres individus, soit pour conférer sur ses intérêts, soit pour professer le culte que lui et ses associés préfèrent. Enfin, c'est le droit, pour chacun, d'influer sur l'administration du Gouvernement. »

B. Constant, *De la liberté des Anciens comparée à celle des Modernes*, 1819.

2 Benjamin Constant et le libéralisme politique

A Les erreurs de la Révolution et de l'Empire

- **La haine de la liberté individuelle.** Les **grands principes de 1789** contenus dans la *Déclaration des droits de l'homme* ont été **pervertis par la**

Terreur (1793-1794), qui, en interprétant de manière abusive la pensée de Montesquieu et de Rousseau, a justifié la tyrannie et les excès de la guillotine parce que la patrie était « en danger ». Or, la souveraineté de la nation ne peut, en aucun cas, **entraîner l'assujettissement des citoyens à l'arbitraire.**

- **Le despotisme napoléonien.** Le rétrécissement progressif des libertés individuelles sous le Consulat (1799-1804) fait entrer Benjamin Constant dans l'**opposition au régime**. Détracteur de la loi de 1802 sur les tribunaux spéciaux qui peuvent rendre la justice criminelle sans que le prévenu ait connaissance des faits qui lui sont reprochés avant son procès, il s'exile et **combat** alors, de l'étranger, **Napoléon qu'il assimile désormais à un tyran**.

B Les « libertés nécessaires »

- **Être représenté.** Le monde moderne a besoin d'une **nouvelle organisation** qui laisse plus de temps aux intérêts privés garantis par l'extension des libertés individuelles. Pour cela, les citoyens doivent **déléguer la conduite des nations à des mandataires politiques**, des sortes d'intendants qui veillent sur leurs intérêts.

- **Surveiller ses représentants.** Cette liberté des Modernes recèle pourtant des dangers. Le plus grave est de laisser les mandataires du pouvoir politique sans surveillance en renonçant à une « participation citoyenne à l'exercice du pouvoir ». Il faut donc que le corps des citoyens possède le **droit de révoquer ses représentants**, si le besoin s'en fait sentir.

- **Les fondements du libéralisme politique français.** Les analyses de Benjamin Constant forment la base de la doctrine libérale telle qu'elle sera développée et enrichie tout au long du XIXe siècle. Ainsi, **Thiers**, dans son célèbre **discours sur les « libertés nécessaires »** (1864), les reprend quand il évoque la condition « incontestable et indispensable » de la liberté individuelle et celle, non moins importante, dont le but est « que **l'opinion publique**, bien constatée ici à la majorité, **devienne directrice des actes du gouvernement** ».

Biographie

Benjamin Constant (1767-1830). Écrivain consacré par l'immense succès de son roman *Adolphe* (1816), il commence sa carrière politique pendant la Révolution. Fasciné par Napoléon Ier qu'il admire mais auquel il reproche sa « tyrannie », il rédige pour lui une Constitution libérale *(l'Acte additionnel)* lors du court retour de l'Empereur au pouvoir (les Cent-Jours en 1815), puis devient un des chefs du parti libéral pendant la Restauration. Il se définit, à cette époque, comme le « maître d'école de la liberté » pouvant acclimater en France la démocratie libérale anglo-saxonne.

CHAPITRE 4 Tocqueville et la démocratie américaine

En parcourant les États-Unis au début des années 1830, pendant la présidence d'Andrew Jackson, Alexis de Tocqueville **cherche à comprendre « sur place » comment fonctionne la démocratie,** qui, pour lui, attend inévitablement une Europe encore majoritairement gouvernée par des régimes monarchiques d'un autre âge. En analysant ses forces et ses faiblesses, il espère ainsi faciliter la tâche de ceux qui, sur le Vieux Continent, vont se charger de mettre en place **le système politique « de l'avenir ».**

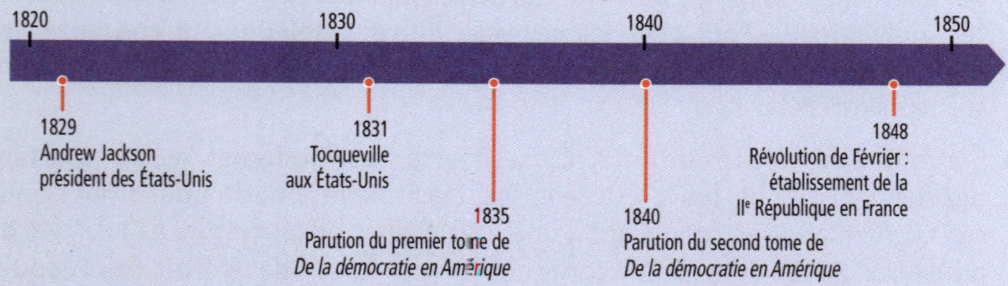

1 Une société fondée sur l'idéal démocratique

A L'Amérique « jacksonienne »

- **Un pays libre.** Pour l'Européen habitué aux sociétés hiérarchisées, souvent autoritaires et répressives, l'Amérique apparaît immédiatement comme **le pays de la vraie liberté.** Sans monarchie héréditaire ni surveillance tatillonne des autorités, c'est une démocratie où **les citoyens sont maîtres de leur destin politique** en désignant eux-mêmes leurs représentants.

- **Un pays égalitaire. Dépourvus d'aristocratie héréditaire,** les États-Unis offrent des opportunités à tous ceux qui travaillent dur (sauf les esclaves) et qui en sont récompensés par une **ascension sociale parfois spectaculaire**. Ils sont aussi un pays touché, à cette époque, par un vaste esprit de réforme découlant de l'évangélisme protestant : adoucir le sort des prisonniers, diffuser l'instruction, autoriser les syndicats ouvriers et abolir l'esclavage.

- **Un pays en ébullition citoyenne.** Tocqueville découvre une **vie politique extraordinairement animée**, contrastant avec la langueur politique de l'Europe. La multiplication des fonctions électives permet à de **nombreux Américains** d'accéder largement aux **responsabilités locales, voire nationales,** par l'intermédiaire de **partis politiques** où se nouent de fortes solidarités.

B Ce qui fait l'Amérique démocratique

- **Un ensemble constitutionnel équilibré.** Tocqueville analyse, dans le premier volume de *De la démocratie en Amérique*, les effets bénéfiques de la **division des pouvoirs** tels qu'il a pu les observer. La séparation et l'indépendance de la justice, le **présidentialisme marqué de la Constitution** (pouvoirs législatif et exécutif strictement séparés) et la structure fédéraliste de l'Union américaine garantissent, selon lui, un régime à la fois démocratique et mesuré, **loin des excès des expériences révolutionnaires vécues par la France** quelques décennies auparavant.

- **L'évidence du suffrage universel.** Contrastant avec le suffrage censitaire (seuls les 200 000 citoyens les plus riches votent) alors en vigueur en France, les États-Unis lui semblent le « laboratoire » du suffrage universel masculin. Il permet, selon lui, **« d'accorder gouvernés et gouvernants »** tout en se gardant de la tyrannie majoritaire, tant les droits individuels des citoyens ont l'air solidement garantis par la Constitution.

Biographie

Andrew Jackson (1767-1845). C'est ce président démocrate « nouveau style » que rencontre Tocqueville lors de son voyage aux États-Unis. Considéré comme le défenseur des simples citoyens face à l'aristocratie financière, Jackson est un héros militaire qui a battu les Anglais à la Nouvelle-Orléans en 1815 et qui a détruit la puissance des Indiens dans le Sud. Opposé à l'intervention de l'État dans l'économie, il personnifie, pour Tocqueville, la démocratie américaine, « agressive et vivace ».

2 Un pays qui doit servir d'exemple à l'Europe

A La démocratie n'est pas l'anarchie

- **Une réflexion nouvelle sur la démocratie.** Tocqueville affirme avoir voulu étudier « l'influence qu'exercent les idées et les sentiments démocratiques sur la société politique ». Cette **démarche très novatrice** ne suit pas les chemins balisés de l'étude historique ou philosophique. L'auteur accomplit, en fait, une des premières études réellement **sociologiques** de l'histoire des sciences humaines. Sans vouloir juger, il essaie de dégager les permanences et les lois profondes de l'organisation de la société américaine.

◄ La démocratie en Amérique : discours d'Andrew Jackson lors de la campagne présidentielle de 1828.

- **La démocratie est positive.** Tocqueville **s'adresse surtout aux détracteurs de la démocratie « universelle »** qui y voient uniquement un bouleversement de l'ordre établi, débouchant sur l'anarchie, voire la guerre civile. Il s'adresse indirectement à l'un des hommes politiques majeurs de la période, François Guizot, inamovible chef du gouvernement de 1840 à 1848, farouche opposant au suffrage universel (voir document ci-dessus).

B Une évolution inéluctable

- **« Répandre un bonheur médiocre sur tous les hommes. »** Pour Tocqueville, les sociétés européennes s'orientent inéluctablement vers l'égalité. Au lieu de se perdre en polémiques, il faut en tirer la conclusion majeure : **le « règne universel » de la démocratie est en marche**. L'exemple américain a montré que ce régime permet de « répandre un bonheur médiocre sur tous les hommes », ce qu'aucun régime n'avait réussi à faire auparavant. Et la **révolution de février 1848** lui donne assez vite raison puisqu'elle établit la **IIe République** française et le **suffrage universel masculin**.

- **Un avenir démocratique n'est pas sans danger.** La démocratie ne met pas le pouvoir politique à l'abri des abus. Elle doit être accompagnée de **modération** et de **moralité** sous peine d'être désordonnée et d'accentuer le règne dangereux de la majorité qui, si elle n'a pas de contre-pouvoir, détruit les minorités et les libertés locales.

Biographie

Alexis de Tocqueville (1805-1859). Envoyé aux États-Unis en 1831 par le gouvernement français pour étudier le régime des prisons, Tocqueville rencontre de multiples Américains et même le président Andrew Jackson. Il revient en France avec de très nombreuses informations consignées dans des carnets qui servent de base à son ouvrage *De la démocratie en Amérique* (1835-1840), qui le rend aussitôt célèbre, ainsi que sa thèse résumée rapidement par la formule : « La démocratie est la forme d'organisation politique et sociale de l'avenir et les États-Unis son laboratoire. »

La fin de la démocratie : le Chili de 1970 à 1973

CHAPITRE 5

L'histoire du Chili de 1970 à 1973 illustre l'**arrivée au pouvoir de manière démocratique d'un gouvernement socialiste**, puis sa fin tragique, dans une **Amérique du Sud** alors **sous emprise** presque exclusive **de régimes dictatoriaux**. Cette évolution se fait dans un contexte de **crises multiples** (politique, économique, sociale) aggravé par les **enjeux idéologiques de la « guerre froide »**.

1 Un socialiste légalement au pouvoir

A Les élections présidentielles de 1970

- **La lenteur des réformes dans les années 1960.** Dans un pays où **700 propriétaires détiennent plus de 75 % des terres agricoles**, la **réforme agraire** initiée par le président démocrate-chrétien Eduardo Frei (de 1964 à 1970) **paraît bien timide** à l'aile gauche de son parti. Au début 1970, à peine 10 % des terres avaient été redistribués à de petits paysans.

- **L'alliance du centre et des gauches**. Devant la montée des revendications sociales (près de 1 500 grèves en 1969), l'aile progressiste de la démocratie chrétienne fait alliance avec les communistes et les socialistes autour du **programme dit « d'Unité populaire »**, défendu par Salvador Allende, en vue des présidentielles de l'été 1970.

- **Une élection de justesse.** Avec 36,5 % des voix contre 35,3 % au candidat de la droite, **Salvador Allende crée la surprise en remportant les élections présidentielles**, le 4 septembre 1970.

B Allende président

- **La peur des Américains.** Dans le contexte de la **« guerre froide »**, les **Américains craignent que l'arrivée d'un socialiste au pouvoir** en Amérique du Sud renforce l'opposition à leur domination, déjà affaiblie par la mise en place du **régime communiste de Fidel Castro** à Cuba en 1959. Le président Nixon ordonne à la CIA *(Central Intelligence Agency)* d'**empêcher la confirmation de l'élection d'Allende** par le Parlement chilien.

- **L'engagement démocratique d'Allende.** Pour obtenir le soutien des démocrates-chrétiens au Parlement, **Salvador Allende s'engage à respecter « la liberté et la légalité »**. Ce pacte, qu'il tiendra jusqu'à la fin, lui ouvre les portes de la présidence grâce à un vote massif du Parlement en sa faveur, le 24 octobre 1970.

C Une révolution sociale légaliste

- **Un gouvernement d'Union populaire.** Le 3 novembre 1970, Allende forme un gouvernement avec des communistes, des socialistes et des chrétiens de gauche. Mais **il n'obtient pas le soutien de l'extrême gauche révolutionnaire (MIR)** qui ne lui pardonne pas son alliance « réformiste » avec le centre.

▲ Salvador Allende et le poète Pablo Neruda lors de la campagne présidentielle de 1970.

- **Les « 40 mesures ».** Allende décide d'appliquer rapidement le programme de l'Unité nationale : **nationalisation** des industries **du cuivre, du textile, de l'aéronautique, des banques,** accélération de la réforme agraire, blocage des prix, **augmentation de 60 % des salaires.** Mais, dès l'automne 1971, Allende doit faire face à l'**obstruction systématique du Parlement**, les démocrates-chrétiens s'étant alliés avec la droite contre lui.

> **Mot-clé**
>
> **Guerre froide :** période (1947-1991) de très fortes tensions idéologiques, géopolitiques, militaires et économiques au cours de laquelle les États-Unis et l'URSS s'affrontent indirectement par pays alliés interposés.

2 L'échec de la « voie socialiste » chilienne

A L'opposition des États-Unis

- **Le président américain Nixon contre Allende.** La **visite du leader marxiste cubain Fidel Castro au Chili**, en novembre1971, renforce les craintes des Américains de voir le pays basculer dans le camp communiste.
- **Une volonté d'asphyxie financière.** Richard Nixon décide d'amplifier la guerre économique contre le Chili. Les entreprises américaines rejoignent les conservateurs et l'Église dans leur lutte contre le pouvoir socialiste. Un **véritable blocus financier est organisé**, coupant tous les crédits internationaux dont avait pu bénéficier le pays jusque-là.

B La dégradation de la situation économique et sociale

- **L'hyperinflation et les « casseroles vides ».** La chute du cours du cuivre et les conséquences du « blocus » américain entraînent une forte dégradation de la situation économique en 1972 **(inflation de 225 %)**. Contraint d'**instaurer le rationnement**, Allende doit faire face à une **agitation grandissante** (grève des camionneurs soutenue par les États-Unis, manifestation de ménagères avec des casseroles vides, etc.).
- **Le refus de la voie révolutionnaire.** Malgré la montée d'oppositions radicales, **Allende refuse de s'appuyer sur le MIR** qui prône l'armement du peuple pour hâter le passage à la révolution communiste. Au contraire, pour essayer de sauvegarder l'unité nationale, **il fait entrer des militaires au gouvernement** (nov. 1972), espérant consolider son pouvoir.

C Le coup d'État militaire

- **Les élections législatives de mars 1973.** Les **progrès de l'Union populaire aux élections de 1973** ne sont pas suffisants pour qu'Allende obtienne une majorité au Parlement. Mais ils renforcent la conviction des opposants que **seul un coup d'État peut arrêter l'expérience socialiste**.

> **Biographie**
>
> **Salvador Allende (1908-1973).** Médecin issu d'une famille aisée, il fonde le Parti socialiste chilien en 1933. Après trois tentatives malheureuses, il est élu président de la République en 1970 et déclare vouloir mener le pays légalement vers le socialisme. Ses réformes économiques et ses sympathies pour Fidel Castro cristallisent le mécontentement américain et celui des classes dirigeantes chiliennes. Il se suicide lors du coup d'État militaire de septembre 1973.

- **La fin de la démocratie chilienne.** Le 11 septembre 1973, le **général Pinochet**, commandant en chef de l'armée de terre depuis novembre 1972, s'empare du pouvoir par un **putsch** au cours duquel **Allende trouve la mort**, probablement un suicide, dans son palais présidentiel. Ce putsch débouche sur une **répression sanglante**, la dissolution du Parlement et l'**interdiction des partis politiques**.

Le retour de la démocratie en Espagne et au Portugal

CHAPITRE 6

Au début des années 1970, dans **un environnement européen démocratique, les dictatures espagnole et portugaise,** en place depuis des décennies semblent dans des **impasses politique et gouvernementale** qui menacent leur avenir.

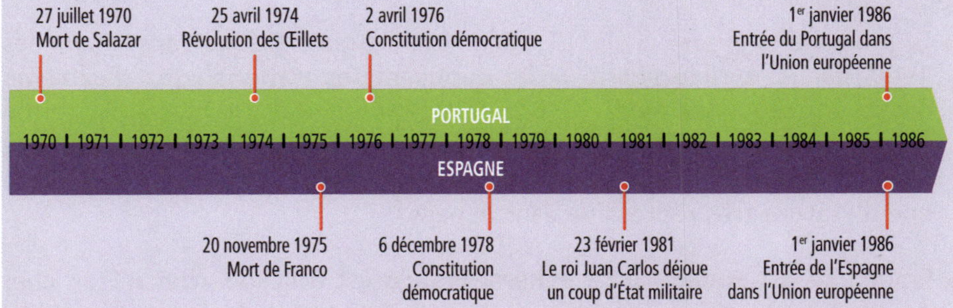

1 Les deux dernières dictatures d'Europe de l'Ouest

A Le Portugal salazariste

- **Une très longue dictature.** Le Portugal détient le record de **la plus longue dictature en Europe** (*Estado Novo* de 1932 à 1974). Elle affiche une **allégeance inconditionnelle envers l'Église catholique**. Salazar, son chef, affirme d'ailleurs qu'elle est au cœur de son engagement d'homme politique : « Si nous nous appelons "démocrates-chrétiens", nous ne reconnaissons pas pour autant une démocratie qui ne soit pas fondée sur le christianisme, car, hors du christianisme, nous

Biographie

Antonio de Oliveira Salazar (1899-1970). Professeur d'économie politique, il devient l'homme fort du Portugal dès 1928 à la suite du putsch militaire de 1926 du général Carmona. Son programme – l'*Estado Novo* – se veut un retour à la grandeur passée du Portugal avec le soutien de l'armée, des milices paramilitaires (les Chemises Vertes) et de l'Église catholique. Il se résume, en fait, à un fort conservatisme autoritaire, pourchassant avec dureté toute opposition. Après sa mort, son dauphin, Marcelo Caetano, ne peut conserver le pouvoir que quatre ans, chassé par la révolution des Œillets (1974).

ne comprenons pas ce qu'est ou pourraient être la liberté, l'égalité et la fraternité humaine. » **Anticommuniste affirmé**, Salazar entretient d'excellents rapports avec le dictateur espagnol Franco.

- **Le tournant des années 1960.** À la fin des années 1960, **le Portugal s'affaiblit** toujours davantage. Son agriculture reste archaïque, l'industrialisation marque de profonds retards et l'**émigration** (principalement **vers la France**) reste, bien souvent, la seule solution pour échapper à la pauvreté. S'y ajoute le poids des **guerres coloniales** africaines (au Mozambique et en Angola) qui ruinent l'État portugais et épuisent des forces militaires incapables d'en venir à bout.

B L'Espagne franquiste

- **Le poids de la guerre civile.** L'Espagne est marquée, jusque dans les années 1960, par la terrible guerre civile **opposant les nationalistes d'extrême droite aux républicains** de 1936 à 1939 (environ 450 000 morts). Au terme de ce conflit meurtrier qui a profondément ébranlé l'Europe juste avant la Seconde Guerre mondiale, son vainqueur, le **général Franco**, met en place une **dictature très répressive** dans le pays.

- **Franco, le « Caudillo ».** Le **général Franco** est à la fois chef d'État, chef du gouvernement, généralissime des armées et chef du parti unique. **Traditionaliste et antimoderne**, l'idéologie franquiste se caractérise par une **hostilité** viscérale au marxisme et au communisme, **à la démocratie et à la liberté d'expression**. Son projet politique d'une Espagne unie, forte et indépendante *(« Espana una, grande y libre »)*, en fait **un opposant déterminé**, avec l'appui conjoint de l'armée, de l'Église et du parti franquiste, **à toutes les tentatives sécessionnistes ou régionalistes**, réprimées par la terreur et l'arbitraire (arrestations, assassinats, etc.).

2 Deux transitions démocratiques rapides

A Les militaires portugais initiateurs de la démocratie

- **La « révolution des Œillets ».** Au printemps 1974, dans un pays très affaibli économiquement et démographiquement, l'**armée portugaise** et ses généraux engagent le **processus de démocratisation** du Portugal, avec l'approbation du peuple. Un coup d'État militaire et un soulèvement populaire associé (la « révolution des Œillets ») renversent la dictature salazariste. Les militaires mettent en place un gouvernement civil, organisent des élections libres (Assemblée constituante) et engagent un processus de décolonisation (Angola, Mozambique, Guinée-Bissau, São Tomé et Príncipe, Cap-Vert).

- **Le Portugal démocratique.** L'**Europe de l'Ouest** décide, dès 1975, d'**accorder une large aide financière** au Portugal sous condition que le pays évolue vers une « démocratie pluraliste ». Ce qui est fait par le **gouvernement du socialiste Mário Soares (1976-1979)**. L'Assemblée constituante élue en 1975 adopte, le **2 avril 1976**, une **Constitution démocratique**, calquée, en grande partie, sur le modèle français de la Vᵉ République. Malgré une situation économique difficile et les craintes de ne pas être préparé au choc de la concurrence européenne, le Portugal est intégré à la Communauté économique européenne en 1986.

B Juan Carlos, roi d'Espagne, initiateur de la démocratie

- **Le retour de la monarchie.** À l'automne 1975, deux jours après la mort de Franco, le rétablissement officiel de la monarchie espagnole s'incarne dans la personnalité du **prince Juan de Bourbon**, sous le nom de **Juan Carlos Ier**.

▲ Manifestation, à Lisbonne, pendant la « révolution des Œillets », au printemps 1974.

Se réalise ainsi, en apparence, la stratégie politique envisagée par le « Caudillo », avec l'assentiment conjoint de l'armée, de l'Église catholique afin de maintenir l'influence conservatrice et religieuse dans le pays et empêcher toute évolution vers un régime républicain démocratique auquel de très nombreux Espagnols aspirent.

■ **Le roi et la transition vers la démocratie.** Dès 1976, le roi Juan Carlos désigne le libéral Adolfo Suárez comme Premier ministre, en charge d'élaborer une **Constitution démocratique**. Préparée par le Parlement issu des premières élections libres après 40 ans de franquisme (le 15 juin 1977), elle est **approuvée le 6 décembre 1978 par 88 % des Espagnols.** Le 23 février 1981, **le roi intervient directement pour mettre fin à une tentative de coup d'État** d'un militaire nostalgique du franquisme qui s'était introduit, armé, dans l'enceinte des Cortes, pendant une retransmission télévisée des débats parlementaires. Cet acte lui donne **une immense popularité** et lui permet de **conforter la transition démocratique** et le **principe de la monarchie**, qui fait désormais la quasi-unanimité dans le pays. Dès 1986, l'Espagne est prête pour intégrer la Communauté économique européenne (qui devient l'Union européenne en 1993).

Biographie

Francisco Franco (1892-1975). *El Caudillo* (« le Guide »), ce surnom qu'il s'est lui-même attribué, résume bien la carrière politique du chef d'État autoritaire qui a dirigé l'Espagne pendant 36 ans. Vainqueur des républicains à la fin de la guerre civile (1939), il rétablit la monarchie mais s'en proclame « régent à vie ». Dans les années 1960, le fort développement économique a pu faire croire un instant que le franquisme survivrait à son fondateur en se transformant en pouvoir conservateur traditionaliste. Il n'en a rien été.

Le fonctionnement démocratique de l'Union européenne

CHAPITRE 7

La démocratie est le fondement du projet politique commencé en 1948 (congrès de La Haye) **ayant abouti à l'Union européenne.** Elle est le premier critère exigé pour tout État désirant rejoindre l'Union, définie par le sommet de Copenhague (1993). **L'Union européenne fonctionne, cependant, d'une manière complexe :** le pouvoir de décision est délégué à des représentants soit élus directement (Parlement européen), soit issus des États membres où ils ont été désignés (Commission européenne, Conseil européen, etc.).

1 Les institutions européennes

A La Commission européenne

- **L'organe exécutif de l'Union.** Créée en 1958, elle est « gardienne des traités » et garante de l'intérêt général des territoires et des populations de l'Union, avec le pouvoir de proposer et de mettre en œuvre les politiques communautaires. Elle bénéficie d'un quasi-monopole du **droit d'initiative législative** en matière d'union douanière, de marché intérieur et de monnaie unique (rôle de négociation des accords de commerce avec le reste du monde). S'il a une forte personnalité, **son président peut jouer un rôle politique non négligeable**, comme ce fut le cas de **Jacques Delors** entre 1985 et 1995.

- **Une structure double et contrôlée.** La Commission est organisée en deux structures coordonnées. Le collège des commissaires européens est un organe politique établissant les orientations stratégiques de l'Union (principe de **collégialité des décisions**). Les quarante directions générales constituent l'organe administratif, chacune sous l'autorité d'un commissaire. Les directions générales proposent les textes législatifs et des expertises, assurent des contrôles. Les commissaires sont tous désignés par les États membres (un par État). **Responsable devant le Parlement européen,** elle rend compte de sa gouvernance, pouvant être censurée par une majorité des deux tiers des eurodéputés.

B Le Conseil européen

- **Un lieu du pouvoir européen.** Mis en place en 1974 comme plateforme informelle de discussion entre chefs d'État et de gouvernement, le Conseil européen est devenu, en 2009 (traité de Lisbonne), une institution officielle et le **lieu de grandes décisions politiques**. Précédemment, le traité de Maastricht stipulait que « le Conseil européen donne à l'Union les impulsions nécessaires et en définit les orientations politiques générales ».

- **Un président symbolique.** Le Conseil européen se réunit à Bruxelles, deux fois par semestre et décide à l'unanimité ou à la **majorité qualifiée**. Son **président** est désigné pour un **mandat de deux ans et demi**, renouvelable une fois (en remplacement du système de la présidence tournante d'un semestre, précédemment). Son pouvoir réel est inexistant.

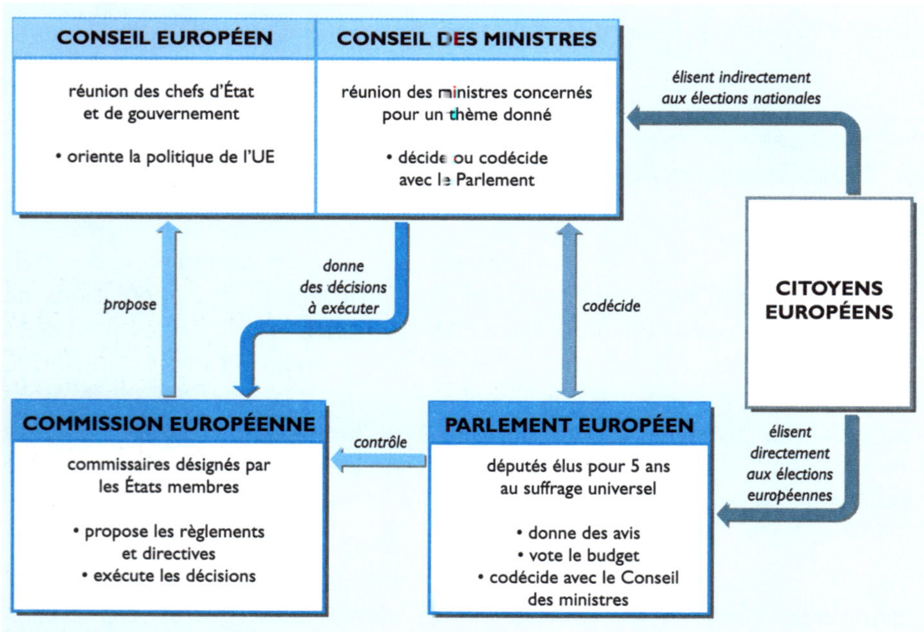

▲ Le fonctionnement politique de l'Union européenne.

C La Cour de justice européenne

- **La juridiction suprême de l'Union européenne.** Elle « assure le respect du droit dans l'interprétation et l'application des traités » (article 19 du traité de l'Union). Elle siège à Luxembourg depuis 1952. Composée de 27 juges (un juge par État membre) et 8 avocats généraux, tous élus pour un mandat renouvelable de six ans, elle statue sur les différends opposant les gouvernements des États et les institutions européennes, selon trois juridictions (Cour de justice, tribunal de première instance, tribunal de la fonction publique).

- **Un recours très accessible.** La Cour de justice peut être saisie par le Parlement européen, le Conseil, la Commission, un État membre, des entreprises, des organisations diverses et par les particuliers. Le traité de Lisbonne a étendu son contrôle aux actes du Conseil européen et **renforcé ses compétences dans le domaine de la liberté, de la sécurité et de la justice.**

Mots-clés

- **Acquis communautaire :** ensemble des textes juridiques communautaires hérités des différents traités, c'est-à-dire la somme des droits et obligations qui lient les États membres.
- **Approfondissement :** collaboration entre les États membres avec la mise en place de politiques communes et d'institutions allant vers le fédéralisme.
- **Élargissement :** processus d'adhésion progressive de nouveaux pays à l'Union. Ces pays doivent respecter un certain nombre de critères (État de droit, démocratie, économie de marché viable, etc.) pour être considérés comme candidats, puis être admis.

2 La citoyenneté européenne

A Une citoyenneté supplémentaire

- **Une création du traité de Maastricht.** La citoyenneté européenne est définie, depuis 1992, par l'article 9 du traité de Maastricht : « Est citoyen de l'Union toute personne ayant la nationalité d'un État membre. » Elle est conçue comme **une citoyenneté additionnelle**, ne se substituant pas à la citoyenneté nationale mais s'y ajoutant : « La citoyenneté de l'Union s'ajoute à la citoyenneté nationale et ne la remplace pas. » Autrement dit, un citoyen français, ou allemand, ou italien est aussi, depuis 1992, citoyen européen.

- **Une participation à la démocratie déléguée.** Le citoyen européen peut participer à la vie politique européenne, en particulier lors des élections des députés au Parlement européen, comme le rappelle l'article 10-1 du traité de Maastricht : « Le fonctionnement de l'Union est fondé sur la démocratie représentative. » Les **citoyens européens** peuvent être **éligibles et électeurs**.

B Un organe représentatif : le Parlement européen

- **Un organe démocratiquement désigné par les citoyens.** Les députés européens sont élus **au suffrage universel direct** (élection dans chaque pays, sur liste nationale, **à la proportionnelle**, mandat de cinq ans). Le nombre de députés européens de chaque pays est fonction de sa taille démographique avec une **surreprésentation des petits pays** (un eurodéputé allemand représente 860 000 électeurs, un eurodéputé luxembourgeois seulement 76 000). Issus de cent partis nationaux, les eurodéputés siègent en **sept groupes politiques**, non par nationalité mais en fonction d'affinités politiques communes.

Biographie

Jacques Delors (1925-2023). Homme politique socialiste français, il est député européen en 1979 puis ministre de l'Économie et des Finances (1981-1984). En janvier 1985, il devient président de la Commission européenne – poste qu'il occupe pendant 10 ans. Partisan d'une Europe fédérale, il donne à l'idée européenne une nouvelle impulsion par le traité de l'*Acte unique* (1986) et celui de Maastricht (1992). Il quitte la vie politique après avoir renoncé à se présenter à l'élection présidentielle française de 1995.

- **Des fonctions législatives réelles mais encadrées.** Le Parlement européen joue trois rôles essentiels : il examine et **adopte les actes législatifs européens avec le Conseil** ; il exerce un contrôle sur les activités des autres institutions de l'Union, notamment la Commission, afin de garantir que celles-ci fonctionnent démocratiquement ; il examine et adopte le budget européen avec le Conseil.

L'Union européenne face aux États et aux citoyens

CHAPITRE 8

Dans un monde en pleine évolution et dans un contexte de **crise durable de la gouvernance** mondiale, l'Union s'avère difficile à diriger. Au sein de l'Union, les débats européens se poursuivent sur fond de joutes politiques, de rapports de force multiples et de la montée d'un **euroscepticisme** de plus en plus marqué.

1 Une Union européenne impossible à réformer ?

A Le difficile fonctionnement supranational

- **L'Union, garante des libertés fondamentales.** La libre circulation des personnes inscrite dans le traité de Maastricht est obtenue en 1995 quand les accords de Schengen, signés dix ans plus tôt, entrent en application. Les contrôles aux frontières entre les États membres sont supprimés. L'Union européenne permet alors les **« quatre libertés »** : libre circulation des biens, des services, des capitaux et des personnes.

Mot-clé

Fédéralisme : courant politique favorable à la transformation de l'Union européenne en une fédération d'États. Ces derniers acceptent de céder une partie de leurs pouvoirs à une institution supranationale. Dans ce but, les fédéralistes sont partisans d'un approfondissement des politiques européennes.

- **Les États et la réforme institutionnelle de l'Union.** Malgré l'augmentation du nombre d'États membres, les institutions ont peu évolué depuis les années 1960. Le fonctionnement reste donc complexe et, parfois, sclérosant. Il devient fondamental d'améliorer la coopération et la prise de décision. C'est le sens du traité d'Amsterdam signé en 1997. Mais les divisions entre les pays limitent sa portée : **l'unanimité des décisions** est maintenue pour la politique étrangère, et la tentative de réforme des institutions n'aboutit pas. Le traité de Nice en 2001 est aussi un compromis tiède négocié dans un climat électrique. Il instaure le principe d'une majorité qualifiée pour la prise de décision **mais n'est pas adapté à l'Europe élargie** qui s'annonce.

B Un fédéralisme impossible ?

- **Le projet de Constitution européenne.** Le Conseil européen réunit une Convention sur l'avenir de l'Europe en février 2002. La présidence en est confiée à l'ancien président français Valéry Giscard d'Estaing. Un projet de Constitution européenne est signé à Rome par les chefs d'État et de gouvernement le 29 octobre 2004. Repensant le fonctionnement de l'Union pour l'adapter à une Europe à l'échelle du continent, la Constitution crée les postes de président et de ministre des Affaires étrangères, réduit le nombre de membres de la Commission européenne, donne **plus de pouvoirs au Parlement** européen et **favorise une majorité qualifiée** plutôt que l'unanimité dans les décisions.

- **Le « non » français et néerlandais.** Comme les traités précédents, ce texte doit être ratifié par tous les États membres. Mais, au printemps 2005, **les citoyens français et néerlandais refusent ce traité par référendum**. Le processus de ratification est rapidement arrêté. L'Europe, ballottée entre des positions très divergentes, entre dans une période de doute et de crise.

- **Le rafistolage de Lisbonne (2007).** Pour sortir de cette impasse institutionnelle, le traité de Lisbonne est signé le 13 décembre 2007. Beaucoup d'éléments du traité constitutionnel sont repris, mais ce tour de passe-passe, contournant le rejet des citoyens, **renforce l'image d'une Europe en « déficit démocratique »**.

▲ Les titres des journaux après le « non » français au référendum sur la Constitution européenne (2005).

2 Une Union européenne sans les citoyens ?

A Le manque d'enthousiasme des Européens

- **Le renforcement illusoire de la gouvernance européenne.** Ce renforcement n'a pas entraîné de réelle adhésion auprès des peuples. Au contraire, l'euro est accusé d'avoir fait gonfler les prix. Le taux de participation aux élections européennes est en baisse constante. Seulement un tiers des Européens a, aujourd'hui, une image positive de l'Union. **L'euroscepticisme progresse partout.**

- **Le déficit démocratique.** Bien que les différents traités tendent à renforcer le rôle du Parlement et que les institutions européennes cherchent à se rapprocher des citoyens, l'Union est régulièrement accusée de déficit démocratique. **Les peuples s'intéressent surtout aux thématiques nationales,** et le pouvoir de Bruxelles, jugé peu représentatif, concentre les critiques. Les directives de la Commission européenne, qui fondent de plus en plus les législations nationales, sont souvent mal acceptées des opinions publiques car non débattues et issues de commissaires nommés et non élus.

B De nouveaux enjeux pour la démocratie européenne

- **Un enjeu politique.** Les partis politiques **souverainistes** s'opposent aux autorités de Bruxelles qu'ils accusent d'attenter à la souveraineté nationale. Certains mouvements d'extrême droite (comme en France ou aux Pays-Bas) préconisent même de quitter l'euro. Les fédéralistes souhaitent, au contraire, renforcer le rôle et le pouvoir de l'Union. À ce titre, ils ne sont pas forcément favorables à des élargissements supplémentaires, de peur de diluer l'esprit de la construction européenne dans un vaste espace peu intégré.

> **Mots-clés**
>
> • **Majorité qualifiée :** processus de décision qui nécessite l'accord d'une forte majorité des membres, et non plus l'unanimité. Elle a été fixée à 55 % des membres et 65 % de la population de l'Union.
>
> • **Souverainisme :** doctrine défendue par ceux qui veulent protéger la souveraineté nationale mise en péril, selon eux, par un pouvoir accru de l'Union européenne. À l'inverse des fédéralistes, les souverainistes militent pour une « Europe des nations », où l'autonomie politique des États serait préservée.
> Ils souhaitent donc un affaiblissement, voire une disparition, des institutions européennes communes.

- **L'alerte du Brexit.** En 2016, le gouvernement britannique de David Cameron soumet au référendum la proposition suivante : « Le Royaume-Uni devrait-il rester dans l'Union européenne ou la quitter ? » 51,89 % des Britanniques répondent qu'ils souhaitent sortir de l'Union, entraînant une grave crise politique à la fois anglaise et europénne. En 2021, après 5 années d'une procédure complexe et chaotique, le Royaume-Uni se retire de l'Union européenne pour devenir simple pays « associé par un accord de commerce et de coopération ».

- **Une Europe « puissance ».** Ces turbulences se retrouvent aussi sur le Vieux Continent entre les pays favorables à une Europe « puissance » et ceux qui se contenteraient d'une zone de libre-échange aux politiques communautaires restreintes. L'Europe est, de plus en plus, à **« géométrie variable »**, voire « à la carte », dans laquelle **chaque pays participe en fonction de ses intérêts.** Toutefois, depuis 2022, la guerre en Ukraine a changé la donne et les 27 semblent prêts aujourd'hui à aller vers un renforcement de la puissance de l'Europe, particulièrement dans le domaine militaire.

Dissertation

Sujet : « La démocratie directe de l'Antiquité est-elle possible de nos jours ? »

Travail préparatoire

Analyser le sujet

Comprendre le libellé

Il convient d'abord de définir les **termes principaux du sujet,** c'est-à-dire, ici, l'expression : **« démocratie directe ».** Il s'agit d'un système politique où les citoyens participent directement aux décisions, sans avoir recours à des représentants (délégués, députés).

Il faut ensuite s'intéresser aux **bornes chronologiques**. Elles sont au nombre de deux. **« L'Antiquité »** correspond, dans ce cas précis, à la Grèce classique du « siècle de Périclès » (Vᵉ siècle avant Jésus-Christ) et éventuellement à « l'âge d'or » de la République romaine (IIᵉ siècle avant Jésus-Christ) mais cette période n'est pas étudiée par le programme. **« De nos jours »** renvoie à l'époque contemporaine, c'est-à-dire le début du XXIᵉ siècle.

Les écueils à éviter

Le sujet est à replacer dans le premier thème du programme « comprendre un régime politique : la démocratie » et plus particulièrement dans l'axe 1 de ce thème « les différences entre démocratie directe et démocratie représentative ». **Il ne porte pas sur une description exhaustive de la démocratie antique** mais uniquement sur son fonctionnement en tant que « démocratie directe ». De même, **il ne doit pas être un prétexte à donner toutes les caractéristiques de la démocratie représentative**.

Les attentes du correcteur

Le devoir doit montrer que l'on connaît **les caractéristiques et les limites de la démocratie directe**. Il doit s'appuyer sur des **exemples précis pris dans le cours** : démocratie athénienne, **analyse de Benjamin Constant** (« liberté des Anciens, liberté des Modernes »), voire d'**Alexis de Tocqueville**. Il doit aussi faire preuve de nuances (la démocratie directe ne peut-elle pas être revisitée aujourd'hui ?) et d'une **bonne connaissance de l'actualité récente**.

Mobiliser ses connaissances

La démocratie directe de l'Antiquité est-elle possible de nos jours ?

- **La démocratie athénienne au Ve s. av. J.-C.**
  - Les citoyens votent directement les lois
  - Les citoyens sont éligibles à tous les postes et désignent tous leurs dirigeants
  - Les citoyens les plus pauvres reçoivent une indemnité afin de pouvoir participer à la vie politique
- **Les critiques de Benjamin Constant**
  - La démocratie antique ne concernait qu'un petit nombre de citoyens
  - Les libertés individuelles n'étaient pas garanties
  - La guerre était la principale occupation de l'Antiquité
- **Les adaptations possibles de la démocratie aujourd'hui**
  - La démocratie directe existe par le système du référendum
  - La démocratie directe peut se développer au niveau local
  - Internet et les réseaux sociaux réinventent la démocratie directe

Problématiser le sujet

Un libellé de forme interrogative problématise de fait le sujet. Il facilite la construction du devoir puisqu'il faut répondre à la question posée. Mais la réponse doit être nuancée et s'appuyer sur des connaissances choisies avec soin.

Il faut d'abord préciser **ce qu'est la démocratie directe** pour en dégager les caractéristiques principales.

Il faut ensuite se demander **si ces caractéristiques sont transposables de nos jours**. C'est la partie la plus délicate du devoir. On peut utiliser l'analyse de Benjamin Constant vue en cours. Mais il faut aussi bien garder à l'esprit les limites de cette analyse : il s'agit d'une **vision typiquement libérale** qui considère que seule la délégation de la souveraineté populaire permet le fonctionnement correct d'une démocratie. Il convient sûrement **de la nuancer** en précisant que la démocratie directe peut être utilisée dans certains cas aujourd'hui (référendum, fonctionnement participatif) et qu'elle est l'objet d'une grande attente de la part de nombreux citoyens.

Corrigé type rédigé

Introduction

[accroche]

« [La liberté] consistait à exercer collectivement, mais directement, plusieurs parties de la souveraineté tout entière, à délibérer, sur la place publique, de la guerre et de la paix », affirme Benjamin Constant à propos de la démocratie athénienne dans son essai *De la liberté des Anciens comparée à celle des Modernes*.

[analyse du sujet]

Présentée par les Athéniens comme un système politique parfait, cette « démocratie directe » permet en effet à chaque citoyen de participer sans intermédiaire à la vie de la cité. Les décisions sont donc prises par le *démos* tout entier, de la manière théoriquement la plus transparente et la plus conforme au bien commun.

[problématique et annonce du plan]

Cette démocratie directe peut-elle encore être possible de nos jours ? Pour y répondre, il faut d'abord comprendre comment fonctionnait ce système dans l'Antiquité **(I)** puis voir les critiques qui lui ont été adressées **(II)** avant de se demander si, malgré tout, elle ne peut pas être en partie conservée dans la démocratie représentative qui s'est imposée comme le principal système démocratique contemporain **(III)**.

Développement

I. Le fonctionnement de la démocratie directe antique

[argument 1]

Au Ve siècle avant J.-C., Athènes est le principal exemple de démocratie directe de l'Antiquité. Tous les citoyens (l'Ecclésia) peuvent se réunir quatre fois par mois, sur la colline de la Pnyx. Ils participent à des discussions publiques où chacun peut défendre son point de vue, puis décident, par vote à main levée, une nouvelle loi, l'exclusion de citoyens de la vie publique (ostracisme) ou une déclaration de guerre.

[argument 2]

Les responsabilités politiques sont partagées entre différents groupes et limitées dans le temps. Tous les ans, à l'Ecclésia, les citoyens qui siègent à l'assemblée de la Boulê et au tribunal de l'Héliée sont désignés par tirage au sort. Cela signifie l'égalité absolue de tous : tout citoyen en vaut un autre.

[argument 3]

Pour que les plus pauvres puissent aussi gouverner Athènes, les élus reçoivent une somme d'argent, le *misthos*, progressivement étendue à tous les citoyens se rendant aux séances de l'Ecclésia. Le *misthos* devient donc une sorte « d'indemnité » de contribution à la vie politique athénienne.

[transition]

Benjamin Constant dans *De la liberté des Anciens comparée à celle des Modernes* (1819) oppose la conception antique de la liberté (« participer directement ») à la conception héritée du siècle de Lumières et des révolutions américaine et française (« être représenté »).

II. Les limites de la démocratie directe

[argument 1]

Cette démocratie directe n'est pas exempte de faiblesse. À Athènes, la liberté est uniquement vue comme collective. C'est l'Ecclésia, assemblée de tous les citoyens, qui décide du gouvernement, des lois et du droit. Rien ne garantit les libertés individuelles.

[argument 2]

L'organisation politique dépend directement du talent des orateurs. Ainsi se développent des techniques de persuasion capables de convaincre le peuple par un discours adapté aux attentes de l'auditoire. Les discours populistes triomphent ainsi finalement entraînant Athènes dans des guerres sans fin et provoquant sa chute.

[argument 3]

Mais c'est surtout l'augmentation de la taille des États et celle du nombre d'habitants qui ont modifié la notion de citoyenneté. Un citoyen athénien pouvait à lui seul influer une décision collective. Aujourd'hui, l'influence directe d'un citoyen d'un grand pays démocratique est négligeable. Il doit déléguer son pouvoir et accepter d'être représenté par des élus.

[transition]

Cette démocratie représentative qui s'est imposée à l'ensemble des pays démocratiques contemporains semble pourtant être remise en partie en cause aujourd'hui et des voix se font entendre pour revenir à la démocratie directe.

III. Une transposition partielle dans la démocratie représentative contemporaine

[argument 1]

La démocratie directe s'est maintenue dans la démocratie représentative par le recours au référendum. Longtemps discrédité par le danger « populiste » qu'il représentait aux yeux des élites libérales, ce type de consultation électorale a été remis à l'honneur en France par la Ve République, même s'il reste très encadré. Au niveau local, il permet aux communautés territoriales de soumettre au choix de leurs électeurs tout projet relevant de leur compétence.

[argument 2]

Dans d'autres pays, comme en Italie, en Autriche ou en Suisse, il existe un référendum d'initiative populaire qui émane directement de la population et qui est organisé dès qu'un nombre significatif de citoyens le demande.

[argument 3]

Les nouveaux médias et les réseaux sociaux sont peut-être en train de révolutionner la démocratie directe et de la réintégrer dans la démocratie représentative comme en témoignent l'ampleur du mouvement des « gilets jaunes » en France ou celle de la grève étudiante pour le climat lancée par la Suédoise Greta Thunberg.

Conclusion

[bilan]

Condamnée par la pensée libérale des XVIIIe et XIXe siècles, car « inadaptée » aux évolutions d'un monde plus peuplé et au fonctionnement plus complexe que dans l'Antiquité, la démocratie « directe » ne paraissait plus convenir aux sociétés contemporaines occidentales, toutes converties à la démocratie libérale « représentative ».

[ouverture]

La démocratie directe semble pourtant retrouver une seconde jeunesse au début du XXIe siècle dans les grands pays démocratiques, portée par le développement exponentiel d'Internet et des réseaux sociaux. Ils obligent les gouvernements « représentatifs » à tenir compte « directement » des aspirations des citoyens sans passer par leurs représentants traditionnels.

Dissertation

Sujet : « L'Union européenne est-elle démocratique ? »

Travail préparatoire

Analyser le sujet

Comprendre le libellé

Il convient d'abord de définir les **termes principaux du sujet**, c'est-à-dire, ici, **« l'Union européenne »** (les 27 pays qui forment une association économique et politique régie par différents traités : Rome, Maastricht, Lisbonne, etc.) puis le mot **« démocratique »** (respect des choix du *démos*, c'est-à-dire des habitants de cet ensemble territorial).

Il n'y a pas de bornes chronologiques, mais elles sont sous-entendues par le programme. Il s'agit de la période allant de **1992 à nos jours**.

Les écueils à éviter

Le sujet est à replacer dans le premier thème du programme « comprendre un régime politique : la démocratie » et plus particulièrement dans l'objet de travail conclusif de ce thème « l'Union européenne et la démocratie ». **Il ne porte pas sur une description exhaustive du fonctionnement politique de l'Union européenne** mais uniquement sur son fonctionnement en tant que « démocratie représentative et démocratie déléguée ». Ainsi, il ne doit pas être un **prétexte** à donner toutes les **caractéristiques de la démocratie représentative** ou à dérouler les **étapes de la construction européenne**.

Les attentes du correcteur

Le devoir doit montrer que l'on connaît le **fonctionnement démocratique de l'Union européenne**. Il lui faut s'appuyer sur des **exemples précis pris dans le cours** : rôle du Parlement et de la Commission ainsi que du Conseil européen, **émergence progressive d'une citoyenneté européenne.** Il ne doit pas hésiter à utiliser l'actualité proche voire très récente : échec de la Constitution européenne en 2005, montée croissante de l'euroscepticisme, Brexit, etc.

Mobiliser ses connaissances

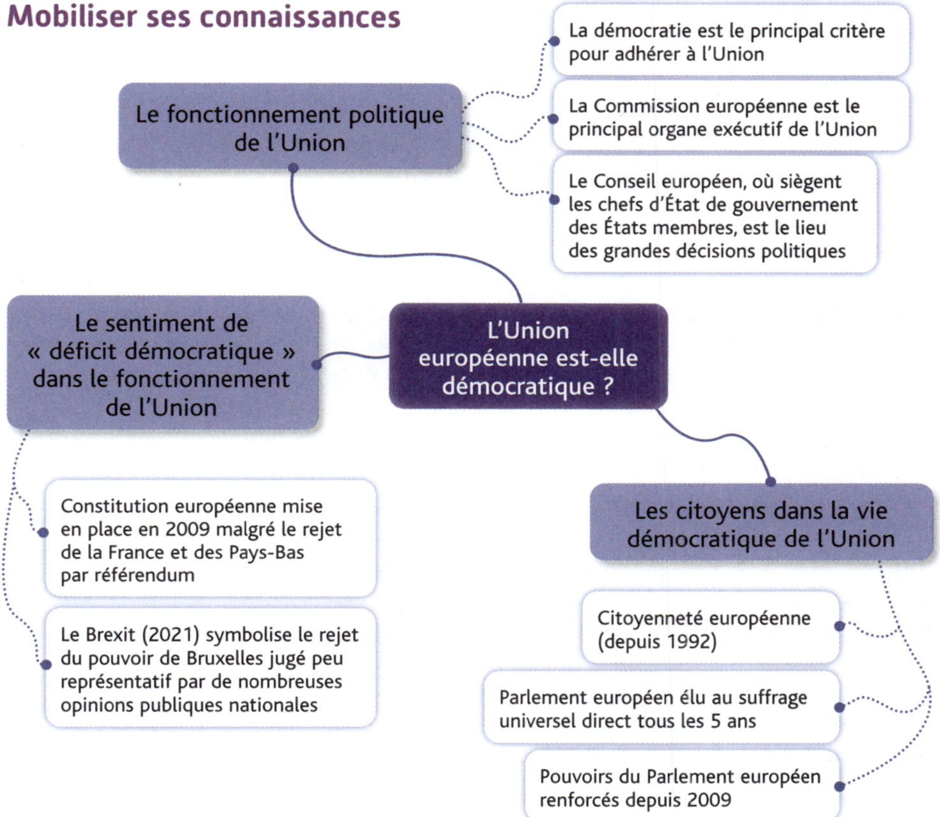

Problématiser le sujet

Le libellé a une **forme interrogative.** Il **problématise donc de fait le sujet,** ce qui facilite la construction du devoir puisqu'il faut répondre à la question posée. Mais la réponse doit être nuancée sans être caricaturale (répondre abruptement que l'Europe n'est pas démocratique n'est guère envisageable) et il faut qu'elle s'appuie sur des connaissances solides et judicieusement choisies.

Il faut d'abord préciser que l'**Union européenne fonctionne de manière démocratique** en décrivant succinctement les organes qui la composent.

Puis on doit se demander **comment les citoyens participent** à cette démocratie déléguée, particulièrement par le biais des élections au Parlement européen.

Enfin, la question de **la montée de l'euroscepticisme** est à aborder : il existe une crise de confiance indéniable dans la démocratie européenne qu'il convient d'analyser et qui génère un sentiment de déficit démocratique dans le fonctionnement de l'Union.

Corrigé type rédigé

Introduction

[accroche]

En 1992, le traité de Maastricht fondant l'Union européenne affirme « renforcer le caractère démocratique et l'efficacité du fonctionnement des institutions européennes ».

[analyse du sujet]

L'Europe semble alors s'engager sur la voie d'un rapprochement politique entre les États et se dote d'institutions prenant de plus en plus de poids dans le processus décisionnel commun. En parallèle, une citoyenneté européenne est définie et le Parlement européen se voit doté de pouvoirs grandissants. Pourtant, on assiste en même temps à une montée sans précédent de l'euroscepticisme qui se traduit, en 2021, par le Brexit, c'est-à-dire la volonté affirmée de la majorité des citoyens britanniques de quitter l'Union.

[problématique et annonce du plan]

Cet événement oblige à poser la question du fonctionnement politique de l'Union européenne : **pourquoi un nombre grandissant de citoyens considère-t-il qu'elle ne fonctionne pas de manière démocratique ?** Pour y répondre, il faut d'abord comprendre comment fonctionne politiquement l'Union (I) puis voir de quelle manière les citoyens participent à sa vie politique (II). Enfin, on pourra se demander si ce fonctionnement n'est pas à l'origine du sentiment de plus en plus répandu d'une Europe en déficit démocratique qui serait gouvernée « sans » les citoyens (III).

Développement

I. Le fonctionnement politique de l'Union européenne

[argument 1]

La démocratie est le fondement du projet politique européen débuté en 1948 au congrès de La Haye. Il a été réaffirmé par le traité de Maastricht ayant abouti à l'Union européenne. La démocratie est ainsi le premier critère exigé pour tout État désirant rejoindre l'Union, défini par le sommet de Copenhague (1993). L'Union européenne garantit alors les « quatre libertés » : libre circulation des biens, des services, des capitaux et des personnes.

[argument 2]

Le pouvoir exécutif de l'Union est principalement confié à la Commission européenne. Les commissaires qui la composent sont tous désignés par les États membres (un par État). La Commission bénéficie d'un quasi-monopole du droit d'initiative législative. Responsable devant le Parlement européen, elle rend compte de sa gouvernance, pouvant être censurée par une majorité des deux tiers des eurodéputés.

[argument 3]

Le Conseil européen est devenu, en 2009 (suite au traité de Lisbonne), une institution officielle et le lieu de grandes décisions politiques. Il est composé des chefs d'État ou de gouvernement des États, qui ont été eux-mêmes choisis démocratiquement dans leur pays d'origine.

[transition]

Si les citoyens ne participent pas directement aux grandes décisions européennes qui se prennent à Bruxelles, ils interviennent cependant directement dans la vie politique de l'Union.

II. La participation des citoyens européens à la démocratie européenne

[argument 1]

Depuis 1992, il existe une citoyenneté européenne. Elle est conçue comme une citoyenneté additionnelle, ne se substituant pas à la citoyenneté nationale mais s'y ajoutant : « La citoyenneté de l'Union s'ajoute à la citoyenneté nationale et ne la remplace pas. » Autrement dit, un citoyen français, ou allemand, ou italien est aussi citoyen européen.

[argument 2]

Les citoyens européens peuvent participer à la vie politique européenne, en particulier lors des élections des députés au Parlement européen, comme le rappelle l'article 10-1 du traité de Maastricht : « Le fonctionnement de l'Union est fondé sur la démocratie représentative. » Les citoyens européens peuvent être éligibles et électeurs.

[argument 3]

Le Parlement européen, élu au suffrage universel direct, a vu ses pouvoirs renforcés depuis 1992. Désormais, il examine et adopte les actes législatifs européens avec le Conseil ; il exerce un contrôle sur les activités des autres institutions de l'Union, notamment la Commission, afin de garantir que celles-ci fonctionnent démocratiquement ; il examine et adopte le budget européen avec le Conseil.

[transition]

Alors que les élections européennes devraient être un moment important de la participation démocratique des citoyens à la vie politique de l'Union, elles sont de plus en plus boudées par les électeurs (87 % d'abstention en Slovaquie en 2014).

III. Une Union européenne sans les citoyens ?

[argument 1]

Au printemps 2005, les citoyens français et néerlandais refusent par référendum la Constitution européenne, soulignant la montée de l'euroscepticisme jusque dans les pays à l'origine du projet politique européen. Pour sortir de cette impasse institutionnelle, le traité de Lisbonne est signé le 13 décembre 2007. Beaucoup d'éléments de la défunte Constitution sont repris et ce « tour de passe-passe », contournant le rejet des citoyens, renforce l'image d'une Europe peu soucieuse de la volonté des électeurs.

[argument 2]

Le renforcement de la gouvernance européenne n'a pas entraîné de réelle adhésion auprès des peuples. Au contraire, l'euro est accusé d'avoir fait gonfler les prix. Le taux de participation aux élections européennes est en baisse constante. Moins d'un tiers des Européens a, aujourd'hui, une image positive de l'Union. L'euroscepticisme progresse partout.

[argument 3]

Bien que les différents traités tendent à renforcer le rôle du Parlement et que les institutions européennes cherchent à se rapprocher des citoyens, l'Union est régulièrement accusée de déficit démocratique. Les peuples s'intéressent surtout aux thématiques nationales et le pouvoir de Bruxelles, jugé peu représentatif, concentre les critiques. Les directives de la Commission européenne, qui fondent de plus en plus les législations nationales, sont souvent mal acceptées des opinions publiques car non débattues et issues de commissaires nommés et non élus. C'est une des causes principales du Brexit de 2016 définitivement acté en 2021 : près de 52 % des Britanniques ont décidé, par référendum, de quitter l'Union européenne pour pouvoir gérer à nouveau en « solitaires » leur politique d'immigration.

Conclusion

[bilan]

Le fonctionnement politique de l'Union européenne s'avère être de plus en plus paradoxal. Depuis le traité de Maastricht (1992), son fonctionnement démocratique s'est renforcé. Une citoyenneté européenne a été définie et la garantie des libertés fondamentales a été renforcée. Le Parlement européen, élu au suffrage universel direct, a vu ses pouvoirs augmentés. En parallèle, un euroscepticisme grandissant a gagné la majorité des citoyens de l'Union qui a le sentiment que l'Europe fonctionne de manière plus technocratique que démocratique.

[ouverture]

Ce sentiment souligne combien le renforcement de la gouvernance européenne n'a pas entraîné de réelle adhésion auprès des peuples. Ainsi l'indifférence à l'Europe communautaire se transforme peu à peu en rejet, même dans des pays historiquement très europhiles. C'est tout le fonctionnement démocratique de l'Union qui semble à revoir si l'on veut éviter son éclatement à moyen terme.

Thème 2

Analyser les dynamiques des puissances internationales

Cours

Contrôle continu

CHAPITRE 9

Ce qui fait la puissance internationale

Depuis le XVIIIe siècle, l'État territorial est devenu la forme privilégiée d'exercice de l'autorité politique et ses stratégies de puissance sont devenues les grilles d'analyse de l'ordre mondial. Mais cette domination de la forme étatique semble, aujourd'hui, menacée dans un siècle de globalisation des flux extraterritoriaux.

1 Les moyens traditionnels de la puissance

A Les fondements de la puissance

- **La démographie, élément toujours déterminant de la puissance.** Cette corrélation entre démographie et puissance semble toujours vérifiée au début du XXIe siècle, où le **renversement du monde en faveur des nouvelles puissances émergentes que sont la Chine, l'Inde et le Brésil** reflète d'abord un basculement du rapport de force démographique.
- **La technologie militaire et la suprématie économique.** La guerre devient, à partir du XXe siècle, le reflet de la capacité d'un État à mobiliser ses ressources industrielles (capacités d'innovation, de production et de distribution) en temps de paix comme en temps de guerre. **L'hégémonie prolongée des États-Unis sur le monde,** depuis 1918, s'explique, d'ailleurs, par la **maîtrise conjointe des puissances économique et militaire** à l'échelle mondiale.

B L'ère nucléaire : une redéfinition des moyens de la puissance

- **L'arme nucléaire, moyen ultime de la puissance ?** L'apparition de l'arme nucléaire, après 1945, a modifié la signification des éléments de puissance. Si, durant une courte période, l'avance des États-Unis dans le domaine nucléaire a semblé conforter les moyens traditionnels de sa puissance, **la diffusion de la bombe atomique a radicalement modifié le paysage géopolitique.** Ainsi, un État comme la Corée du Nord, malgré son économie moribonde, est devenu inattaquable par des puissances bien supérieures depuis ses deux essais nucléaires de 2006 et 2009.

- **L'ambivalence du statut de puissance nucléaire.** L'évolution de la Russie postsoviétique démontre, pourtant, l'asymétrie entre l'élément de puissance nucléaire et les moyens de puissance traditionnels. La Russie demeure, au début du XXIe siècle, la seconde puissance nucléaire mondiale. Mais elle **n'a pu empêcher l'extension de l'OTAN** et de son bouclier antimissile à ses frontières, englobant les anciens satellites de l'époque soviétique comme la République tchèque ou la Pologne. Cette **relativisation de la puissance atomique** explique pourquoi le monde a connu une dénucléarisation depuis la fin de la « guerre froide » (traités START I et II).

> **Mot-clé**
>
> **Hyperpuissance** : concept popularisé en 1999 par Hubert Védrine (ministre français des Affaires étrangères de 1997 à 2002) pour définir la superpuissance des États-Unis, devenue sans rivale après la chute de l'URSS en 1991.

Les quatre périodes de l'État et de la puissance selon Robert Cooper

	État	Économie	Politique extérieure
Époque prémoderne	Là où l'État fonctionne, il est faible et autoritaire. Son contrôle peut, souvent, s'effondrer. Les activités de l'État sont, essentiellement, militaires.	Agricole.	Chaotique, impériale ou reliée à un ordre religieux.
Époque moderne initiale	L'État est plus organisé et centralisé. Aux fonctions militaires et diplomatiques se sont ajoutées des fonctions commerciales.	Agricole et commerciale.	
Époque moderne tardive	L'État est centralisé et bureaucratique, autoritaire et idéologique ou bien démocratique. Il assure la responsabilité de l'éducation, de la santé, de la protection sociale, de l'industrie ainsi que des fonctions militaires.	Commerciale, industrielle, production de masse.	Nationaliste, ère des armées de masse et de la guerre totale.
Époque postmoderne	La puissance est diffusée à l'intérieur et à l'extérieur des frontières, influencée par les médias et l'opinion publique. Les pressions contraires rendent difficile l'élaboration d'une politique.	Postindustrielle. L'économie des services et de l'information domine.	Transparence et vulnérabilité mutuelle. Les actions médiatiques jouent un grand rôle. Le temps de décision est plus rapide.

2 La redistribution des moyens de la puissance

A L'affaiblissement de l'État

- **Une privatisation militaire.** L'entretien permanent de forces armées et la maîtrise de technologies avancées de communication et de destruction sont devenus des moyens accessibles à des groupes terroristes. Ils **rivalisent avec l'hyperpuissance américaine** sur la maîtrise de l'information – flux essentiel dans un monde relié et globalisé par des réseaux de communication (télévision, Internet).

- **Une privatisation économique.** Les États abandonnent aux firmes multinationales (FMN) des instruments de souveraineté sur leur territoire. Ainsi, la compétition mondiale entre États pour attirer les flux d'investissements directs étrangers (IDE) les amène à multiplier incitations fiscales, zones franches et conditions dérogatoires. **Les FMN renforcent ainsi leur puissance financière au détriment des États,** renversant le rapport de force traditionnel. La firme russe Gazprom présente un chiffre d'affaires de 157 milliards et un bénéfice à comparer avec les 40 milliards de budget de l'État ukrainien.

B Le *soft power* : un moyen de la puissance renouvelé

- **Les diverses facettes du *soft power*.** Joseph **Nye** considère la puissance internationale comme la capacité d'un État à modeler les choix des autres acteurs afin qu'ils se rallient à lui. Ce *soft power* s'appuie sur trois piliers : l'**attractivité de sa culture**, ses **valeurs politiques** et leur **cohérence avec son action internationale et ses politiques extérieures,** si elles sont légitimes et moralement fondées.

- **Le *soft power*, vecteur de la puissance américaine.** Nye soulignait lui-même le triomphe du *soft power* américain lors de la guerre du Golfe en 1991. La retransmission des principales étapes du conflit fut l'œuvre de la chaîne d'information en continu CNN qui, sans être dépendante du gouvernement américain, **généralisa, dans le monde, un regard américain** sur cette guerre. Elle mit en scène, par exemple, la **notion de « guerre propre »** sans dommages collatéraux sur les populations civiles.

> **Mot-clé**
> *Soft power* : « puissance douce » désignant la capacité à influencer sans avoir recours à des moyens contraignants.

C Une nouvelle puissance collaborative en réseau

- **La fin du monopole de l'information stratégique.** Ces technologies **rendent quasiment impossible le monopole sur l'information stratégique** qu'exerçaient, jusqu'à la fin du XXe siècle, les chancelleries diplomatiques et les états-majors militaires. Le dévoilement, par l'ONG WikiLeaks, de centaines de milliers de télégrammes diplomatiques du département d'État américain inaugure une nouvelle époque où **chaque État devra pouvoir rendre compte,** à une opinion publique devenue mondiale, **des moyens employés sur la scène internationale.**

- **Les nouvelles connectivités numériques.** Les tentatives des révolutions arabes des années 2011-2012 ont ouvert la route à une nouvelle forme de la puissance en réseau, une puissance collaborative des uns avec les autres dont la force réside dans le nombre et la mobilité induite par la connectivité numérique. Les « Indignés » espagnols (2011) à l'origine du parti radical Podemos (2016), « Nuit debout » (2016) et le mouvement des Gilets jaunes en France (2018-2020) ainsi que « l'usine à désinformation » visant les réseaux internationaux (appelée *Internet Research Agency*) de l'ex-groupe privé Wagner soutenu par l'État russe illustrent la complexité des multiples voies que peuvent prendre ces nouvelles formes de la puissance.

CHAPITRE 10

L'Empire ottoman, de l'essor au déclin

Puissance considérable dominant une grande partie du pourtour méditerranéen au **XVIe siècle**, l'Empire ottoman devient, au XIXe siècle, **« l'homme malade de l'Europe »** et disparaît après la Première Guerre mondiale. Pour diriger cet immense conglomérat territorial disparate, les sultans ont, progressivement, mis en place une administration remarquable, mais se sont montrés incapables de créer un véritable État.

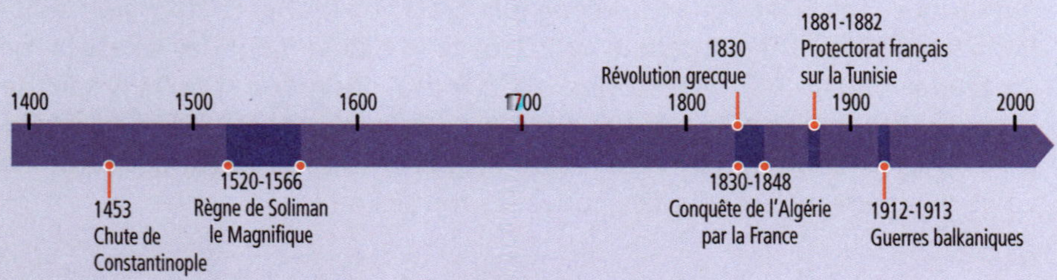

1 L'apogée du XVIe siècle

A L'immensité de l'Empire

- **Les conquêtes territoriales.** Depuis la prise de Constantinople par les Turcs en 1453, l'Empire ottoman ne cesse de s'agrandir. Il atteint son apogée territoriale sous le règne de Soliman le Magnifique (1520-1566), qui **s'empare de la Hongrie** (bataille de Mohács en 1526) et parvient même à **assiéger Vienne**, sans succès, en 1529. Vers 1550, l'Empire englobe, en Asie, tout le Proche-Orient, en Afrique, l'Égypte et les États barbaresques (Alger, Tunis et Tripoli) et, en Europe, la péninsule Balkanique et la Grèce, la Hongrie et la Crimée.

- **La domination maritime.** La flotte ottomane contrôle une grande partie des côtes méditerranéennes et **supplante les Vénitiens** dans le commerce avec l'Orient. Soliman n'hésite pas à recourir aux services de **redoutables corsaires** (comme Khayr al-Din, dit « Barberousse »), rendant dangereuse toute navigation sous un pavillon chrétien. On n'en comprend que mieux le retentissement de la victoire navale de l'Espagne et de Venise sur la flotte ottomane à **Lépante** (1571), même si elle n'est guère exploitée par les Occidentaux sur le moment. Les Ottomans conquièrent Chypre et s'installent, de manière durable, en Tunisie.

B La puissance du sultan

- **Le représentant de la monarchie universelle.** Le sultan est un chef politique et religieux. Il affirme avoir pris à la fois la succession des **empereurs byzantins** et celle du prophète Mahomet. Il est donc un chef spirituel et temporel et le **calife** ayant autorité sur tous les musulmans. **Le sultan n'est, cependant, pas un despote absolu** comme le dépeignent les Occidentaux. Il ne peut gouverner sans le **divan** (Cour de justice et Conseil des ministres) et le **grand vizir** (Premier ministre).

- **Une puissance militaire et administrative.** La force militaire de l'Empire provient des **janissaires** (fantassins professionnels très entraînés issus de familles chrétiennes converties à l'islam). Sa cohésion territoriale est due au caractère remarquable de son administration. D'un côté, les régions formant l'Empire proprement dit et dirigées par des **beys et beylerbeys** dépendant directement du pouvoir central. De l'autre, **des pays conquis qui jouissent d'une large autonomie**, particulièrement en Europe où les rois sont maintenus en Hongrie et Transylvanie.

> **Biographie**
>
> **Soliman le Magnifique (vers 1495-1566) :** le règne de ce sultan ottoman correspond à l'apogée de l'Empire. Vainqueur des Hongrois (1526), il devient le dirigeant le plus puissant d'Europe, exploitant les divisions des princes chrétiens en se rapprochant de la France de François Ier, alors désireux de trouver un contrepoids à la puissance de l'empereur Charles Quint. Grand organisateur et protecteur des arts, il laisse à l'Empire un code de lois et fait construire deux grandes mosquées à Constantinople.

- **Un jeu diplomatique subtil.** L'Empire joue, au XVIe siècle, sur les divisions des princes chrétiens. Ainsi, en 1536, **Soliman fait alliance avec la France** de François Ier qui cherche des alliés extérieurs contre Charles Quint et qui obtient un régime privilégié par le système des **capitulations** (accords donnant des droits particuliers à certains étrangers).

▲ Le sultan Soliman le Magnifique dominant la Méditerranée.
Détail d'une carte vénitienne du XVIe s.

2 « L'homme malade de l'Europe »

A Un empire dépecé

- **Le reflux territorial.** À partir du XIXe siècle, l'Empire connaît un recul territorial incessant au **Maghreb** (L'Égypte occupée par Bonaparte en 1798, l'Algérie dès 1830, puis la Tunisie sous protectorat français en 1881) et dans les **Balkans** face aux révolutions grecques (1830), serbes (1804-1813 et 1815-1817), moldavo-roumaines (1821) et bulgares (1876).

- **L'effondrement européen.** L'Empire perd tous ses territoires européens après les **deux guerres balkaniques** (1912-1913) – prélude au premier conflit mondial. En 1913, il ne lui reste plus que la Turquie, l'Arménie, la Mésopotamie, la Syrie, la Palestine et une partie de l'Arabie.

B Un empire subordonné à l'Europe

- **L'extension des capitulations.** Elle symbolise le **déséquilibre** diplomatique et économique croissant **entre l'Empire et l'Europe occidentale.** Ce dernier n'a pas su se réformer malgré la tentative d'Abdülmecid (sultan de 1839 à1861) de créer un État de droit libéral et de réorganiser le fonctionnement de l'État (Constitution libérale de 1876, jamais appliquée). Incapable d'assainir ses finances, il devient débiteur des puissances occidentales qui le mettent sous tutelle financière (commission de la dette publique créée en 1881). **L'Allemagne y joue alors un rôle économique prépondérant,** s'implantant en Turquie et en Perse (construction de voies ferrées, etc.).

- **Le chaos politique.** La mise sous tutelle européenne entraîne la **révolte des étudiants** des écoles religieuses et un éclatement de fait des structures administratives. Les pays occidentaux ne parviennent pas à mettre en place un véritable plan de découpage de l'Empire, **« trop pourri »** selon le mot d'un diplomate anglais. Ils laissent le pays se décomposer jusqu'à la révolution des **Jeunes-Turcs,** à Constantinople, en 1908, qui met fin, officieusement, au sultanat sans parvenir à installer, dans l'immédiat, un pouvoir stable.

Mot-clé

Balkanisation : terme décrivant la désagrégation des territoires ottomans en Europe centrale à la fin du XIXe siècle. C'est un processus de fragmentation de zones multiethniques entre des nationalités revendiquant le contrôle de ces territoires, au nom d'un droit historique et moral souvent « imaginaire », suivant la formule de Benedict Anderson.

CHAPITRE 11

La Russie depuis 1991

Malgré les tentatives réformatrices de **Mikhaïl Gorbatchev**, secrétaire général de l'URSS de 1985 à 1991, profondément ébranlé par la **chute du Mur de Berlin** à l'automne 1989, le système communiste s'effondre définitivement à la fin de 1991. Cette même année, **toutes les républiques fédérées de l'Union accèdent à l'indépendance**. L'Empire soviétique a vécu.

1 La fin difficile du système soviétique

A Les difficultés économiques

- **La mise en place d'une économie de marché chaotique.** Dès l'année 1992, la Russie connaît une très **brutale libéralisation des prix**. Malgré l'éphémère construction d'une Communauté économique intégrée (CEI sans les pays baltes ni la Géorgie), l'économie planifiée à bout de souffle et la destruction des structures politiques fédérales cèdent la place à une économie de marché chaotique. Cette thérapie de choc débouche sur des **privatisations massives**, souvent mafieuses, et met en lumière la

> **Texte-clé**
>
> **La démission de Gorbatchev**
>
> « En raison de la situation qui prévaut actuellement, je mets fin à mes fonctions de président de l'URSS. J'ai défendu fermement l'autonomie, l'indépendance des peuples, la souveraineté des républiques. Mais je défendais aussi la préservation d'un État de l'Union, l'intégrité du pays. Les événements ont pris une tournure différente. La ligne de démembrement du pays et la dislocation de l'État ont gagné ; ce que je ne peux accepter, car j'y vois de grands dangers pour nos peuples et pour toute la communauté mondiale. »
>
> Discours télévisé de Mikhaïl Gorbatchev (25 déc. 1991).

corruption des dirigeants, tandis que des pans entiers de l'économie russe sont acquis par les Occidentaux.

- **Le mécontentement populaire.** Avec **2 600 % d'inflation** en 1992 et 1 000 % l'année suivante, le niveau de vie des Russes baisse subitement. En 1994, le **chômage**, inconnu auparavant, atteint 7,5 %. Cette situation génère un vif mécontentement de la population et de fortes dissensions politiques, entre les conservateurs du Parlement et le président Boris Eltsine, quant aux réformes économiques à engager. Reprenant l'avantage, après une tentative avortée de coup d'État conservateur contre lui, Eltsine engage un référendum sur la Constitution et des élections législatives libres. Le Parti communiste y obtient plus de 22 % des voix, soulignant le **développement d'une nostalgie précoce du temps de l'URSS**. En 2000, selon un sondage, 75 % de la population russe, toujours plus appauvrie, regrette l'époque soviétique.

> **Biographie**
>
> **Boris Eltsine (1931-2007) :** membre du Parti communiste soviétique dès 1961, il s'oppose à Gorbatchev en 1987 et devient, en 1989, le leader du parti « démocratique ». Élu président de la République au suffrage universel en juin 1991, il parvient, en août 1991, à faire échouer une tentative de coup d'État fomenté par des nostalgiques de l'URSS. Désormais homme fort du régime, il mène une politique libérale qui révèle les faiblesses économiques d'une Russie amorçant un déclin international accéléré.

B Le déclassement international

- **La fin d'un des deux « super-grands ».** L'année 1991 consacre la dislocation politique de l'URSS et le début de la **liquidation de l'héritage de la « guerre froide »**. La superpuissance soviétique s'est effondrée face à la superpuissance américaine ; laquelle, prise à contre-pied, ne sait pas toujours quoi en penser. D'où des interrogations stratégiques majeures puisque **le monde ne peut plus être lu de manière binaire**, débouchant sur un attentisme prudent (traité de limitation des armements nucléaires).

- **Le désarroi d'une puissance.** La présidence de Boris Eltsine (1991-1999) symbolise le désarroi des premières années postsoviétiques. La production industrielle chute de façon vertigineuse, l'anarchie administrative se développe partout, tandis qu'explosent la **criminalité organisée** et la **corruption**, installée jusqu'aux plus hauts sommets de l'État. La première **guerre en Tchétchénie**, décidée par Eltsine en 1994 pour redorer le blason militaire de la Russie, se révèle être un **désastre militaire et humain**. Dès 1996, la Russie doit jeter l'éponge et reconnaît, de fait, l'autonomie de la Tchétchénie.

2 Le rétablissement partiel de la puissance russe

A Une nouvelle orientation nationaliste

- **Vladimir Poutine au pouvoir.** Avec l'avènement au pouvoir de Vladimir Poutine, en 1999, la Russie revient à une **idéologie plus conservatrice et plus dirigiste**. Le personnel politique de l'État est renouvelé en profondeur dans tous les compartiments des administrations centrales et régionales. Le discours politique se fait beaucoup plus nationaliste (thèmes de la **Grande Russie**, de la mère patrie, de l'âme russe). La **population russe** semble, dans son ensemble, **consentante** pour une politique autoritaire permettant le retour à une fierté nationale bien comprise, avec la bénédiction de l'Église orthodoxe russe.

▲ Vladimir Poutine au pouvoir en Russie depuis 1999.

- **L'obsession de la grandeur perdue.** Vladimir Poutine montre une volonté inébranlable dans le **retour de la Russie comme puissance mondiale,** même si ce projet politique induit des limitations démocratiques majeures. Les efforts de reconstruction d'une solide **industrie d'armement** débouchent sur une revalorisation emblématique de l'armée russe (renforcement des effectifs militaires, construction de nouveaux sous-marins et de nouveaux missiles, affinement de la pensée stratégique russe). Cette politique énergique permet à la fois de **développer les exportations de matériel militaire** et de **moderniser l'outil de défense du pays**.

B Un retour fracassant sur la scène internationale

- **Le *soft power*.** Sur le plan de la séduction internationale, le Kremlin, et ses gratte-ciel en arrière-plan, peaufine une image de modernité avec l'organisation des **Jeux olympiques d'hiver** à Sotchi, en février 2014, et de la **Coupe du monde de football** à Moscou, en juillet 2018.

- **L'arme diplomatique.** Sur le plan stratégique, la Russie s'impose dans des **alliances inattendues** avec la **Chine** et l'**Iran** (accords économiques de Shanghai), avec la **Turquie**, avec la **Syrie** (intervention décisive dans le conflit contre l'État islamique). Elle revient **dans tous les horizons du monde** (présence en mer Méditerranée, dans les océans Pacifique, Atlantique, Arctique et Indien ; coopération militaire avec les pays africains ; soutien au Venezuela).

- **La puissance guerrière.** La Russie n'hésite pas à recourir à l'**emploi de la force** pour retrouver une influence dans les anciens territoires soviétiques. Ainsi, en 2014, elle est à l'origine de la « récupération », par des troupes militaires « non identifiées », de la **péninsule de Crimée** appartenant à l'Ukraine, jugée trop proche des Occidentaux. Début 2022, la Russie va même jusqu'à défier ouvertement le camp occidental en envahissant l'Ukraine dans le but d'y établir un gouvernement pro-russe au moment où le pouvoir en place légitimement élu envisageait de rejoindre l'OTAN. Depuis cette date, **Vladimir Poutine a renforcé son emprise sur le pouvoir russe** et jette toutes les forces du pays dans cette **guerre** qu'il pensait courte et facile et qui s'avère **longue, coûteuse, difficile et à l'issue de plus en plus incertaine**.

CHAPITRE 12 L'enjeu des langues

S'imposer comme le pays de la **langue véhiculaire mondiale** permet de disposer d'un véritable outil de la puissance internationale. À chaque époque, on a toujours **« parlé » la langue des puissances dominantes**. Le **latin** dans l'Antiquité, l'**espagnol** au XVIe siècle, le **français** au temps de Louis XIV et des Lumières, puis l'**anglais**, d'abord langue de la Grande-Bretagne, puissance coloniale impériale du XIXe siècle, et langue des États-Unis, hyperpuissance du XXe siècle. Demain, peut-être, le **chinois** mandarin.

1 Les langues : un enjeu de puissance en Europe

A Les langues officielles dans l'Union européenne

- **Une reconnaissance formelle.** À chaque élargissement, la langue nationale de tout nouvel État membre a été reconnue comme langue officielle en Europe (24 langues officielles à ce jour). La législation linguistique affirme le principe que **tout citoyen européen doit pouvoir, dans sa propre langue,** s'informer de ce qui est décidé en son nom et comprendre les textes émanant de l'administration de Bruxelles.

- **Trois langues utilisées.** Dans le fonctionnement des instances de l'Union, trois langues de travail sont majoritairement distinguées : **le français, l'anglais et l'allemand.** Les comptes rendus de la Cour de justice, à Luxembourg, se font en français et dans la langue du pays concerné par les décisions prises. **L'anglais** a, notamment, imposé son hégémonie au sein de la **Banque centrale européenne**, à Francfort.

- **Le Parlement européen : une « tour de Babel ».** À Strasbourg, le Parlement respecte un **multilinguisme intégral** lors des séances plénières, lors des réunions des commissions et des groupes politiques (cohortes d'interprètes en cabine de traduction), mais non sans la réticence de bon nombre de députés souhaitant **un alignement** majoritaire **en faveur de la langue anglaise**.

B L'hégémonie de fait de l'anglais

- **Le recul du français.** À partir de 2004, **la francophonie a régressé** significativement, dans l'Union européenne, à cause de l'élargissement à l'est. Aujourd'hui, le français est la langue étrangère d'environ 7,5 % des citoyens européens.

- **L'anglais, langue véhiculaire.** D'une manière générale, le nouveau contexte d'une Europe élargie a renforcé l'usage de la langue anglaise, qui s'installe désormais comme la langue véhiculaire de l'Europe. C'est la langue étrangère la plus apprise dans les écoles européennes et **parlée par plus de 20 % des Européens.** Bien que la Commission européenne se défende de favoriser la langue anglaise, elle l'utilise dans 80 % des documents internes.

> **Mots-clés**
> - **Langue véhiculaire :** langue apprise en plus du parler local et servant de moyen de communication entre des communautés de langues différentes.
> - **Langue vernaculaire :** langue locale, parlée couramment au sein d'une communauté.

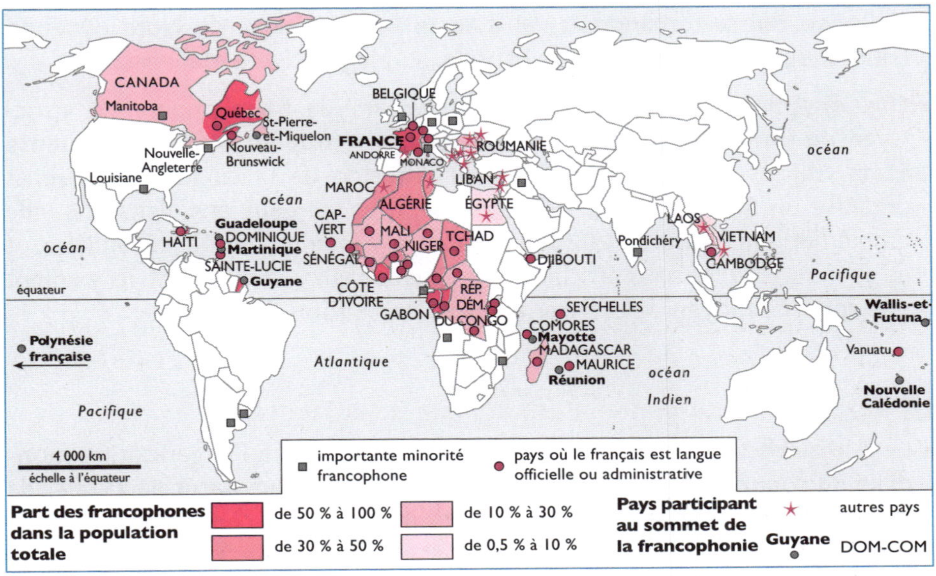

▲ La francophonie dans le monde.

2 Le français : un vecteur de rayonnement mondial

A La francophonie

- **Près de 300 millions de francophones.** La langue française, malgré la suprématie incontestable de l'anglais, jouit d'un réel respect au niveau international (274 millions de locuteurs en 2022, en tenant compte du nouveau mode de calcul de l'Organisation internationale de la francophonie ou OIF). Le français serait, aujourd'hui, la deuxième langue la plus apprise et la **sixième la plus parlée** (après le chinois mandarin, l'anglais, l'espagnol, l'arabe et l'hindi). En 2050, il paraît possible que le français soit parlé par 750 millions de personnes dont 85 % en Afrique.
- **Un « humanisme intégral ».** Le grand écrivain et homme politique sénégalais Léopold Sédar Senghor qualifiait la francophonie d'« humanisme intégral qui se tisse autour de la Terre ». Même si la formule peut paraître un rien exagérée, elle définit bien une **réalité linguistique et culturelle qui procède d'un ancrage historique ancien** en Europe (France, Luxembourg, Belgique wallonne, Suisse romande et Val d'Aoste), en Amérique du Nord (Québec, Louisiane), en Afrique noire occidentale, au Maghreb et à Madagascar.
- **Une organisation internationale.** Aujourd'hui, la francophonie est structurée en **une organisation internationale regroupant plus de cinquante États**. Elle assure la promotion et la diffusion de la langue française et organise un Sommet de la francophonie, tous les deux ans, dans une ville emblématique (Tunis en 2020). La France n'y joue qu'un rôle secondaire, et ce sont surtout les pays africains et le Québec qui y contribuent. Ils y voient une sorte de moyen de **résister à l'américanisation du monde**.

B L'expression culturelle internationale de la France

- **Le statut particulier de la culture.** La France œuvre à l'Organisation mondiale du commerce (OMC) pour la reconnaissance d'un statut particulier de la culture **(refus de sa « marchandisation »)**. Les 800 centres de **l'Alliance française**, répartis dans 136 pays, participent largement à la diffusion de la culture française. Elle est aidée par le Bureau international de l'édition française (BIEF), qui regroupe des éditeurs francophones. En ce qui concerne les traductions littéraires, **la France vend quatre fois plus de droits d'auteurs** qu'elle n'en achète à l'étranger.

- **Le cinéma français.** Il est l'un des seuls qui, au niveau planétaire, **peut entamer l'hégémonie américaine.** Pourtant, malgré la notoriété du Festival de Cannes et l'importance de la production cinématographique hexagonale, la part du marché mondial des films français reste modeste et se concentre dans des **aires géographiques limitées** (63 % des entrées en Europe, 18 % aux États-Unis, 10 % en Asie, 8 % en Amérique latine).

Mot-clé

Instituts Confucius : ce sont des instituts culturels chinois rendant hommage au célèbre philosophe (vers 551-479 av. J.-C.) qui a influencé la civilisation de la Chine jusqu'à nos jours. Ils diffusent la langue et les éléments de la culture chinoise. En 2023, on en compte plus de 540 répartis dans près de 120 pays et régions du monde, dont plus d'une quarantaine en Afrique où ils essaient de supplanter les relais linguistiques anglais et français.

CHAPITRE 13 Les nouvelles technologies

Aux **perspectives initiales** offertes par les **extraordinaires avancées technologiques** des dernières décennies a succédé le **désenchantement récent** suscité par le « virage mercantiliste et manipulateur » pris par les géants du Web. Le numérique serait-il véritablement passé, en l'espace de quelques décennies, du stade de l'utopie émancipatrice à celui de **menace croissante** pour les libertés fondamentales **sans que les États soient capables de réagir** ?

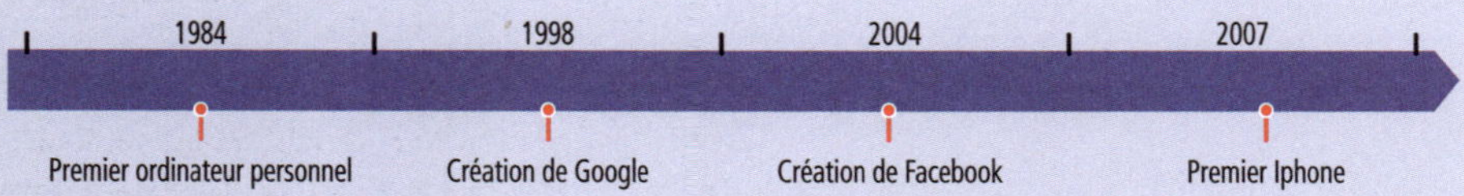

1 La puissance des géants du numérique

A Un poids économique considérable

- **Des pourvoyeurs d'emplois.** Sur le plan économique, le numérique a suscité l'apparition d'un secteur d'activité dynamique, **en croissance continue**, et pourvoyeur d'emplois plus ou moins qualifiés s'occupant de la conception, de la fabrication, de la commercialisation ou de la maintenance d'appareils connectés. Selon l'INSEE, rien qu en **France**, le numérique, en 2017, pèse **110 milliards d'euros** dans le PIB et entretient **1,5 million d'emplois**.

- **Des entreprises concentrées.** Dans le monde, l'industrie du numérique est concentrée dans les mains de puissants acteurs tels que Google, Apple, Facebook, Amazon et Microsoft (les **GAFAM**). **Tous d'origine américaine,** ils ont réussi à imposer leur marque et à **dominer le marché** en proposant des produits ou des services souvent très appréciés. Seules **quelques entreprises chinoises** (les **BATX**) sont en mesure, aujourd'hui, de leur faire une concurrence, limitée, pour le moment, surtout à l'Asie.

B Un danger pour les libertés ?

- **Une liberté surveillée.** Par ces multiples prouesses technologiques (la géolocalisation, par exemple, ou l'invention des smartphones) et parce que ces géants comme les GAFAM ou les BATX chinois **stockent et utilisent massivement des renseignements sur leurs utilisateurs**, le numérique place le monde en liberté surveillée. Ces multinationales recueillent et croisent une multitude d'informations telles que les numéros de téléphones, de Sécurité sociale, de cartes de crédit, l'adresse, l'âge, la consommation, les pratiques sportives ou religieuses, les lieux fréquentés, etc.

> **Mots-clés**
>
> • **BATX** : cet acronyme désigne Baidu (moteur de recherche), Alibaba (plateforme commerciale), Tencent (messagerie et réseau social) et Xiaomi (téléphones portables et high-tech), les quatre géants du Web chinois qui sont en mesure de contester l'hégémonie américaine dans le secteur des nouvelles technologies.
>
> • **GAFAM** : cet acronyme désigne Google, Apple, Facebook, Amazon et Microsoft, les cinq entreprises américaines (*big Five*) dominant le monde numérique américain et européen, voire mondial. Leur capitalisation boursière est supérieure au PIB de la France.

- **« Le panoptique, c'est le Web. »** C'est ce qu'affirme le philosophe italien Maurizio Ferraris, faisant allusion à un **type de prison où le gardien peut surveiller tous les détenus en même temps**. Son chef n'est cependant pas un humain, mais une mémoire infinie dotée d'un savoir, essentiellement, bureaucratique.

> **Texte-clé**
>
> « Les penseurs de la Silicon Valley prétendent remplacer l'État et ses services publics, mais aussi des institutions et des valeurs comme la vie privée, le couple, l'enseignement, etc., sans jamais prendre en compte ni les questions de légitimité, ni [celles] de souveraineté. Or, malgré toute leur importance dans la vie quotidienne des citoyens, les conditions d'utilisation (CGUS) d'une plateforme en ligne ne peuvent prétendre à la même valeur que la *Déclaration des droits de l'homme* ou la Constitution des États-Unis. »
>
> J.-B. Soufron, « La Silicon Valley et son empire », revue *Esprit*, 2016/10.

2 Citoyens et États face aux nouvelles technologies

A La prise de conscience des citoyens

- **Le rôle des associations.** Organisés en collectifs divers, de plus en plus de citoyens réclament des comptes et des **garanties en matière de protection de leurs libertés** aux grands acteurs privés et publics du numérique. Une trentaine d'associations conduites par l'*American Civil Liberties Union* (ACLU) a adressé, en mai 2018, un courrier au **dirigeant d'Amazon, Jeff Bezos,** lui enjoignant d'arrêter de vendre à la police son service de reconnaissance faciale Regoknition, critiqué pour son « dangereux pouvoir de surveillance ».

- **Les rôles des ONG et des associations de défense des libertés numériques.** Elles ont lancé, sur le site *Battle for the Net*, une campagne de défense de la neutralité du Net. L'**ONG Reporters sans frontières** exerce des pressions auprès de Google et d'Amazon afin que ces plateformes n'empêchent pas la messagerie Signal, dont le cryptage permet de contourner la censure d'États autoritaires, d'utiliser certains de leurs services.

B La difficile élaboration de règles protectrices

- **La Cour suprême américaine.** Elle a rendu, en juin 2018, un arrêt considérant que **le quatrième amendement de la Constitution américaine** protégeant la vie privée **s'appliquait aux données de géolocalisation** enregistrées par un téléphone portable.

- **Le rôle de la CNIL en France.** Pionnière en la matière, la France dispose, depuis 1978, d'une autorité administrative indépendante, la CNIL (Commission nationale de l'informatique et des libertés), qui entend **garantir la protection des données personnelles des utilisateurs du numérique** en faisant accepter aux acteurs publics et privés de nouvelles règles en la matière. Ainsi, la loi « pour une république numérique » de 2016 reconnaît aux personnes un droit à « l'autodétermination informationnelle ».

- **Le rôle de l'Union européenne.** En 2016, l'Europe a signé un accord avec les États-Unis sur la protection des données dans les accords commerciaux baptisé **Privacy Shield**. Enfin, le **Règlement général sur la protection des données (RGPD)** est entré en vigueur en 2018. Ce texte européen impose, désormais, aux entreprises de préciser à leurs utilisateurs quelles données elles collectent et quels usages elles en font.

- **Des règles illusoires ?** Censé être protecteur, le **RGPD** ne met pourtant pas fin au problème. Selon le journaliste Vincent Fagot, depuis son entrée en vigueur, il **aurait permis aux GAFAM**, plus rapides à s'adapter à ces nouvelles exigences, de **conforter leur hégémonie en matière d'exploitation de données personnelles**.

Biographie

Bill Gates (né en 1955). En 1975, à l'âge de vingt ans, Bill Gates fonde Microsoft. Au début du XXIe siècle, cette entreprise américaine devient, pour une dizaine d'années, la première entreprise mondiale avec une capitalisation boursière dépassant les 700 milliards de dollars. Considéré, à cette époque, comme l'homme le plus riche du monde, Bill Gates délaisse, peu à peu, la direction de Microsoft pour se consacrer à la gestion de sa fondation philanthropique.

La Chine et les « nouvelles routes de la Soie »

CHAPITRE 14

Depuis les années 1980, la Chine s'est inscrite dans la mondialisation contemporaine, dont elle a été l'illustration la plus spectaculaire (PIB multiplié par 80 en 40 ans). Le dirigeant chinois Deng Xiaoping en avait énoncé le principe fondateur : « Le développement, il n'y a que cela de vrai. » **Après avoir été l'atelier du monde,** la deuxième puissance économique mondiale cherche des **relais de puissance** en essayant de **maîtriser les espaces maritimes et continentaux qui lui sont utiles.**

1 Une nouvelle stratégie de puissance

A Dépasser la puissance industrielle

- **Le principe OBOR *(One belt, one road)*.** Le commerce extérieur ayant été le facteur principal de sa croissance, la Chine ne peut se passer de la mondialisation. Après avoir pensé l'industrialisation, l'aménagement et le développement de sa large façade maritime, la Chine met en place **une organisation en réseaux très sophistiquée et systématique des espaces continentaux eurasiatique et africain** selon le principe de projection spatiale OBOR *(One belt, one road)*.

- **Un partenariat « gagnant/gagnant ».** Constatant l'actuelle impasse de la mondialisation, la Chine applique un nouveau principe confucéen : **« Je ne gagne que si et seulement si tu gagnes aussi. »** En proposant aux pays tiers de **financer ou de rénover une partie de leurs infrastructures**, elle accélère la mise en place de ses couloirs de circulation stratégiques.

B Penser le monde dans sa globalité

- **Une stratégie cohérente.** De par sa **diaspora mondiale** importante, la Chine a été, sans doute, le premier État à comprendre le monde dans sa globalité. Cette perception historique a joué un grand rôle dans l'analyse de la mondialisation, à toutes les échelles.

- **Une « toile » d'influence mondiale.** À la faveur de moyens financiers considérables, la Chine réalise, depuis deux décennies, des **« routes de la Soie continentales »** et des **« routes de la Soie maritimes »**. Elles **organisent** désormais, **les échanges mondiaux à son profit**, étant toutes en connexion les unes les autres au gré de zones portuaires stratégiques en Asie, en Afrique et en Europe, le continent américain étant, quant à lui, moins concerné.

2 Les traductions géographiques

A La stratégie du « collier de perles »

- **Des accords avec de nombreux États.** L'image du collier de perles illustre l'**action de la diplomatie chinoise du président Hu Jintao** (2002-2013), à **passer des accords** avec des pays tels le Cambodge, le Myanmar, le Bangladesh, l'Iran, les Seychelles, l'île Maurice, le Soudan (location d'accès portuaires, construction d'infrastructures, financement d'aménagements de transports).
- **La sécurisation des routes maritimes vitales.** La Chine adopte une **stratégie** volontariste pour **contrôler les routes maritimes** longeant les littoraux de la mer de Chine orientale et de la mer de Chine méridionale, du golfe du Bengale et de la mer d'Oman dans l'océan Indien, **en direction du golfe Persique** (sécurisation des flux d'importation d'hydrocarbures) et de la **mer Rouge** (acheminement maritime des exportations chinoises et libre circulation des porte-conteneurs).

B Les « nouvelles routes de la Soie » maritimes

- **Les routes polaires.** Aujourd'hui, la Chine développe de nouvelles stratégies d'accès, d'une part, à l'océan Glacial Arctique par le détroit de Behring (**« route de la Soie polaire »**, accords de partenariat avec l'Islande) et, d'autre part, en direction de l'océan Pacifique Sud **(« route de la Soie Antarctique »)**, afin d'être présente pour l'exploitation future de gisements d'hydrocarbures et de sites de minerais divers.
- **Les routes africaines et méditerranéennes.** Dans la même intention se développe une **« route de la Soie africaine »** pour faciliter et sécuriser l'exploitation des richesses du continent. De son côté, la mer Méditerranée devient une nouvelle mer de Chine **(« route de la Soie méditerranéenne »)** à la faveur

> **Mot-clé**
>
> **Routes de la Soie :** dès l'Antiquité, des expéditions de marchands tracent des routes dans les régions désertiques pour relier la Chine à l'Empire romain. Elles servent à transporter la précieuse soie chinoise jusqu'à Rome. Elles ont permis au monde asiatique d'entrer en contact avec l'Occident.

d'initiatives chinoises de plus en plus nombreuses (rachat du port du Pirée en Grèce ; accords de partenariat avec Gênes et Trieste en Italie, Marseille en France ; investissements dans le secteur énergétique au Portugal).

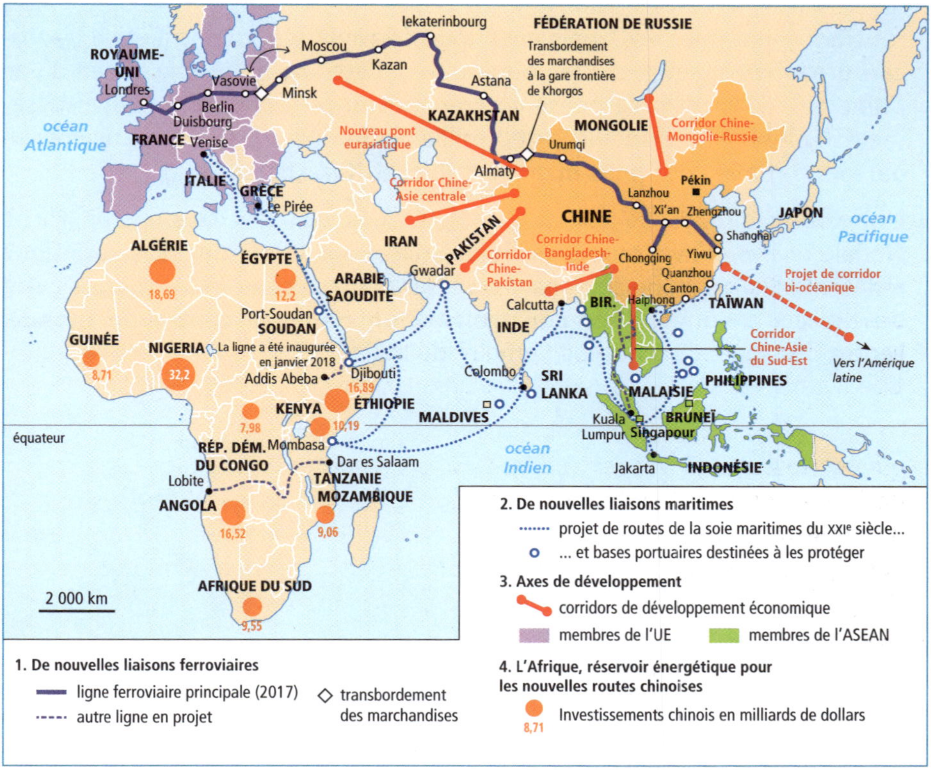

▲ Les « nouvelles routes de la Soie ».

C Les « nouvelles routes de la Soie » terrestres

- **Le renouveau des circulations eurasiatiques.** Renouant avec la perception historique des routes de la Soie à travers le continent eurasiatique, la Chine a repris une stratégie de **circulation continentale** d'est en ouest, en direction de l'Europe, après l'implosion de l'URSS, à travers l'Asie centrale. Depuis le début du XXIe siècle, cette idée récurrente des routes de la Soie terrestres n'a cessé de prendre de l'ampleur, au sud de la Sibérie russe, dans les **républiques d'Asie centrale**, à travers l'Iran et la Turquie, et **à destination de l'Union européenne**. Évitant l'Inde, des branches secondaires se sont développées au Pakistan pour retrouver les rivages de l'océan Indien.

Depuis 2022, le rapprochement de la Chine avec la Russie, lié à la guerre en Ukraine, accélère le phénomène.

- **Des infrastructures globales.** On peut considérer les « nouvelles routes de la Soie » terrestres selon une conception désormais très élargie : **axes routiers** en premier lieu, mais aussi **axes ferroviaires**, voire trajets d'**hydrocarbures** (pétrole et gaz). On pourrait aussi l'étendre au réseau aérien d'une Chine qui, désormais, se pense comme puissance mondiale. Les investissements colossaux (au moins 3 000 milliards de dollars) se font, souvent, **en partenariat avec des pays étrangers** (Népal, Kazakhstan, etc.).
- **Une nouvelle façon de penser le monde.** Ainsi conçues dans une approche globale, les « nouvelles routes de la Soie » sur le continent eurasiatique reflètent la façon chinoise de savoir penser l'espace et ses connexions à cette échelle continentale. **Elles construisent un nouveau centre du monde,** centre décalé en direction de l'empire du Milieu.

Formes et lieux de la puissance aux États-Unis

CHAPITRE 15

Les États-Unis restent, encore aujourd'hui, la **puissance dominante** d'abord grâce à leur poids militaire, leur maîtrise des flux monétaires et financiers, leur domination de l'économie tertiaire de la connaissance, ainsi qu'à leur influence culturelle toujours inégalée. Cette puissance s'incarne dans des territoires spécifiques (les mégarégions) et dans des lieux emblématiques (New York, Hollywood, etc.).

1 Les formes de la puissance

A Le *hard power*

- **Une puissance militaire sans rivale.** Avec un budget global de la Défense frôlant les **800 milliards de dollars** en 2023, les dépenses militaires américaines sont plus de trois fois supérieures à celles de la Chine, son grand rival stratégique aujourd'hui. Elles représentent, à elles seules, environ **la moitié des dépenses militaires** des principaux **pays du monde**. Cette suprématie renouvelée provient **d'une décennie ininterrompue d'augmentation** (+ 70 % entre 2002 et 2012) et **d'une reprise de cette tendance** depuis l'arrivée au pouvoir de **Donald Trump** en 2017, encore accélérée par Joe Biden (soutien américain à l'Ukraine, en guerre contre son agresseur russe).
- **Une domination économique renouvelée.** Elle s'appuie sur le maintien d'une **maîtrise monétaire** (suprématie du dollar) et **financière** : Wall Street représente encore près de la moitié de la capitalisation boursière mondiale. Elle se traduit par une capacité productive et financière des États-Unis profondément renouvelée en deux décennies. **Délaissant le secteur manufacturier classique** laissé à la Chine, les États-Unis se sont tournés vers les **services à forte valeur ajoutée,** profitant d'un investissement inégalé dans la recherche et le développement (30 % des dépenses mondiales). Ils possèdent encore 8 des 10 plus grandes firmes multinationales mondiales.

B L'émergence du *smart power*

- **L'importance du *soft power*.** L'influence culturelle mondiale des États-Unis reste incontestable. La **quasi-hégémonie de l'américain** comme langue internationale véhicule une **culture de masse globale**, imprégnant les entreprises comme les consommateurs. L'*American way of life* s'est répandue partout comme un modèle de consommation (alimentation, mode, culture).

> **Mots-clés**
>
> • *Hard power* : « puissance dure », principalement militaire, détenue par un État.
>
> • *Smart power* : « puissance intelligente » qui combine les moyens traditionnels de coercition militaire ou économique du *hard power* et les moyens d'influence du *soft power*.

- **Les limites du *soft power*.** L'efficacité du *soft power* est, aujourd'hui, remise en cause. La vidéothèque de 20 000 films hollywoodiens détenue par l'ancien dictateur nord-coréen Kim Jong-il ne le rendait **pas plus sensible aux valeurs américaines**. Les messages vidéo régulièrement adressés par le président Obama au peuple iranien n'ont pas eu plus d'effet que les sanctions économiques engagées depuis les années 1980 sur la détermination du gouvernement iranien de se doter d'une arme nucléaire.

- **La « puissance intelligente ».** Elle impose d'**utiliser les différents moyens de puissance selon trois dimensions superposées**. Dans la première, où seule la force militaire intervient, les États-Unis restent une superpuissance incontestée et sans rivale. Dans la deuxième, où la répartition de la richesse économique importe, **la globalisation rééquilibre les forces entre les États-Unis et les puissances émergentes**, telles l'Inde et la Chine. Dans la troisième, celle des **relations transnationales** où il n'y a aucune puissance régulatrice (réchauffement climatique, lutte contre le terrorisme, régulation financière), il faut, pour continuer à dominer, susciter la coopération de tous les acteurs.

2 Les territoires de la puissance

A Les mégarégions américaines

- **Le poids mondial des grandes métropoles.** La constitution des **GAFAM** comme nouveaux moteurs de l'économie mondiale conforte le **poids économique des métropoles**. Ces firmes sont presque toujours issues de ***clusters* urbains où se mêlent universités, micro-entreprises innovantes et fournisseurs de moyens spécialisés.**

- **Des métropoles aux mégarégions.** Ces vastes étendues urbaines « définies par un réseau de relations en vue d'intérêts économiques communs » (Richard Florida) sont au nombre de onze. Elles regroupent les **créateurs de nouvelles technologies** ainsi que les moyens pour les développer et les imposer. Elles forment des **ensembles économiques équivalant à de véritables États** et sont devenues les **acteurs majeurs de la nouvelle puissance économique** américaine.

▲ Les mégarégions, base territoriale de la puissance américaine.

B Quelques lieux emblématiques

- **Le *Massachusetts Institute of Technology*.** Situé près de Boston, il est considéré comme **la plus riche université au monde** (6 milliards de dollars de dotation) offrant la plus large palette d'enseignements (72 laboratoires), tous reconnus pour leur excellence (plus de **80 lauréats du Prix Nobel** parmi ses anciens étudiants).

- **New York.** C'est la métropole américaine qui concentre le plus « d'acteurs à capacité mondiale d'intervention », que ce soit dans la diplomatie (siège de l'**ONU**), l'économie **(Wall Street)**, l'éducation **(université de Columbia)**, les médias (le ***New York Times***) et la culture **(Metropolitan Museum)**.

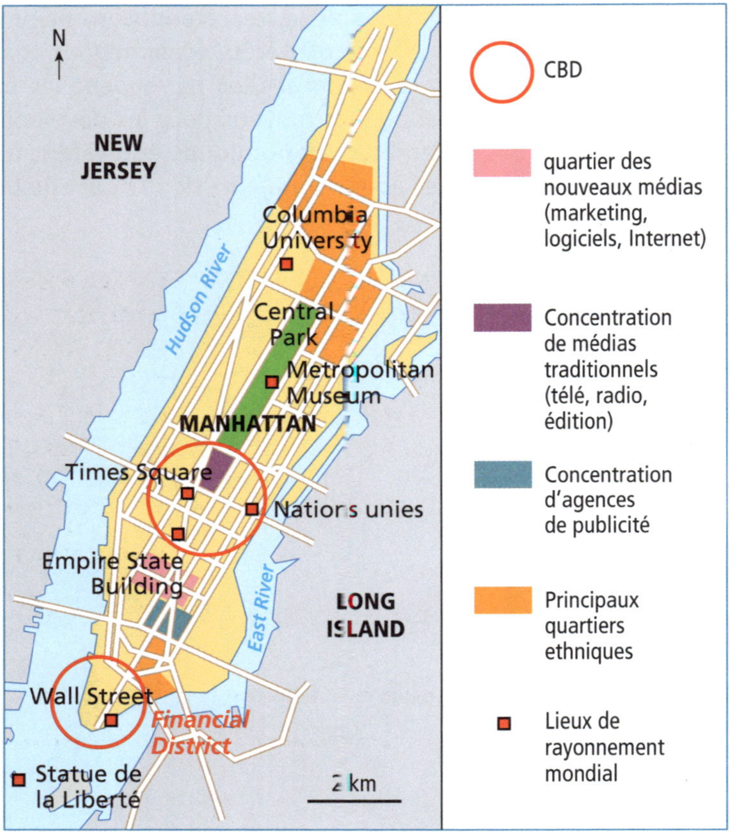

▲ Le quartier de Manhattan à New York, lieu majeur de la puissance américaine.

- **La Californie.** La **Silicon Valley** est le cœur de la mégarégion de *Northern California*. S'appuyant sur l'université de Stanford, elle est devenue le **cœur numérique du monde**, chaque nouvelle vague d'innovations bénéficiant de la réussite des autres (fondation de HP en 1939, de Google en 1998, siège de Facebook). **Los Angeles** domine la mégarégion de *Southern California*, particulièrement grâce aux industries du divertissement (cinéma, télévision) implantées à **Hollywood** qui génèrent environ 50 milliards de revenus par an. En Europe, les films américains représentent plus de 80 % du marché.

Unilatéralisme et multilatéralisme

CHAPITRE 16

Une décennie d'unilatéralisme débouchant sur des échecs militaires (Irak) et moraux (Guantanamo) a sévèrement abîmé l'image des États-Unis dans le monde, **alimentant l'antiaméricanisme**. La présidence de Barack Obama (2009-2017) apparaît, en fin de période, comme une tentative de **restauration de cette réputation internationale**, de même que celle de Joe Biden (depuis 2021) après « l'unilationnisme » de l'ère Trump (2017-2021).

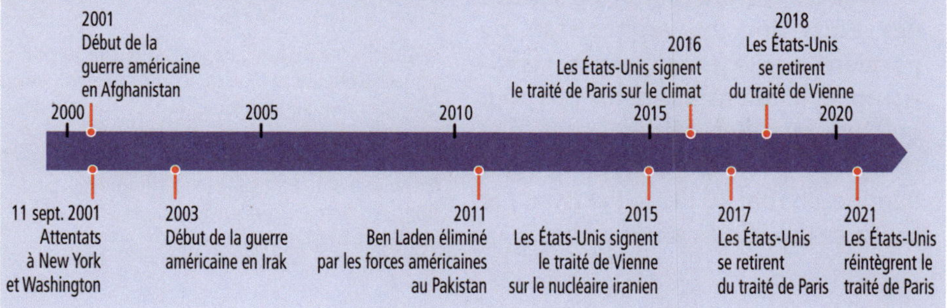

1 L'unilatéralisme américain

A Une conséquence des attentats du 11 septembre

- **Le 11 septembre 2001 : un traumatisme américain.** Les attentats meurtriers du 11 septembre 2001, à New York et Washington, surprennent le peuple américain. Ils constituent la **première attaque ennemie sur le territoire métropolitain** des États-Unis depuis la seconde guerre anglo-américaine de 1812. Ils visent, de surcroît, des emblèmes du ***hard power*** (le Pentagone) et du ***soft power*** (le World Trade Center).

- **La guerre unilatérale contre le terrorisme.** Entouré de conseillers formés durant la « guerre froide », l'inexpérimenté président Bush Junior (2001-2009) adopte une **politique unilatérale** en décidant de **mener une « guerre**

mondiale » contre un supposé « axe du Mal » (la Corée du Nord, l'Iran et l'Irak) qui financerait le terrorisme d'Al-Qaïda. Les États-Unis se déploient en Afghanistan dès la fin 2001 pour traquer les chefs de cette organisation terroriste. En 2003, le président Bush envoie l'armée américaine renverser le régime dictatorial de Saddam Hussein, en Irak, dans le but de **reconstruire un « Grand Moyen-Orient » démocratique**.

B Des résultats qui mettent à mal la puissance américaine

- **L'échec en Irak.** L'opération irakienne, conduite sans l'assentiment du Conseil de sécurité de l'ONU, s'enlise rapidement face à la résistance locale. Les exactions commises par les soldats américains (torture à la prison d'Abou Ghraib) **ruinent l'image des États-Unis dans le monde.**
- **L'échec en Afghanistan.** La présence des États-Unis en Afghanistan **ne parvient pas à éradiquer le terrorisme,** et il faut attendre dix ans pour qu'Oussama ben Laden, chef historique d'al-Qaïda, soit finalement éliminé, en mai 2011, au Pakistan par les forces spéciales américaines.

> **Mots-clés**
> - **Multilatéralisme :** organisation de la politique extérieure d'un État conformément aux principes démocratiques en tenant compte des positions de tous les acteurs concernés.
> - **Unilatéralisme :** organisation de la politique extérieure d'un État sans tenir compte des positions des acteurs concernés (autres États, organisations internationales, etc.).

2 Le retour au multilatéralisme ?

A Le déclin de l'hyperpuissance américaine

- **Un rival régional.** La polarisation stratégique des États-Unis vers le Moyen-Orient durant la décennie 2000 permet l'émergence d'un rival régional comme **le Venezuela d'Hugo Chávez** dans la chasse gardée traditionnelle de l'Amérique latine. Chávez n'hésite pas à nationaliser le pétrole vénézuélien et à exproprier des firmes américaines comme ExxonMobil pour contrer la puissance étatsunienne.
- **La Chine, puissance devenue majeure.** La montée en puissance économique de la Chine, qui réalise le deuxième PIB mondial dès 2010, est mal appréhendée, d'autant que **la Chine est devenue le premier créancier de l'État américain.** Depuis 2013, elle dégage un excédent annuel de plus de 500 milliards de dollars dans ses relations commerciales avec les États-Unis. Elle détient environ 10 % de la dette fédérale américaine. La Chine protège

la prolifération nucléaire de son allié nord-coréen entre 2006 et 2009. Elle n'hésite pas à **défier plus nettement les États-Unis en mer de Chine** pour réaffirmer sa souveraineté sur Taïwan.

B Le multilatéralisme affiché de Barack Obama

- **Une considération retrouvée pour ses partenaires.** À partir de 2009, Barack Obama renoue avec le multilatéralisme. Le nouveau président démocrate accepte de mener un **dialogue plus constructif avec l'ONU** et ses principaux partenaires occidentaux, particulièrement avec l'Union européenne.
- **Une nouvelle politique étrangère.** Barack Obama se **désengage, progressivement, des conflits les plus sensibles** (Irak puis Afghanistan). Il organise la **reconfiguration des forces militaires** américaines, qui n'ont plus pour mission d'être, à elles seules, « les gendarmes » de la démocratie. Il annonce aussi un **retour stratégique vers l'Asie-Pacifique** et négocie, à partir de 2011, un traité de libre-échange avec onze pays de cette région (Partenariat transpacifique).

C La parenthèse « unilationnisme » de Donald Trump

- **Un contre-pied affiché de la politique étrangère de son prédécesseur.** L'élection-surprise de Donald Trump semble avoir modifié, en apparence, la stratégie étrangère américaine. Adepte de la politique du *tweet* et des décisions à l'emporte-pièce, le nouveau président **paraît revenir à l'unilatéralisme**, particulièrement en décidant de **se retirer seul des accords de Paris sur le climat** en juin 2017.
- **Une accélération du déclin international américain ?** Cette politique à la fois spectaculaire et incohérente souligne, en fait, le glissement des États-Unis vers une nouvelle impuissance internationale. Le sabotage systématique des conférences du G7 ou des accords laborieusement trouvés ne profite guère, en fin de compte, aux États-Unis mais **renforce la déconstruction de leur image internationale** au profit de la Chine et contribue à la montée de nouvelles tensions mondiales.
- **Le retour d'un multilatéralisme revendiqué.** En 2021, le président Joe Biden affirme qu'il « faut s'engager à nouveau avec le monde ». Le soutien massif accordé à l'Ukraine dans sa guerre contre la Russie en est la meilleure illustration (70 milliards de dollars d'aide depuis 2022).

Mot-clé

Unilationnisme : néologisme très récent construit sur la contraction des termes *unilatéralisme* et *isolationnisme*. Il pourrait servir à qualifier la politique étrangère incohérente de Donald Trump, qui veut imposer à nouveau la volonté américaine au reste du monde sans en avoir, désormais, les moyens tout en revendiquant un repli identitaire et en refusant de s'impliquer dans les affaires internationales.

CHAPITRE 17

Points d'appui et zones d'influence des États-Unis

Les États-Unis sont le seul pays à disposer d'**une force de frappe et de projection sur tous les océans et sur tous les continents**. Ils possèdent aussi un puissant réseau d'alliances hérité de la « guerre froide » (OTAN). Il faut y ajouter leur **rôle majeur dans la gouvernance mondiale** (ONU, OMC, G8, FMI, etc.). Les limites à la puissance américaine, même si elles sont réelles et plus visibles depuis l'élection de Donald Trump, demeurent encore relativement mineures, d'autant plus que le pays peut s'appuyer sur **une autre arme de domination : le *soft power*.**

1 Un *hard power* toujours dominant

A Une capacité d'intervention mondiale

- **La logique insulaire.** Depuis plus d'une décennie, le contexte international renforce la logique insulaire du territoire des États-Unis. **Ouvert sur les deux plus grands océans du monde**, le pays est inscrit, davantage même que durant la « guerre froide », dans une géopolitique et une géostratégie planétaires.
- **Une avance militaire conséquente.** Malgré les progrès de la Chine, les États-Unis conservent une primauté militaire qui empêche l'émergence de tout rival global. Même si la part des dépenses militaires américaines dans leur total mondial décroît régulièrement, les États-Unis possèdent des **outils de projection de puissance** dont leurs rivaux restent dépourvus. En 2023, la Chine n'a que trois porte-avions à propulsion diesel classique quand les États-Unis en disposent de **dix à propulsion nucléaire** qui servent de **bases mobiles** pour déployer des forces sur l'ensemble du globe.
- **Les quatre armées américaines *(Army, Navy, Air Force, Marines).*** Elles utilisent un réseau de **112 bases principales extérieures** pour leur déploiement rapide en cas d'intervention militaire. Ces bases et leurs personnels permanents fondent la division du monde en **cinq grands commandements**

géographiques couvrant l'ensemble du globe : l'EUCOM *(European Command)*, le PACOM *(Pacific Command)*, le CENTCOM *(Central Command)* pour le Moyen-Orient et l'Asie centrale, l'AFRICOM *(African Command)* et le SOUTHCOM *(Southern Command)* pour l'Amérique du Sud. Ils comptent près de **250 000 soldats** déployés. La Chine ne dispose encore d'aucune base militaire extérieure officiellement revendiquée dans le monde.

B Une avance technologique

- **La *Missile Defence Agency*.** Elle bénéficie de budgets annuels entre 7 et 10 milliards de dollars pour construire un **bouclier antimissile balistique** protégeant le territoire national à l'horizon 2020. La composante navale de ce bouclier antimissile, la technologie Aegis, a été **vendue au Japon** afin de se protéger de la prolifération nord-coréenne. Depuis 2009, **les États-Unis aident les Européens** à se doter d'une défense antimissile européenne dans le cadre de l'OTAN.

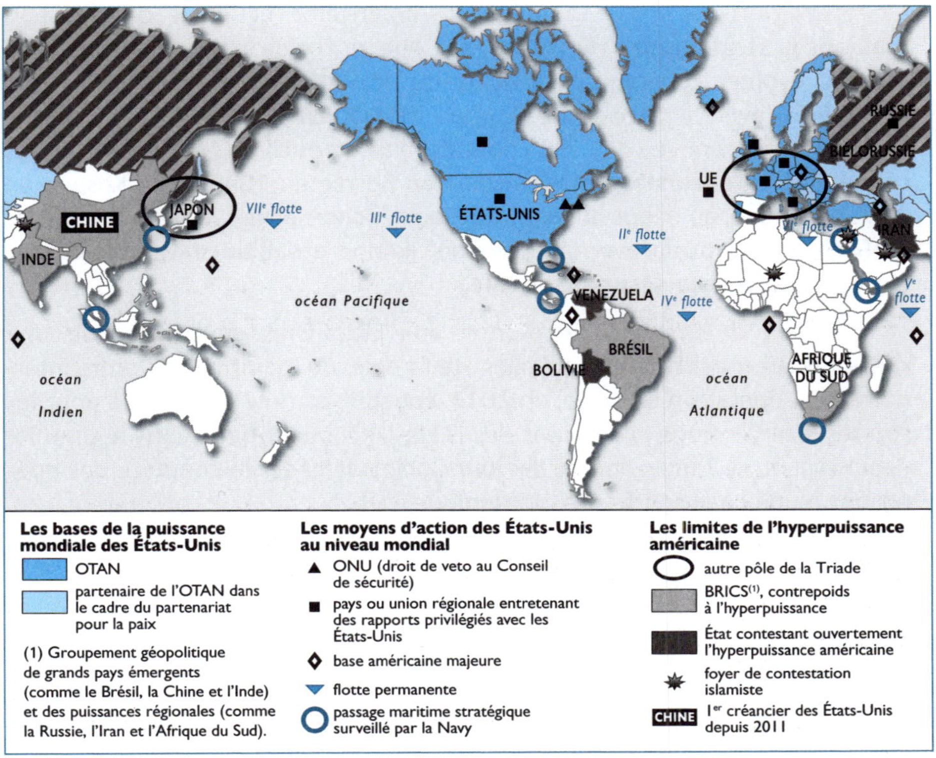

▲ La puissance mondiale des États-Unis.

- **La maîtrise des nouvelles technologies.** Les drones (près de 400 frappes militaires entre 2004 et 2015 au Pakistan) permettent de mener des opérations extérieures sans déploiement long et coûteux de troupes. En 2024, les États-Unis disposent de **quatre fois plus de satellites que la Chine et la Russie.** Les effectifs américains du **commandement de la lutte dans le cyberespace** seront portés à 20 000 personnes en 2028 (contre 6 000 en 2018). Cette supériorité s'illustre parfaitement dans le soutien logistique apporté à l'Ukraine dans la guerre contre l'agression russe débutée en 2022.

> **Mot-clé**
> **Cyberespace** : conception de l'organisation d'un nouvel espace selon la dynamique informatique.

2 Un réseau d'alliances encore inégalé

A L'OTAN

- **La rénovation de 1991.** La puissance américaine bénéficie d'un **réseau d'alliances stratégiques hérité de la « guerre froide »** que les États-Unis ont fait évoluer. L'Organisation du traité de l'Atlantique Nord, formée en 1949-1950 avec le Canada et l'Europe de l'Ouest contre le communisme soviétique, est rénovée dès 1991 pour devenir **un outil de gestion des crises régionales** européennes (interventions en Bosnie en 1995 et au Kosovo en 1999). Étendue, au début du XXIe siècle, aux anciens pays satellites de l'URSS, l'OTAN se transforme, avec la guerre en Ukraine, en **alliance mondiale pour la démocratie et la sécurité globale.**

- **La « *smart defense* ».** Elle permet aux États-Unis de promouvoir **une mutualisation des moyens** qui allège le fardeau du maintien de l'ordre international. L'opération en Libye, en 2011, apparaît comme un modèle pour les futures interventions extérieures des États-Unis qui ont entrepris le premier déploiement de forces durant dix jours avant de céder la conduite des opérations à une coalition franco-britannique.

B La reprise des alliances militaires et diplomatiques

- **La guerre contre le terrorisme.** L'administration Obama (2009-2017) privilégie la recherche d'alliances diplomatiques qu'elle organise dans le cadre du droit international de l'Organisation des nations unies. Dans la guerre contre le terrorisme, qui reste la première priorité stratégique, les États-Unis parviennent à former une **coalition de quarante États contre l'État islamique** en septembre 2014.

- **La diplomatie des pactes commerciaux.** Inaugurée par le président Clinton (1993-2001) qui avait mis en œuvre l'ALENA avec le Canada et le Mexique, elle reprend à partir de 2009. L'administration Obama négocie alors l'élargissement de l'ALENA au **Partenariat transpacifique** – un accord de libre-échange global qui associerait les États-Unis et le Canada avec des pays d'Amérique latine et d'Asie-Pacifique. Un **Partenariat transatlantique** (avec l'Europe) est aussi en cours de négociation. Le **retour à l'isolationnisme** décidé par Donald Trump pourrait remettre en cause cette politique américaine.
- **L'engagement militaire.** Après l'intermède isolationniste de l'ère Trump (2017-2021), les États-Unis, en dépit du retrait de leur troupes d'Afghanistan (2021), ont repris leur **politique de soutien militaire, particulièrement à l'Ukraine**, allant jusqu'à lui fournir du matériel sophistiqué (défense aérienne, canons longue portée, avions de combat).

CONTRÔLE CONTINU

Dissertation

Sujet : « Quelles sont les formes indirectes de la puissance des États de nos jours ? »

Travail préparatoire

Analyser le sujet

Comprendre le libellé

Il convient d'abord de définir les **termes principaux du sujet,** c'est-à-dire, ici, en premier lieu le mot **« puissance »** : il s'agit de ce qui permet à un État de s'affirmer, de dominer au niveau international.

Puis il faut aussi définir l'expression **« formes indirectes »** : c'est tout ce qui ne concerne pas le *hard power* (la puissance militaire et économique directe), donc globalement il s'agit du *soft power,* c'est-à-dire de la puissance douce (ce qui permet d'influencer sans avoir recours à des moyens contraignants).

Il n'y a pas de bornes chronologiques, mais elles sont sous-entendues par l'expression « de nos jours ». Il s'agit du **début du XXIe siècle**.

Les écueils à éviter

Le sujet est à replacer dans le deuxième thème du programme « analyser les dynamiques des puissances internationales » et plus particulièrement dans l'axe 2 de ce thème « les formes indirectes de la puissance ».

Il ne porte pas sur une description exhaustive des ressorts et des caractéristiques de la puissance internationale des États mais uniquement sur ce qui est du domaine du *soft power*. Il ne doit pas reposer uniquement sur l'exemple américain mais essayer de s'appuyer aussi sur ceux d'autres puissances (la Chine bien sûr, mais aussi la France).

Les attentes du correcteur

Le devoir doit montrer que l'on connaît ce qu'est le *soft power*. Il a besoin de s'appuyer sur des **exemples précis pris dans le cours** : les **enjeux de la langue** (l'anglais, la francophonie mais aussi l'émergence du chinois), des **nouvelles technologies** et de la maîtrise des **voies de communication internationales**. Il ne doit pas hésiter à utiliser l'actualité très récente comme la mise en place des « nouvelles routes de la Soie » ou l'essor spectaculaire des GAFAM depuis le début des années 2010.

Mobiliser ses connaissances

Quelles sont les formes indirectes de la puissance des États de nos jours ?

- **Les enjeux de la langue dans les relations internationales**
  - Domination de l'américain comme langue véhiculaire mondiale : les États-Unis imposent leur modèle culturel
  - Par le biais de l'OIF, la France s'assure un rayonnement mondial supérieur à son poids politique et économique réel
  - La Chine développe son influence culturelle : multiplication des instituts Confucius
- **La maîtrise des voies de communication : exemple des « nouvelles routes de la Soie » chinoises**
  - Mise en place du principe de l'OBOR *(One belt, one road)*
  - Des routes maritimes jusqu'en Afrique et en Méditerranée et des routes terrestres au travers de l'Eurasie
  - Nouvelle façon d'organiser l'espace à son profit et de donner une image positive en multipliant les partenariats
- **L'importance des nouvelles technologies**
  - Domination des entreprises américaines (GAFAM)
  - Concurrence des géants du web chinois (les BATX)
  - Le monde en « liberté surveillée » par les géants du numérique dont les technologies servent aussi aux grandes puissances mondiales (cyber-espionnage, etc.)

Problématiser le sujet

Un libellé de forme interrogative problématise de fait le sujet. Il facilite la construction du devoir puisqu'il faut à la fin répondre à la question posée. Mais cette réponse doit toujours être logique, nuancée et accompagnée par des exemples qui soutiennent et confirment les faits énoncés.

Il faut en premier lieu montrer comment **la langue** est un enjeu majeur du *soft power* et ce depuis longtemps car il s'agit de la base de la domination culturelle.

Puis la question **des nouvelles technologies** est à envisager : elles affaiblissent la majorité des États qui ne les contrôlent pas mais renforcent ceux qui en sont à l'origine et qui les dominent.

Enfin, on doit se demander en quoi **la domination des voies de communication** aide à augmenter indirectement la puissance internationale des États.

Corrigé type rédigé

Introduction

[accroche]

« Modeler le choix des autres acteurs afin qu'ils se rallient à vous ». Ainsi Joseph Nye définit-il, dès les années 1990, les nouvelles formes indirectes de la puissance internationale des États.

[analyse du sujet]

La seule puissance militaire et politique, le *hard power*, ne suffit plus à assurer la suprématie d'un État, comme le démontre, à cette époque, l'effondrement de l'Union soviétique. La puissance internationale semble de plus en plus basée sur une puissance dite « douce », souvent indirecte, le *soft power*, plus efficace car la plupart du temps acceptée par ceux qui la subissent, consciemment ou inconsciemment.

[problématique et annonce du plan]

Quelles sont les formes indirectes de la puissance des États de nos jours ?

Pour y répondre, il faut envisager les différents aspects du *soft power* en ce début du XXIe siècle. D'abord, comprendre en quoi l'enjeu de la langue est important (I), puis se demander comment la maîtrise des nouvelles technologies en est un vecteur essentiel (II). Enfin, on pourra étudier, à travers l'exemple des « nouvelles routes de la Soie », de quelle manière le contrôle des voies de communication est aussi un moyen de renforcer la puissance indirecte d'un État (III).

Développement

I. Les enjeux de la langue

[argument 1]

Le pays de la langue véhiculaire mondiale dispose d'un véritable outil de la puissance internationale. Les époques historiques ont toujours « parlé » la langue des puissances dominantes. Le latin dans l'Antiquité, l'espagnol au XVIe siècle, le français au temps de Louis XIV et des Lumières, puis l'anglais, d'abord langue de la Grande-Bretagne, puissance coloniale impériale du XIXe siècle et langue des États-Unis, hyperpuissance du XXe siècle.

[argument 2]

La langue française jouit encore d'une réelle audience internationale (274 millions de locuteurs en 2016). La francophonie est structurée en une organisation internationale regroupant plus de cinquante États. La France n'y joue qu'un rôle secondaire et ce sont surtout les pays africains et le Québec qui y contribuent. Ils y voient une sorte de moyen de résister à l'américanisation du monde. L'anglais domine cependant sans conteste, même dans l'Union européenne : c'est la langue étrangère la plus apprise dans les écoles européennes et parlée par plus de 20 % des Européens.

[argument 3]

La Chine a elle aussi compris les enjeux internationaux de la langue en multipliant les instituts Confucius. Ce sont des instituts culturels qui diffusent la langue et les éléments de la culture chinoise. En 2023, on en compte plus de 540 répartis dans près de 120 pays et régions du monde, dont plus d'une quarantaine en Afrique où ils essaient de supplanter les relais linguistiques anglais et français.

[transition]

La concurrence est aussi rude entre les États-Unis et la Chine en ce qui concerne la maîtrise des nouvelles technologies.

II. Les nouvelles technologies : un vecteur de puissance

[argument 1]

Dans le monde, l'industrie du numérique est concentrée dans les mains de puissants acteurs au premier rang desquels se placent les GAFAM. Cet acronyme renvoie à Google, Apple, Facebook, Amazon et Microsoft, les cinq entreprises américaines (*big Five*) dominant le monde numérique américain et européen, voire mondial. Leur capitalisation boursière est supérieure au PIB de la France.

[argument 2]

Seules quelques entreprises chinoises sont en mesure de contester, aujourd'hui, l'hégémonie américaine. Il s'agit des BATX. Cet acronyme désigne Baidu (moteur de recherche), Alibaba (plateforme commerciale), Tencent (messagerie et réseau social) et Xiaomi (téléphones portables et high-tech), les quatre géants du Web chinois.

[argument 3]

Par leurs multiples prouesses technologiques (la géolocalisation, par exemple, l'invention des smartphones) et parce que ses géants comme les GAFAM ou les BATX chinois stockent et utilisent massivement des renseignements sur leurs utilisateurs, les nouvelles technologies placent le monde en liberté surveillée. Elles renforcent la puissance indirecte des États-Unis, capables de contrôler les communications mondiales de ses alliés comme de ses ennemis et dans une moindre mesure celle de la Chine qui peut surveiller efficacement ses opposants politiques.

[transition]

La Chine n'hésite d'ailleurs pas à recourir à des moyens indirects de la puissance plus traditionnels par le biais de son pharaonique projet des « nouvelles routes de la Soie ».

III. La maîtrise des voies de communication

[argument 1]

Après avoir été « l'atelier du monde », la Chine cherche des relais de puissance en essayant de maîtriser les espaces maritimes et continentaux qui lui sont utiles. Après avoir pensé l'industrialisation, l'aménagement et le développement de sa large façade maritime, elle met en place une organisation en réseaux très sophistiquée et systématique des espaces continentaux eurasiatique et africain selon le principe de projection spatiale OBOR (*One belt one road*).

[argument 2]

Les « nouvelles routes de la Soie » maritimes visent l'accès d'une part à l'océan Glacial Arctique par le détroit de Behring (« route de la soie polaire », accords de partenariat avec l'Islande) et d'autre part en direction de l'océan Pacifique Sud (« route de la Soie Antarctique »), ainsi qu'à l'Afrique et à la Méditerranée. Les « nouvelles routes de la Soie » terrestres reprennent une stratégie de circulation continentale d'est en ouest, en direction de l'Europe après l'implosion de l'URSS, à travers l'Asie centrale, selon une conception très élargie : axes routiers en premier lieu, mais aussi axes ferroviaires voire trajets d'hydrocarbures (pétrole et gaz). Les investissements colossaux (au moins 3 000 milliards de dollars) se font souvent en partenariat avec des pays étrangers (Tibet, Népal, Kazakhstan, etc.).

[argument 3]

Ainsi conçues dans une approche globale, les « nouvelles routes de la Soie » sur le continent eurasiatique reflètent la façon chinoise de penser l'espace et ses connexions à cette échelle continentale. Elles construisent un nouveau centre du monde, centre décalé en direction de l'Empire du Milieu et contribuent à lui donner une image positive.

Conclusion

[bilan]

Les dynamiques de la puissance internationale sont de plus en plus basées sur des formes indirectes telles que la langue et les nouvelles technologies, confortant le modèle culturel dont elles sont issues. À l'heure de la mondialisation, ces dynamiques s'appuient aussi sur une domination renouvelée des voies de communication, comme en témoigne le gigantesque projet chinois des « nouvelles routes de la Soie ».

[ouverture]

Ces formes indirectes, loin de rebattre les cartes, semblent conforter les puissances dominantes. Elles permettent aux États-Unis de se maintenir comme puissance majeure tout en accélérant le développement chinois. Et elles paraissent précipiter le déclin de l'ancien monde européen, largement distancé dans cette course effrénée au *soft power*.

Étude critique de documents

La puissance internationale américaine aujourd'hui

En utilisant les documents que vous présenterez et en vous aidant de vos connaissances personnelles, vous identifierez les principales formes de la puissance internationale américaine. Puis vous mettrez en évidence son importance aujourd'hui ainsi que les limites qu'elle peut avoir.

Document 1. La puissance mondiale des États-Unis (carte p. 97)

Document 2. Le « soft power » américain, fin de partie ?

Théorisé par le politologue Joseph Nye, professeur à Harvard, le *soft power*, cette capacité d'attraction et de persuasion qui ne repose ni sur la contrainte militaire ni sur la contrainte économique, a constitué un atout pour Washington depuis la fin de la Seconde Guerre mondiale. À cette époque, Washington décide de mettre en place un ordre international libéral (au sens anglo-saxon), étayé par un ensemble d'institutions multilatérales. *« L'exceptionnalisme exemplaire »* cultivé à l'intérieur de leurs frontières par les États-Unis devient alors *« missionnaire »*, selon l'historienne des relations internationales Maya Kandel, chercheuse associée à l'université Paris-III. [...]

Dans les institutions internationales, le *soft power* des États-Unis s'exprime essentiellement par sa contribution financière. [...] Washington accorde ainsi environ 10 milliards de dollars (9,12 milliards d'euros) à l'ONU chaque année, soit 20 % du budget de l'organisation (et soit l'équivalent du budget annuel des gardes-côtes américains). Mais le temps est désormais aux coupes franches aux Nations unies. [...] *« Le déclin américain prend la forme d'un démantèlement en règle d'un ordre international et d'organisations internationales que les États-Unis avaient contribué à créer après la Seconde Guerre mondiale »*, estime un observateur onusien. [...]

Le *soft power* américain paraît donc en déclin. Si l'on compile les chiffres les plus récents, la perte de vitesse de la première puissance mondiale sur le plan de l'attractivité est notable. Les étudiants étrangers, d'après les chiffres du département d'État et de l'Institut international de l'éducation (IIE), étaient un peu plus d'un million dans les universités américaines en 2018-2019, pour la quatrième année consécutive. Cependant, leur nombre croît seulement de 0,05 % par rapport à l'année précédente et masque la baisse du nombre des premières inscriptions des étudiants étrangers les trois années précédentes. [...] Serait-ce la fin du rêve américain ? [...]

« Le soft power *américain, cela reste Hollywood, la musique, les universités de l'Ivy League et les ingénieurs du monde entier qui veulent travailler dans la Silicon Valley »*, tempère le chercheur David Sylvan. [...] Cependant, le *soft power « suppose une croyance en la supériorité du modèle américain. Or c'est bien cette croyance qui est battue en brèche, non seulement dans le monde depuis quelques décennies, mais désormais et surtout, chez les Américains eux-mêmes, dans leur majorité et pour la première fois de leur histoire »*, estime Maya Kandel.

Gilles Paris et Marie Bourreau, *Le Monde*, 22 mai 2020.

Travail préparatoire

Analyser le sujet

Analyser les documents

• La consigne comporte trois termes clés guidant le candidat pour traiter « la puissance internationale américaine aujourd'hui » :
– **« les formes de la puissance internationale américaine »** : il s'agit d'une rapide synthèse des principales composantes qui sont à la base de la puissance mondiale étasunienne c'est-à-dire tout ce qui concerne à la fois le *hard power* (la puissance militaire et économique directe) et aussi le *soft power* (ce qui permet d'influencer sans avoir recours à de moyens contraignants) ;
– **« son importance aujourd'hui »** : il convient de monter les différentes facettes de cette puissance dans les années 2020 ;
– **« les limites qu'elle peut avoir »** : il faut mettre en lumière les fragilités de cette puissance internationale en s'aidant tout particulièrement du document 2.

• **Le premier document** proposé est une carte thématique illustrant les principaux axes du *hard power* américain, ainsi que certaines de ses limites.

• **Le second document** est un extrait d'un article du quotidien *Le Monde*, paru en mai 2020. Il évoque à la fois les composantes du *soft power* américain et ce qui pourrait être les signes avant-coureurs de son déclin.

Les écueils à éviter

• Le sujet est à replacer dans le deuxième thème du programme « analyser les dynamiques des puissances internationales » et plus particulièrement dans l'objet de travail conclusif de ce thème « la puissance des États-Unis aujourd'hui ».

• **Il ne s'agit pas de décrire tous les aspects de la géographie et de la géopolitique américaine** mais, en se basant sur les documents, uniquement sur ce qui est du ressort du ***hard*** et du ***soft power***. Il faut éviter une **vision trop simpliste** en faisant des États-Unis soit une puissance sans concurrence, soit en exagérant son prétendu déclin.

Les attentes du correcteur

• Le commentaire doit montrer que l'on connaît ce qu'est le *hard power* ainsi que le *soft power*. Il faut s'appuyer sur la carte (maîtrise des **formes directes de la puissance** – force militaire, économie, diplomatie) et sur l'article du *Monde* (**formes indirectes** – influence culturelle, attractivité). Il faut également montrer un sens de la nuance en **relativisant cette puissance** au milieu des années 2020 : l'hyperpuissance américaine semble de plus en plus contrariée de nos jours (**documents 1 et 2**).

• Le commentaire peut utiliser les ressources du cours, particulièrement le jalon **« unilatéralisme et multilatéralisme »**, mais doit aussi faire preuve d'une **bonne connaissance de l'actualité immédiate,** particulièrement en ce qui concerne les initiatives diplomatiques américaines en cours.

Mobiliser ses connaissances

Problématiser le sujet

- Le libellé de la consigne a une forme **affirmative**. Il s'agit donc de le **problématiser,** c'est-à-dire de le rendre dynamique, **sous la forme d'une ou plusieurs questions** qui permettent de **bâtir un plan pour y répondre** : « Quelles sont les formes et les limites de la puissance américaine au milieu années 2020 ? »
- La réponse doit être nuancée sans être caricaturale (baser tout le commentaire sur l'affirmation que les États-Unis sont en déclin généralisé n'est guère envisageable). La réponse doit également s'appuyer sur des exemples pris dans les documents et sur les connaissances qui soutiennent et confirment les faits énoncés :

– il faut d'abord expliquer que les États-Unis **possèdent tous les moyens traditionnels de la puissance** ;
– puis on doit montrer comment cette **puissance reste dominante au niveau mondial** ;
– enfin, les limites **de cette puissance** sont à aborder dans le cadre de l'émergence de nouveaux pôles mondiaux (particulièrement dans l'aire pacifique).

Corrigé type rédigé

Introduction

En 2023, la nouvelle campagne électorale de Donald Trump tourne toujours autour du slogan « *America is back* » Cette « Amérique de retour » n'avait pourtant pas vraiment disparu. Les États-Unis demeurent la première puissance économique et militaire du monde et leur influence culturelle est sans égale. Cependant, le thème du déclin de l'empire américain est agité depuis près de deux décennies comme s'il devenait une réalité de plus en plus forte.

Quelles sont donc les formes et les limites de la puissance américaine au milieu des années 2020 ?

Pour répondre à cette question, il faut d'abord montrer que les États-Unis possèdent tous les formes de la puissance (**documents 1 et 2**) (I), puis voir que cette puissance reste dominante au niveau mondial en s'appuyant sur les **documents 1 et 2 et sur nos connaissances personnelles** (II). Enfin, on pourra se demander quelles sont les limites de cette puissance dans le cadre de l'émergence d'un nouveau monde multipolaire (**documents 1 et 2**) (III).

Développement

I. Les formes de la puissance américaine

[argument 1 : document 1 et connaissances personnelles]

Avec un budget global de la Défense frôlant les 800 milliards de dollars en 2023, les dépenses militaires américaines sont plus de trois fois supérieures à celles de la Chine, sa grande rivale stratégique aujourd'hui. Elles représentent à elles seules environ la moitié des dépenses militaires des principaux pays du monde.

[argument 2 : document 1 et connaissances personnelles]

La puissance économique s'appuie sur le maintien d'une maîtrise monétaire (suprématie du dollar) et financière : Wall Street représente encore près de la moitié de la capitalisation boursière mondiale. Cette puissance se traduit par une capacité productive et financière profondément renouvelée en deux décennies. Délaissant le secteur manufacturier classique laissé à la Chine, les États-Unis se sont tournés vers les services à forte valeur ajoutée (30 % des dépenses mondiales dans la recherche et le développement). Par ailleurs, 8 des 10 plus grandes firmes multinationales mondiales sont américaines.

[argument 3 : document 2]

L'influence culturelle mondiale des États-Unis reste incontestable. La quasi-hégémonie de l'anglais américain comme langue internationale véhicule une culture de masse globale, imprégnant les entreprises comme les consommateurs. L'*American way of life* s'est répandu partout comme un modèle de consommation (alimentation, mode, culture).

[transition]

Le poids militaire, économique et culturel des États-Unis leur permet de maintenir une influence mondiale incontestable.

II. Une puissance toujours dominante au niveau mondial

[argument 1 : document 1]

Les États-Unis conservent une primauté militaire qui freine l'émergence de tout rival global. En 2024, la Chine n'a que 3 porte-avions à propulsion diesel classique quand les États-Unis disposent de 10 porte-avions à propulsion nucléaire qui servent de bases mobiles pour déployer des forces sur l'ensemble du globe. Les 4 armées américaines (*Army, Navy, Air Force, Marines*) utilisent un réseau de 112 bases principales extérieures pour leur déploiement rapide en cas d'intervention militaire. Elles comptent près de 250 000 soldats en permanence. La Chine en comparaison ne dispose encore d'aucune base militaire extérieure réellement opérationnelle dans le monde.

[argument 2 : document 1]

La puissance américaine bénéficie d'un réseau d'alliances stratégiques hérité de la guerre froide que les États-Unis ont fait évoluer. Ainsi l'Organisation du traité de l'Atlantique Nord est rénovée dès 1991 pour devenir un outil de gestion des crises régionales européennes (interventions en Bosnie en 1995 et au Kosovo en 1999). Étendue au début du XXIe siècle aux anciens pays satellites de l'URSS, l'OTAN se transforme, avec la guerre en Ukraine, en alliance mondiale pour la démocratie et la sécurité globale.

[argument 3 : document 2 et connaissances personnelles]

La Silicon Valley est devenue le « cœur numérique » du monde, chaque nouvelle vague d'innovation bénéficiant de la réussite des autres (fondation de HP en 1939, de Google en 1998, siège de Facebook). Hollywood à Los Angeles incarne une puissance culturelle inégalée grâce aux industries du divertissement (cinéma, télévision) qui génèrent environ 50 milliards de revenus par an. En Europe, les films et les séries américains représentent plus de 80 % du marché.

[transition]

Malgré l'émergence d'un monde multipolaire, les limites à la puissance américaine demeurent relativement mineures, même si elles sont réelles et plus visibles depuis les années 2010.

III. Les limites de la puissance internationale américaine

[argument 1 : document 1 et connaissances personnelles]

Les échecs diplomatiques répétés des États-Unis ont diminué leur hyperpuissance. À partir de 2003, la guerre en Irak, conduite sans l'assentiment du Conseil de sécurité de l'ONU, s'enlise rapidement face à la résistance locale. Les exactions commises par les soldats américains affaiblissent l'image des

États-Unis dans le monde. De même, la présence des États-Unis en Afghanistan ne parvient pas à éradiquer le terrorisme et il faut attendre 10 ans après les attentats du 11 septembre pour qu'Oussama Ben Laden, chef historique d'Al-Qaïda, soit finalement éliminé en mai 2011 au Pakistan par les forces spéciales américaines.

[argument 2 : document 1 et connaissances personnelles]

La montée en puissance économique de la Chine, qui réalise le deuxième PIB mondial dès 2010, est mal appréhendée, d'autant que la Chine est devenue le premier créancier de l'État américain. Depuis 2013, la Chine dégage un excédent annuel de plus de 500 milliards de dollars dans ses relations commerciales avec les États-Unis. Elle détient environ 10 % de la dette fédérale américaine. La Chine protège un temps la prolifération nucléaire de son allié nord-coréen. Elle n'hésite pas à défier plus nettement les États-Unis en mer de Chine pour réaffirmer sa souveraineté sur Taïwan.

[argument 3 : document 2 et connaissances personnelles]

Dans les années 2010, Barack Obama accepte de mener un dialogue plus constructif avec l'ONU et ses principaux partenaires occidentaux, particulièrement avec l'Union européenne. L'élection surprise de Donald Trump en 2017 semble avoir modifié en apparence la stratégie étrangère américaine qui paraît revenir à l'unilatéralisme, particulièrement en décidant de se retirer seul des accords de Paris sur le climat en juin 2017, en sabotant systématiquement les conférences du G7 ou en réduisant sa contribution dans le financement des grands organismes internationaux. Depuis 2021, la politique du président démocrate Joe Biden renoue avec le multilatéralisme sans parvenir à enrayer le sentiment d'un déclin de la puissance américaine : échec en Afghanistan, difficultés à augmenter son aide militaire et financière à l'Ukraine en guerre contre son agresseur russe, recul de l'attractivité et de l'influence américaine dans le monde.

Conclusion

Aujourd'hui, les États-Unis demeurent la puissance dominante d'abord grâce à leur poids militaire, leur maîtrise des flux monétaires et financiers, leur domination de l'économie tertiaire de la connaissance ainsi que leur influence culturelle toujours inégalée. Ils sont les seuls à disposer d'une force de frappe et de projection sur tous les océans et sur tous les continents et possèdent un puissant réseau d'alliances hérité de la guerre froide. Mais l'émergence d'un nouveau monde multipolaire les oblige, à partir des années 2010, à revenir à un multilatéralisme tenant compte du déclin relatif de leur hyperpuissance.

Depuis 2017, les présidences contradictoires de Donald Trump et de Joe Biden ne parviennent pas à freiner la déconstruction de l'image internationale des États-Unis au profit de la Chine et contribuent, chacune à leur manière, à la montée de nouvelles tensions mondiales.

Thème 3
Étudier les divisions politiques du monde : les frontières

Cours

Contrôle continu

CHAPITRE 18 Les frontières dans le monde d'aujourd'hui

Les frontières marquent des **ruptures** et des **discontinuités** dans l'espace mondial. Le long de ces lignes, **les mobilités**, qu'elles soient matérielles ou humaines, **se modifient**, parfois s'arrêtent, mais, la plupart du temps, s'adaptent.

1 Les frontières délimitent les territoires

A La frontière « westphalienne »

- **La « dyade ».** La frontière est dite « westphalienne » quand elle sépare deux États. Elle a un statut juridique : la « dyade ». **Elle distingue au moins deux formes d'organisation de territoires** qui peuvent être différents par la langue, par la civilisation ou par le niveau de vie.
- **Les espaces transfrontaliers.** De part et d'autre de la frontière se développent des espaces frontaliers, c'est-à-dire sous l'influence de celle-ci. Ils sont militarisés quand les tensions s'accroissent ; ils peuvent être aussi une sorte de « fin » du territoire national. **Il existe de plus en plus d'espaces qui s'organisent à partir des différences de part et d'autre de la frontière :** l'exemple des frontaliers français qui, tous les jours, vont travailler en Suisse ou au Luxembourg en est une illustration.
- **Une importante dimension géopolitique.** Les frontières sont toujours à l'origine de **différends territoriaux entre des États** (frontières entre l'Inde, le Pakistan et la Chine, par exemple) qui peuvent donner lieu à des guerres de plus ou moins grande intensité.

B Les autres frontières

- **Frontières sociales et culturelles.** Le terme *frontière* désigne aussi **tous les éléments, en particulier sociaux et culturels, qui séparent des groupes humains.** Le franchissement de la ligne qu'ils représentent est rendu plus ou moins possible en fonction du degré d'adaptation à la culture de l'autre. Or, les différences d'aptitude à cette mobilité conduisent, parfois, à des formes de relégation dans l'espace, voire de ségrégation. **Une rue, un boulevard périphérique peuvent alors constituer**, en particulier dans les grandes métropoles, **des barrières souvent infranchissables** pour les populations les plus pauvres ou identifiées à un genre, une origine, un niveau social.

- **Les nuances anglo-saxonnes.** Pour les Anglo-Saxons, le mot *frontière* signifie, avant tout, un espace mouvant, flou, qui marque la limite entre les territoires colonisés et ceux qui restent à conquérir. Aux États-Unis, c'est la différence entre le **mot *frontier***, qui est l'expression de cette conception, et le terme ***border***, qui désigne la limite entre deux États. Le premier, dans l'histoire de ce pays, est lié aux mobilités qui ont permis la conquête de l'Ouest. Le second est surtout associé, de nos jours, à la **frontière avec le Mexique** que de nombreux Américains souhaitent voir fermée aux migrants mexicains.

2 Les frontières organisent les circulations

A Frontières ouvertes et fermées

- **La frontière est au cœur d'un système de contrôle.** Lequel permet de filtrer les passages en fonction de nombreux critères politiques, culturels ou économiques. Des périodes peuvent être marquées par de **larges ouvertures** quand d'autres sont caractérisées par une **forte étanchéité**. Par ailleurs, des **mobilités clandestines** cherchent toujours à contourner ou à éviter les points de franchissement officiels.

- **Les frontières fermées.** Cette situation dépend de décisions des États. Elles peuvent être bilatérales ou, au contraire, être imposées par un des pays concernés sur une dyade en particulier. Il y a, aujourd'hui, **une quarantaine de frontières qui sont plus ou moins fermées dans le monde**, en particulier en Amérique du Nord, en Afrique et en Asie.

- **40 000 km de « murs ».** La fermeture de la frontière peut être immatérielle, mais ces dernières années ont vu se multiplier le **développement d'obstacles** de plus ou moins grande intensité (la barrière renforcée avec des moyens de très haute technologie comme celle qui sépare les États-Unis du Mexique, ou les murs entre l'État d'Israël et les Territoires palestiniens). On dénombre 40 000 km d'obstacles aux formes de circulation. Dans tous les cas, les frontières fermées poussent, presque toujours, les migrants à des prises de risques assumées, quels que soient les obstacles mis sur leur chemin. Jamais une barrière n'a pu arrêter un clandestin déterminé.

▲ Une frontière hautement symbolique : celle entre le Mexique et les États-Unis.

B Des frontières « intelligentes »

- **Des outils numériques pour moderniser les frontières.** C'est une solution qu'essaie de concrétiser la Commission européenne. Elle promeut le projet de « frontières intelligentes » en utilisant les **outils numériques** pour mieux contrôler les entrées et les sorties. La circulation à l'intérieur de l'espace communautaire serait ainsi facilitée. D'ici à 2027, tous les voyageurs qui circulent en dehors de l'espace Schengen seront identifiés par leurs empreintes faciales ou digitales : une base de données sera constituée, permettant d'identifier la situation du migrant qui veut entrer et se déplacer dans l'espace communautaire.

- **Une aide pour améliorer les conditions des migrations.** La mise en place de frontières intelligentes permettrait aussi de migrer dans des conditions beaucoup plus sûres, **en réduisant le rôle des passeurs clandestins**. Elle faciliterait également les mouvements de retour, un migrant ne redoutant plus de ne pas pouvoir revenir dans son pays d'accueil. Ce serait donc un excellent moyen de lutter efficacement contre les « antimondes ».

Mot-clé

Système westphalien : organisation géopolitique de l'Europe née à la fin de l'époque moderne. Elle reconnaît l'État comme seule organisation politique des sociétés et fait des frontières les délimitations intangibles de la puissance territoriale directe qu'il y exerce. Saint-Simon en donne une définition saisissante au début du XVIIIe siècle : « Le traité de Westphalie de 1648 établit un nouvel ordre par une opération politique qu'on appela "équilibre des puissances". […] Depuis ce traité, la guerre a été l'état habituel de l'Europe. »

CHAPITRE 19 Pour protéger l'Empire romain : le *limes*

Pour matérialiser les milliers de kilomètres de frontières de l'Empire romain, des **routes** sont tracées *(limes)* dès le IIe siècle avant J.-C. Elles séparent les provinces romaines des territoires barbares. Dans les zones les moins sûres, **la frontière** se fait défensive, parfois sous la forme d'un **mur**, mais, la plupart du temps, elle repose sur un **« système ouvert »** comme pour le *limes* rhénan.

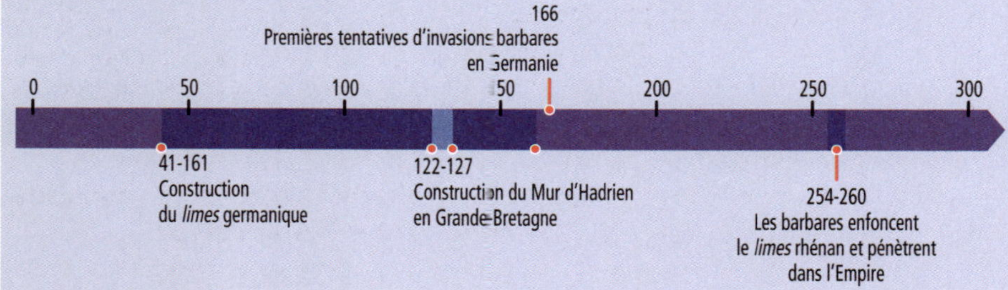

1 Les frontières de l'Empire romain

A Une zone défensive

- **Des frontières matérialisées.** Contrairement aux **Grecs** qui **ne concrétisent leurs frontières** que par quelques bornes, les Romains **matérialisent** celles qui les séparent des mondes barbares. La plupart du temps, il ne s'agit que d'une route qui peut longer un fleuve ou une barrière naturelle (fossé, forêt infranchissable, désert).

- **Des frontières renforcées.** Dans les zones dangereuses ou menaçantes pour la sécurité de l'Empire, la frontière est renforcée. On y construit, parfois, **des murs de protection** comme le Mur d'Hadrien en Grande-Bretagne, comparable à une petite « Muraille de Chine ». Mais, la plupart du temps, la frontière est simplement **surveillée par l'armée** établie dans des **camps permanents** construits dans les zones les plus sensibles.

B Un système « ouvert »

- **Une épaisseur géographique.** Les frontières les mieux protégées sont, en fait, des **zones de contact** avec les territoires étrangers, de plusieurs kilomètres de profondeur. Si **la route en reste l'élément essentiel** (pour le déplacement des troupes), elle comporte des ramifications qui mènent soit à des ouvrages d'art défensifs (ponts, palissades, fossés, tours de guet), soit à de véritables **centres stratégiques de défense** (places fortifiées et camps permanents de l'armée où sont stationnées les légions).

- **Un déploiement humain considérable.** La frontière **fixe donc des milliers de soldats romains** de manière parfois dynamique (les patrouilles, les surveillants d'avant-garde en territoire étranger), mais la plupart du temps statique. Les légions affectées à la surveillance des frontières sont implantées dans des **camps *(castra)*.** Ces espaces rectangulaires, entourés d'une enceinte, sont divisés en quartiers où alternent bâtiments administratifs, religieux et utilitaires et casernement (tentes des soldats).

> **Mot-clé**
>
> **Légion :** principale division de l'armée romaine, elle compte environ 6 000 hommes. Chaque légion porte un numéro et un surnom. Établies majoritairement aux frontières de l'Empire, les légions, ont, dès le Ier siècle, un recrutement de plus en plus local. Cette barbarisation de l'armée en fait peu à peu l'instrument des chefs locaux et contribue à la désagrégation progressive du pouvoir impérial dès le début du IIIe siècle.

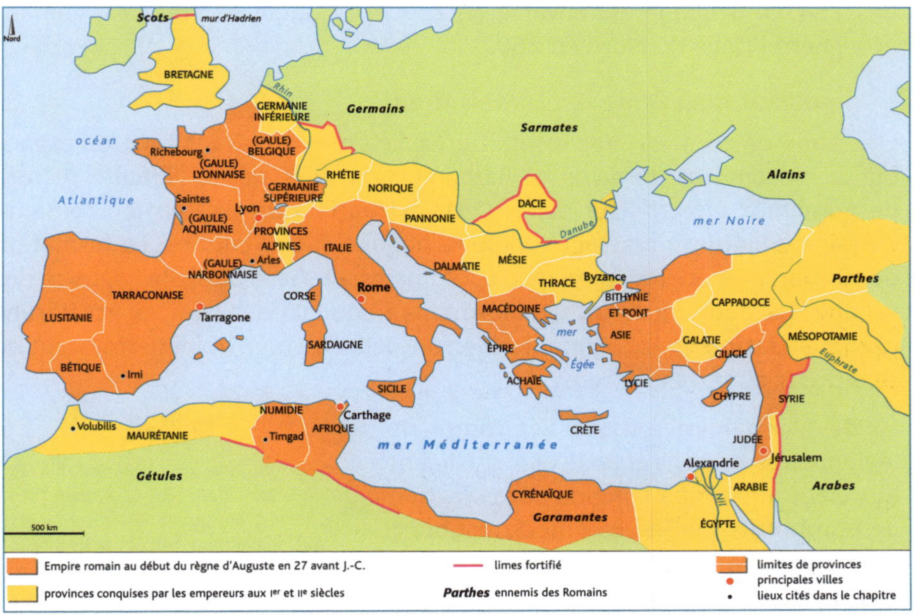

▲ Les frontières de l'Empire romain à son apogée (fin du IIe s.).

- **Les *cabanae*.** Autour de ces camps se créent des *cabanae*. Là où **vivent tous ceux qui accompagnent les soldats** (concubines, prostituées, enfants) ou en dépendent (commerçants, artisans, etc.). Ces *cabanae* forment, rapidement, de véritables villes.

2 Le *limes* rhénan

A Un projet gigantesque

- **550 km de frontières fortifiées.** Pour protéger le Nord européen de l'Empire, **se met en place, sur plus d'un siècle,** l'immense *limes* germanique. Débuté sous l'empereur Claude (vers 41) il n'est achevé qu'à la fin du règne d'Antonin le Pieux (161). Il unit deux frontières « naturelles » fluviales faciles à surveiller. Partant du Rhin (Coblence), il déploie des milliers de tours de guet, des centaines de châteaux forts et huit camps de légionnaires jusqu'au Danube (Ratisbonne).

- **Une défense illusoire.** Ce *limes*, construit pendant la Paix romaine, ne parvient guère à arrêter les invasions barbares. **Percé dès 166,** il oblige les empereurs (Marc Aurèle, Commode, Septime Sévère, etc.) à d'incessantes opérations militaires pour éviter que trop de Germains n'entrent en territoire romain. Il est **totalement enfoncé** par les tribus germaniques des Alamans **dès 254**. La Belgique est envahie en 259 et la Gaule en 268. Les Alamans atteignent l'Italie du Nord en 260.

B Un vecteur majeur de la romanisation

- **Une zone de contact avec les Barbares.** Le *limes* est, avant tout, un espace où se rencontrent Romains et Barbares. Dès le Ier siècle, l'Empire recrute de nombreux effectifs sur place. Cette **barbarisation de l'armée romaine** entraîne un intense brassage ethnique, linguistique et culturel. La formation de nombreux couples « mixtes » (Romains et Germains), la vigueur des échanges économiques, les déplacements fréquents des troupes **accélèrent la romanisation de la Germanie**, bien au-delà du *limes*, et lui permettent de se diffuser en terres barbares.

- **Le développement urbain.** Les camps de légionnaires et les *cabanae* qui s'y fixent aux alentours sont à l'origine de la création de **nombreuses villes**, comme **Strasbourg**, Mayence, **Bonn**, Nimègue ou **Cologne**. Elles vont permettre le considérable développement de la puissance de l'Allemagne rhénane dès le haut Moyen Âge.

Mot-clé

Les *ex castris* : ce sont des fils de soldats nés dans les *cabanae* près des camps de légionnaires frontaliers et qui deviennent soldats à leur tour. Souvent issus d'unions mixtes, ils symbolisent le recrutement de plus en plus local de l'armée et témoignent de la puissance de la romanisation.

La conférence de Berlin et le partage de l'Afrique

CHAPITRE 20

La colonisation des territoires africains au XIXe siècle s'inscrit dans le contexte d'une **Europe impérialiste**. Dominant le monde par son dynamisme démographique, sa puissance économique et financière, ainsi que par sa technologie, le Vieux Continent, **au nom de la supériorité présumée de sa civilisation**, se partage l'Asie, le Pacifique et l'Afrique. La conférence de Berlin (1884-1885) **fixe les règles entre les principaux pays colonisateurs**.

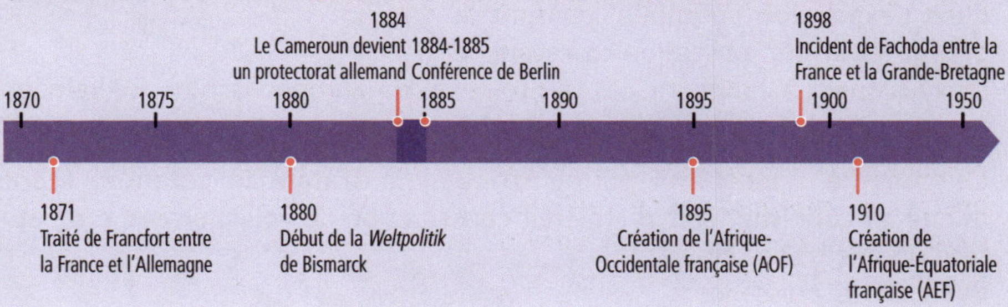

1 L'Europe et l'Afrique

A L'Afrique : un enjeu colonial récent

- **L'Empire colonial britannique.** Jusqu'en 1850, le **seul empire colonial réellement constitué** est celui de la Grande-Bretagne. Vers 1850, il regroupe 240 millions d'habitants sur environ 22 millions de km² (Canada, Afrique du Sud, Inde).
- **L'accélération de la colonisation.** L'expansion coloniale devient un enjeu de puissance après 1850. Les pays européens, touchés par une grave crise économique (la Grande Dépression), veulent trouver de **nouveaux débouchés** pour leurs industries. La **France**, amoindrie par sa défaite militaire contre l'Allemagne (1870), y voit un moyen de **restaurer sa puissance**.
- **Les Européens et l'Afrique.** Encore largement inconnue et jusque-là délaissée par l'expansion coloniale, l'Afrique devient subitement un **enjeu**

européen. Des missionnaires catholiques et protestants, des explorateurs (Brazza, Stanley), poussés par des sociétés de géographie françaises ou anglaises, popularisent le continent africain désormais presque entièrement cartographié.

B L'irruption allemande

- **Le retard colonial allemand.** Voulant retarder, le plus possible, une nouvelle guerre franco-allemande qu'il juge inévitable après la défaite française de 1871 et la perte de l'Alsace-Lorraine, **Bismarck a isolé diplomatiquement la France** en Europe. Mais **il lui laisse le champ libre dans l'expansion coloniale,** pensant la détourner de son obsession de revanche en s'occupant à conquérir des territoires extra-européens. Ainsi, l'Allemagne ne participe guère à l'expansion coloniale européenne dans les années 1870.

> **Mot-clé**
>
> **Impérialisme** : selon Lénine, dans la tradition marxiste, domination qu'exerceraient sur le monde les systèmes capitalistes les plus avancés (Europe occidentale et Amérique du Nord). Par extension, toute politique de domination d'un pays sur un autre, d'ordres militaire, politique, financier, économique et culturel.

- **L'engouement allemand pour l'Afrique.** Constatant le potentiel économique africain (matières premières construction de voies ferrées, etc.) et le trop rapide renforcement de la puissance française par son expansion mondiale, **Bismarck décide**, dans les années 1880, **d'entrer dans l'aventure coloniale** *(Weltpolitik)* en organisant une conférence à Berlin à propos du Congo où s'affrontent Belges, Français, Anglais et Portugais.

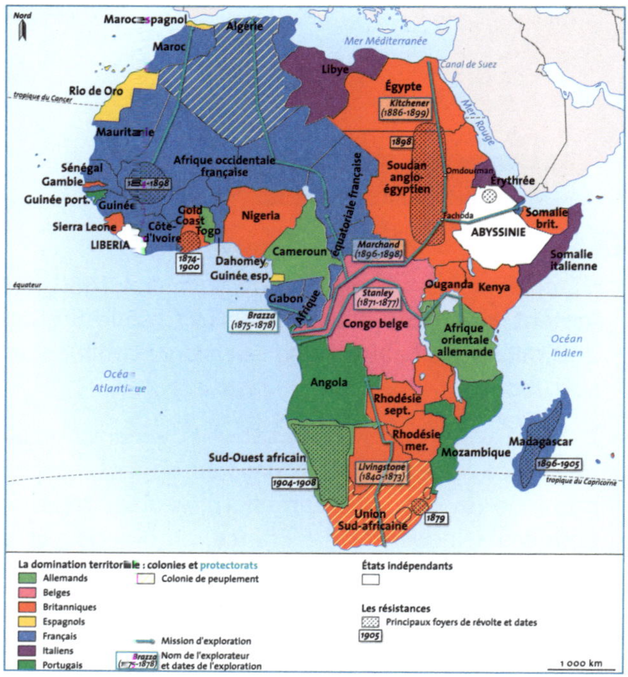

Le partage de l'Afrique par les puissances européennes à la fin du XIXe s. ▶

2 Le « *scramble for Africa* »

A Les règles du jeu colonial définies à Berlin

- **Quatorze nations à Berlin.** La conférence de Berlin se tient de novembre 1884 à février 1885. Invités par Bismarck, les treize principaux pays européens plus la Turquie y discutent des problèmes africains. En prenant prétexte des affrontements occidentaux au Congo, l'Allemagne entend, en effet, **poser des règles pour le futur partage de l'Afrique** et faire accepter les protectorats qu'elle a déjà mis en place sur le Togo, le Cameroun et la Namibie.

- **Libre circulation et occupation effective.** L'acte final de la conférence (26 février 1885) pose le principe de la liberté de circulation et de commerce sur les deux fleuves Niger et Congo. **Il définit aussi la frontière comme une ligne de partage entre deux pays colonisateurs.** Tout pays européen établi sur une côte peut, désormais, revendiquer l'arrière-pays jusqu'à ce qu'il se heurte à une zone d'influence d'un autre pays européen, la seule condition étant qu'il occupe réellement le terrain et qu'il le fasse savoir.

B L'Afrique dépecée

- **Une course aux frontières.** La « course aux clochers », ou *scramble* pour les Britanniques, s'accélère après la conférence de Berlin, car elle pousse à la **concurrence coloniale**. À partir du moment où une puissance européenne s'établit à un endroit et l'a notifié aux autres États, elle peut établir sa zone d'influence. Pour les déterminer, plusieurs voies sont privilégiées : missions d'exploration, expéditions militaires, traités, cartographie des territoires. On peut dire qu'en ce sens cette conférence pose un **droit international de la colonisation**.

- **Des tensions ravivées.** La pénétration européenne sur le territoire africain a donné lieu à des **compromis** mais aussi a suscité de **vives tensions** (incident de Fachoda entre la France et la Grande-Bretagne en 1898). Les Européens ont été confrontés à des mouvements de résistance auxquels ils répondent par la répression. **En 1914, le partage colonial de l'Afrique est réalisé.** Seuls le Liberia et l'Abyssinie (qu'on n'appelle pas encore Éthiopie) ont échappé à cette occupation coloniale. En effet, les Italiens qui ont tenté de s'emparer de l'Abyssinie ont été écrasés par les hommes de Ménélik II en 1896.

> **Biographie**
>
> **Bismarck (1815-1898) :** il devient chancelier de Prusse en 1862 et œuvre, dès ce moment, à la construction de l'unité allemande qu'il réalise après une guerre victorieuse contre l'Autriche (1866) pour écarter un rival germanique et contre la France (1870-1871), ennemi commun mobilisant les énergies nationalistes germaniques. Entre 1871 et 1880, il laisse le champ libre aux ambitions coloniales françaises, pensant la détourner ainsi de sa volonté de revanche contre l'Allemagne.

CHAPITRE 21

La frontière entre les deux Corées

À l'issue de la capitulation sans condition du Japon en 1945, la Corée, qui était jusque-là sous sa domination, se trouve occupée par les deux « Alliés » de la Seconde Guerre mondiale : l'URSS et les États-Unis. Son territoire devient, rapidement, un **enjeu de la rivalité idéologique et stratégique entre Soviétiques et Américains**. En 1948, deux États coréens antagonistes (Corée du Nord et Corée du Sud) sont créés, séparés par **une frontière fermée**, qui, au cours du temps, va devenir de plus en plus **infranchissable**.

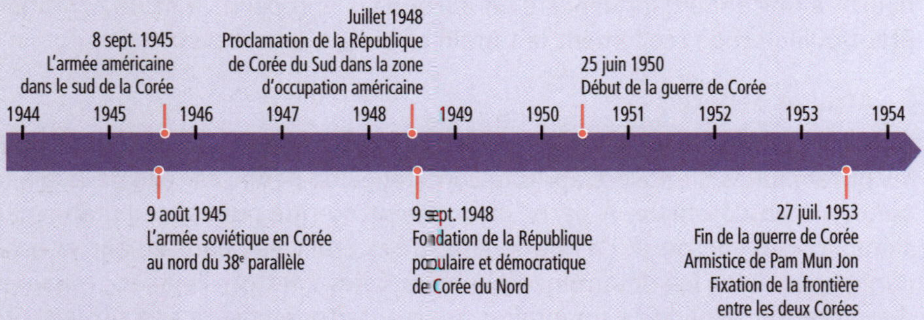

1 Une frontière née d'une guerre

A Les causes de la guerre de Corée

- **Une possession japonaise de 1905 à 1945.** Après le protectorat en 1905 et l'annexion japonaise en 1910, la péninsule Coréenne subit une occupation rigoureuse jusqu'en 1945. Les élites coréennes, systématiquement exclues de tous les postes dirigeants, forment, dès 1919, un **parti de résistance nationale** qui constitue un gouvernement provisoire en exil à Shanghai, dirigé par **Syngman Rhee**.
- **Le partage de 1945.** Dès la fin de la Seconde Guerre mondiale, la Corée est divisée en **deux zones occupées**, américaine au sud et soviétique au nord, séparées par le **38e parallèle** qui sert, dès lors, de **frontière officieuse**.

- **Frontière et « guerre froide ».** Les **négociations sur la réunification du pays n'aboutissent pas** à cause de la « guerre froide », l'URSS refusant que l'ONU puisse contrôler les élections qui se dérouleraient dans sa zone. En juillet 1948, l'élection à la présidence de la République de Syngman Rhee en zone américaine entraîne la création de la **Corée du Sud**. L'URSS riposte par la fondation de la République populaire de **Corée du Nord**, non reconnue par les Nations Unies.

B Une guerre pour effacer une frontière

- **Une guerre de réunification.** Après l'évacuation quasi simultanée des troupes américaines et soviétiques (1948-1949), **Kim Il-sung** ordonne à 600 000 soldats coréens du Nord de **franchir le 38e parallèle** en direction du sud dans le but de réunifier la péninsule.

> **Biographie**
>
> **Kim Il-sung (1912-1994).** Dictateur nord-coréen qui déclenche la guerre de Corée en 1950 en envahissant la Corée du Sud. Après l'armistice de 1953, il décide de fermer son pays au reste du monde. Cette orientation politique est renforcée, à partir de 1967, par la mise en place de l'idéologie *Juche* qui prône l'autarcie et le repli total sur ses propres forces.

- **Guerre civile et conflit de la « guerre froide ».** À la fois guerre civile intercoréenne et expression militaire de la « guerre froide », la guerre de Corée (1950-1953) a été **particulièrement meurtrière dans un temps court** (3 millions de morts, 6 millions de sans-abri). Elle s'est développée en trois phases : invasion communiste nord-coréenne de presque toute la péninsule, réaction de l'Organisation des nations unies et contre-attaque des États-Unis, désengagement soviétique remplacé par l'engagement de troupes chinoises à partir du nord de la péninsule et stabilisation du front dès fin 1951.

Garde-frontière nord-coréen dans un poste d'observation sur la frontière entre les deux Corées. ▶

- **La ligne de cessez-le-feu pour frontière.** L'impossibilité, pour les deux camps, de l'emporter oblige à de longues négociations qui aboutissent à **l'armistice de Panmunjom le 27 juillet 1953**. La ligne de cessez-le-feu, dont le tracé se situe, globalement, **un peu au nord du 38e parallèle**, devient la frontière de fait entre les deux Corées, aucun traité de paix n'ayant été signé par la suite.

2 La frontière la plus militarisée au monde

A Une frontière longtemps entièrement fermée

- **Une frontière infranchissable.** La frontière entre les deux Corées (frontière intercoréenne), paradoxalement dénommée **« zone démilitarisée »** (DMZ), coupe la péninsule coréenne sur 248 km d'est en ouest, et 4 km de large. C'est la frontière la plus minée au monde, la plus surveillée, la plus infranchissable.
- **Une coupure entre deux mondes.** Elle est, d'abord, l'expression de l'**affrontement entre l'URSS et les États-Unis,** notamment pendant toute la « guerre froide » jusqu'en 1989. Elle symbolise aussi l'**opposition entre deux systèmes**, dans les ordres politique (régime démocratique au Sud, régime dictatorial semi-totalitaire au Nord) et économique (économie capitaliste libérale au Sud, économie communiste collectiviste, voire autarcique au Nord).
- **Un *statu quo* aux soubresauts imprévisibles.** Dans les années 1970, les deux Corées manifestent des **velléités de rapprochement** sans ingérence étrangère en entrouvrant, temporairement, la frontière. Dans les années 1980, les relations se tendent à nouveau. En 1994, l'arrivée au pouvoir de l'imprévisible **Kim Jong-il semble aggraver les relations entre les deux pays.** La Corée du Nord est inscrite sur la liste des États terroristes en 2002 et s'active pour la **possession de l'arme nucléaire** (retrait du traité de non-prolifération nucléaire en 2003).

B Les évolutions contemporaines

- **Un vestige de la « guerre froide ».** Aujourd'hui, dans sa forme, la frontière intercoréenne apparaît toujours comme un reliquat de la période de la « guerre froide ». Elle en reste le **dernier signe militaire, stratégique et géopolitique** emblématique.

- **Entre détente et tensions persistantes.** La frontière illustre la **variabilité des relations entre la Corée du Nord et la Corée du Sud.** En mars 2013, la Corée du Nord annonce qu'elle est à nouveau en état de guerre avec la Corée du Sud et ferme complètement la frontière. Mais, cinq mois plus tard, le programme de rencontres entre les familles coréennes désunies par la frontière, initié en 1985, stoppé en 2010, reprend.

- **Une évolution liée à celle du régime nord-coréen.** La Corée du Nord semble, désormais, **évoluer « à la chinoise »** avec le **maintien d'une dictature politique** de la dynastie des Kim et la **mise en place d'une économie néocapitaliste d'État** amenée à s'intégrer, de plus en plus, à la mondialisation. **Protégé par une frontière à fermeture variable** et une dissuasion nucléaire suffisante, le régime autoritaire du Nord pourrait, à l'avenir, se développer rapidement et **n'est pas près d'envisager une réunification effective des deux Corées.**

Biographie

Kim Jong-il (1942-2011). Fils de Kim Il-sung, il dirige la Corée du Nord de 1994 à 2011. Dictateur fantasque et complexé, amateur de films américains et de bonne chère, il mène une politique imprévisible qui alterne périodes de détente (sommets avec la Corée du Sud) et de tensions (poursuite de l'armement nucléaire, incidents transfrontaliers avec la Corée du Sud), tandis que la population s'enfonce dans une crise économique et sociale toujours plus grave.

CHAPITRE 22

La frontière germano-polonaise de 1939 à 1990

Du début de la Seconde Guerre mondiale en 1939 à la chute du Mur de Berlin en 1989, la très controversée frontière germano-polonaise s'inscrit dans trois grandes phases distinctes : 1939-1945, **le temps de la guerre** contre l'Allemagne nazie ; 1945-1990, la victoire des Alliés, le retour à la paix et l'avènement de **la « guerre froide »** ; après 1989, la fin de la « guerre froide », **la réunification allemande**, et l'adhésion de la Pologne à l'Union européenne.

1939 | 1945 | 1950 | 1970 | 1990

1er septembre 1939 : invasion de la Pologne par l'Allemagne nazie

Juillet-août 1945 : conférence de Postdam (fixation de la frontière germano-polonaise sur la ligne Oder-Neisse)

Juillet 1950 : accords de Görlitz (l'Allemagne de l'Est reconnaît la ligne Oder-Neisse)

Décembre 1970 : traité de Varsovie (l'Allemagne de l'Ouest reconnaît la ligne Oder-Neisse)

Novembre 1990 : accords définitifs entre l'Allemagne réunifiée et la Pologne

1 La frontière dans la guerre

A L'invasion de la Pologne par les nazis en 1939

- **Les frontières retrouvées de la Pologne.** Après plus d'un siècle de domination autrichienne, la Pologne retrouve, au lendemain de la Première Guerre mondiale, **ses principales frontières historiques du XVIIIe siècle** grâce au traité de Versailles de 1919. Le couloir de Dantzig (ville libre) sépare la Prusse orientale du reste du territoire de l'Allemagne nazie (IIIe Reich).

- **Le pacte germano-soviétique.** À la fin de l'été 1939, suite aux accords germano-soviétiques Ribbentrop/Molotov (et le protocole secret de partage de la Pologne entre les deux négociateurs), l'**Allemagne** envahit militairement la Pologne et **récupère la moitié occidentale du pays**, Prusse orientale comprise.

B La fixation de la frontière germano-polonaise

- **La ligne Oder-Neisse.** À la conférence de Postdam (17 juillet-2 août 1945), il est décidé que tous les territoires situés à l'est de la ligne Oder-Neisse seraient confiés à l'administration polonaise. Cette ligne, longue de 472 km, suit le tracé du cours de l'Oder et de son affluent la Neisse. **Elle annexe au territoire polonais des régions majoritairement germaniques.**

Mots-clés

- **Allemagne de l'Ouest ou RFA (République fédérale d'Allemagne) :** partie de l'Allemagne sous domination des Alliés occidentaux après la Seconde Guerre mondiale qui devient une république fédérale, libérale et démocratique de 1949 à 1990, arrimée à l'Europe de l'Ouest et aux États-Unis. Sa capitale était Bonn.
- **Allemagne de l'Est ou RDA (République démocratique d'Allemagne) :** partie de l'Allemagne sous domination soviétique après la Seconde Guerre mondiale qui devient une démocratie populaire de 1949 à 1990, arrimée à l'URSS et au bloc soviétique jusqu'à sa réunification avec la RFA. Sa capitale était Berlin-Est.

▲ L'armée allemande envahit la frontière polonaise (1er sept. 1939).

- **Une situation provisoire qui dure.** Les frontières définitives de la Pologne auraient dû être confirmées par **un traité de paix** qui n'eut jamais lieu et qui aurait garanti internationalement la refonte territoriale polonaise telle qu'elle avait été décidée par l'URSS et acceptée par les États-Unis. **La Pologne,** de toute façon, **considère la ligne Oder-Neisse comme définitive dès 1945**.

2 La frontière dans la paix

A Les tensions de la « guerre froide »

- **Une frontière d'abord reconnue par la RDA.** Dès 1950, la République démocratique allemande (RDA), démocratie populaire téléguidée par l'URSS, **reconnaît la ligne Oder-Neisse**, qualifiée de **« frontière de la paix et de l'amitié »**. Les populations germaniques des anciens territoires allemands (Silésie) sont transférées en Allemagne et remplacées par des Polonais provenant de l'est du pays.

- **Une frontière source de contentieux entre l'Est et l'Ouest.** Jusqu'en 1970, cette frontière va être à l'origine de tensions diverses entre la Pologne et l'Allemagne de l'Ouest, liées en partie à l'**expulsion des Allemands de Silésie.**

- **L'*Ostpolitik*.** Soucieuse, dans le cadre de la **détente**, de ménager les pays d'Europe de l'Est en vue d'une possible réunification allemande, la RFA multiplie les gestes d'apaisement envers la Pologne à partir de 1970. **Par deux fois, elle reconnaît la ligne Oder-Neisse** comme frontière entre la Pologne et l'Allemagne de l'Est (traité germano-soviétique d'août 1970 et traité germano-polonais de décembre 1970).

B La reconnaissance définitive

- **Un problème qui ressurgit.** Au lendemain de la **chute du Mur de Berlin,** en novembre 1989, se pose à nouveau le problème de la ligne Oder-Neisse entre le territoire allemand et le territoire polonais. Les exilés allemands de Silésie allaient-ils contester à nouveau son tracé géographique selon le principe du droit au retour ?

- **Une gestion franco-allemande.** Soucieuse d'un renforcement de la **construction européenne** mais inquiète des nouveaux enjeux posés par l'inéluctable réunification de l'Allemagne, la France s'applique à s'assurer de la reconnaissance officielle de la frontière germano-polonaise sur l'Oder-Neisse, en échange de son accord au chancelier allemand **Helmut Kohl** pour une réunification rapide.

- **La décision allemande.** En dépit d'une partie de l'opinion publique allemande nostalgique des territoires cédés à la Pologne en 1945, le chancelier allemand confirme l'**intangibilité de la ligne Oder-Neisse** comme frontière germano-polonaise : « Personne ne doit se tromper : nous sommes placés devant une décision tout à fait claire. Ou bien nous confirmons la frontière existante, ou bien nous gaspillons, aujourd'hui et maintenant, notre chance de réaliser l'unité allemande. » Ce contentieux entre l'Allemagne et la Pologne est définitivement réglé lors des **accords entre Berlin et Varsovie**, le 14 novembre **1990**.

Mots-clés

- **Démocratie populaire** : État d'Europe de l'Est dont le régime dictatorial repose sur la domination du Parti communiste et l'étatisation de l'économie, ainsi que sur le modèle de l'URSS qui surveille son évolution politique et sa diplomatie.
- ***Ostpolitik*** : « politique orientale » menée par l'Allemagne de l'Ouest à partir de 1970, visant à normaliser ses rapports avec la RDA, l'Europe de l'Est et l'URSS communiste dans le cadre général de la détente.

CHAPITRE 23

Dépasser les frontières : le droit à la mer

Enjeux planétaires colossaux pour l'humanité, les mers et océans du monde (360 millions de km², 71 % de la surface du globe terrestre) font, désormais, l'objet d'une **législation internationale importante**, surtout depuis la seconde moitié du XXe siècle. La **convention de Montego Bay, signée en 1982,** en est l'architecture juridique principale. Les Nations Unies ont été à l'avant-garde de la définition des usages des mers et océans en distinguant des droits nationaux et des droits internationaux.

1 Le droit à la mer : une construction séculaire

A Un droit lié à la maîtrise progressive des océans

- **Le traité de Tordesillas (1494).** Dès la fin du XVe siècle, les puissances occidentales (Espagne, Portugal, Angleterre, France, Pays-Bas) prennent en compte les horizons océaniques. Ainsi se met en place une **géopolitique des mers et océans** dans le monde. La première conception politique du partage implicite des espaces maritimes est incarnée par le **traité de Tordesillas, sous l'égide de la papauté**. L'Espagne et le Portugal fixent une ligne de démarcation océanique pour leurs futures possessions outre-mer.
- **Mer, commerce et liberté.** Au début du XVIIe siècle, l'Anglais Walter Raleigh définit l'importance des circulations maritimes : « **Qui tient la mer tient le commerce du monde,** qui tient le commerce tient la richesse, qui tient la richesse du monde tient le monde lui-même. » Côté hollandais, le thème de la liberté d'accès aux mers et océans est développé par l'**avocat Hugo Grotius** (1609, doctrine de la liberté des mers), pour soutenir les Compagnies néerlandaises des Indes orientales et des Indes occidentales, déjà rivales des Britanniques.

B La construction contemporaine du droit à la mer

- **Les Quatorze points de Wilson.** En 1918, dans une déclaration destinée à fonder un monde meilleur après le drame de la Première Guerre mondiale, le président américain Woodrow Wilson affirme « **l'absolue liberté de navigation sur les mers,** en dehors des eaux territoriales, en temps de paix aussi bien qu'en temps de guerre ».

Mots-clés

- **Eaux territoriales :** espace maritime côtier d'une largeur maximale de 12 milles (22 km) où l'État riverain possède une souveraineté complète (surface, sous-sol, espace aérien) équivalent à celle qu'il exerce sur ses eaux intérieures.
- **ZEE (zone économique exclusive) :** espace marin propriété d'un État qui peut disposer seul de ses ressources dans un rayon de 370 km (200 milles marins) autour des côtes.

- **La convention de Montego Bay (1982).** Adoptée à l'initiative des Nations Unies, elle est l'instrument juridique le plus important du XXe siècle pour une **utilisation pacifique des mers et océans**, fondée sur une coopération internationale de 174 États et un cadre juridique commun. **Son champ d'application est très large et concerne l'ensemble de l'espace marin et ses marges.** Il réglemente la navigation, le survol, l'exploration et l'exploitation des ressources marines, la conservation des ressources biologiques, la protection et la préservation du milieu marin et la recherche scientifique marine. S'y ajoutent un **Tribunal international du droit de la mer** et une Autorité internationale des fonds marins.

Dates-clés

Les principaux textes juridiques définissant « le droit à la mer »

1968 : comité pour les utilisations pacifiques du fond des mers et océans, au-delà des limites des juridictions internationales.
1970 : traité interdisant de placer des armes nucléaires et d'autres armes de destruction massive sur le fond des mers et océans ainsi que dans leur sous-sol.
1973 : convention internationale pour la prévention de la pollution par les navires.
1982 : convention des Nations Unies, signée à Montego Bay (Jamaïque), sur le droit des mers.
1988 : convention de Rome sur la répression d'actes illicites contre la sécurité de la navigation maritime (contre les actes de terrorisme maritime et non contre la piraterie).

2 Du « droit à la mer » aux « droits de la mer » ?

A De nouvelles logiques nées de la mondialisation

- **Une « Journée mondiale de l'océan ».** Elle est célébrée tous les ans, le 8 juin, pour rappeler l'**importance des étendues océaniques pour l'avenir de l'humanité.** Elle souligne combien les logiques écologiques, économiques et géopolitiques de la mondialisation ont profondément modifié les rapports des mers et océans aux sociétés humaines.

- **La convention MARPOL.** Réactualisée en 2019, elle a été signée par 152 pays représentant 99,2 % du tonnage mondial du transport maritime et couvre la prévention des risques de pollutions marines. Elle est à l'origine de la **diminution très sensible de la pollution liée au transport** commercial, qui représente, aujourd'hui, la quasi-totalité du trafic maritime.

B Les logiques contraires des États

- ***Sea power* et *sea control*.** Malgré une prise de conscience mondiale, **la préservation des océans se heurte à des logiques de puissance contraires.** Dominer les océans ou leurs ressources sont redevenus des enjeux qui empêchent un vrai « droit des mers ». Ainsi **les États-Unis n'ont-ils toujours pas ratifié la convention de Montego Bay.**

- **Les nodules polymétalliques.** Depuis les années 1970, l'intérêt pour ces gisements de fer, cuivre, cobalt, manganèse, nickel, dans toutes les plaines abyssales de grandes profondeurs, s'est renforcé avec l'envolée des prix des minerais. Désormais, **l'exploitation de ces nodules représente un enjeu stratégique** certain pour de nombreux pays (France, Allemagne, Japon, Corée du Sud, Russie, Grande-Bretagne, États-Unis, Chine, Inde, Belgique). Mais ne s'agit-il pas, ici, d'une ultime frontière à ne pas dépasser, avec des **risques écologiques considérables**, les fonds abyssaux étant des écosystèmes très stables peu résilients et donc très fragiles ?

- **La pêche.** Alors que les capacités de pêche ont considérablement augmenté depuis un demi-siècle, **cinq pays se partagent les deux tiers des prises en haute mer** (Chine, Japon, Taïwan, Corée du Sud, Espagne), avec des **effets très dévastateurs sur les ressources halieutiques**. Aujourd'hui, d'une manière générale, la gouvernance des mers et des océans est loin d'être maîtrisée. Le « droit des mers » n'est que balbutiant.

Mot-clé

OMI (Organisation maritime internationale) : créée en 1948, à Londres, cette institution spécialisée des Nations Unies regroupe, aujourd'hui, 174 États adhérents. Sa mission est de faire que « le transport maritime soit sûr, sans danger, respectueux de l'environnement, efficace et durable ». Elle a mis en place ou modernisé de nombreuses conventions, comme celle sur la sauvegarde de la vie en mer dite SOLAS, dont la version initiale avait été adoptée en 1914, après le naufrage du *Titanic*.

Les enjeux de Schengen et du contrôle aux frontières

CHAPITRE 24

La question migratoire est au cœur de nombreux enjeux politiques européens. Les camps de réfugiés en sont devenus l'aspect le plus visible. Ils symbolisent, malgré Schengen, **l'incapacité** des États du Vieux Continent **à mettre en place une véritable politique d'accueil des étrangers**.

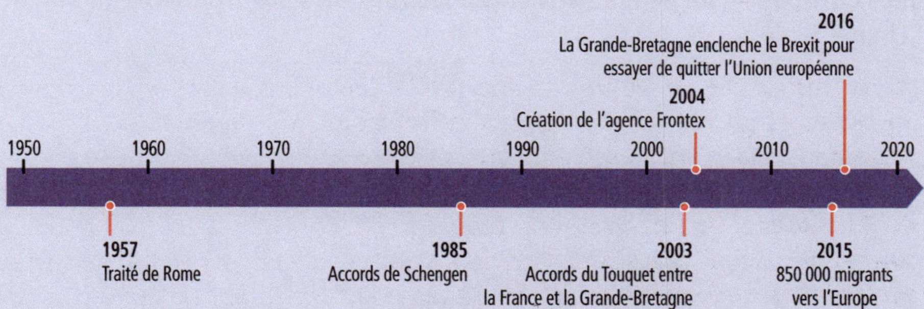

1 La lente émergence d'une politique des frontières

A Du traité de Rome à Schengen

- **Le projet européen.** L'Union européenne ne se définit pas uniquement comme une association de libre-échange : son projet est également social, politique et culturel. **La libre circulation des personnes,** à l'intérieur de l'espace communautaire, est, en théorie, **une des bases de l'intégration européenne**.

- **Le traité de Rome de 1957.** Il prévoit la **libre circulation** des travailleurs dans le territoire des États membres. Il reconnaît également **le libre accès et le droit au séjour** dans ce dernier. Il faut, cependant, attendre les années 1980 pour que soit envisagée une première harmonisation des politiques migratoires.

- **Les accords successifs de Schengen.** En 1985, le premier accord de Schengen (Benelux, France, RFA) **transfère les contrôles des personnes aux frontières externes des États signataires**. En 1990, la **convention de Dublin** établit l'organisation du droit d'asile, dont la demande se fait dans l'État qui a reçu le demandeur. Elle prévoit des sanctions contre les transporteurs clandestins et la solidarité entre pays membres (un refus est ainsi généralisé à tout l'espace européen).

B L'agence Frontex

- **Une création récente.** En 2004 est créée l'agence Frontex qui aide les États membres et associés à l'espace Schengen à **gérer leurs frontières extérieures**. Elle contribue également à harmoniser les contrôles aux frontières au sein de l'Union.

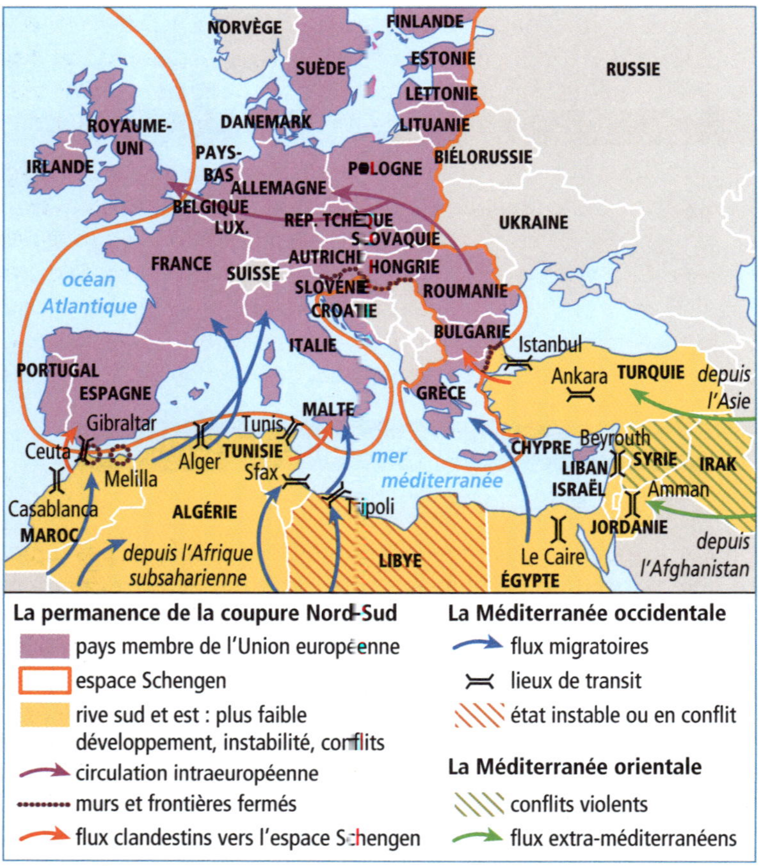

▲ Les migrations méditerranéennes vers l'espace Schengen.

- **Une agence, au départ, sans moyens.** L'agence n'a alors **ni agents ni forces d'intervention**. Elle coordonne des opérations s'appuyant sur les ressources militaires et frontalières des États membres.

- **De Frontex à l'Agence européenne de garde-côtes et de garde-frontières.** C'est le nom que prend Frontex en 2016, face à la récente crise migratoire en Méditerranée. Elle reçoit pour objectif d'**aider les États directement confrontés à la pression migratoire** (la Grèce, l'Italie, la Slovaquie, la Bulgarie, la Roumanie ou la Pologne).

2 La politique des frontières à l'épreuve des crises

A L'accélération des migrations

- **2015, année terrible ?** Poussés par la recrudescence des conflits et de la misère, plus de 850 000 migrants tentent, cette année-là, de franchir la Méditerranée. La photographie du corps d'un enfant syrien sans vie sur une plage turque en septembre 2015 crée un **traumatisme mondial**.

- **La route des Balkans.** Des centaines de milliers de Syriens, d'Afghans et d'Irakiens l'ont suivie depuis 2015. Leur périple commence en **Turquie** d'où ils rejoignent la Grèce par la mer Égée. C'est là qu'ils rencontrent **les passeurs qui leur feront emprunter la route des Balkans**. Elle traverse la Macédoine, la Hongrie, puis les flux se séparent. Les migrants à destination de l'Allemagne et de la Suède se dirigent d'abord vers l'Autriche. Ceux qui veulent gagner le Royaume-Uni passent par l'Italie et la France jusqu'à Calais.

- **Calais, nouvelle frontière.** Cette ville est devenue la **porte d'entrée « terrestre » de l'Angleterre** depuis l'ouverture du tunnel sous la Manche en 1994. Depuis 2003 et les accords franco-britanniques du Touquet, **la frontière du Royaume-Uni a été « déplacée » en France**. Des milliers de migrants y sont retenus et forment la **« jungle de Calais »**. Ils symbolisent l'impuissance de l'Europe à gérer ses frontières.

> **Mot-clé**
>
> **Jungle de Calais :** la fermeture du centre de rétention de Sangatte, en 2002, entraîne la dispersion des migrants le long du littoral dans des bidonvilles (« jungle de Calais »). En 2015, ils sont regroupés dans un site unique (« nouvelle jungle »). Démantelé quelques mois plus tard, il renaît presque aussitôt de ses cendres. Le maintien de ces « jungles », quelles que soient les actions des autorités, s'explique par la proximité du port de Calais et du site d'Eurotunnel d'où se font les tentatives pour monter dans les camions qui franchissent, ensuite, la Manche par mer ou *via* le tunnel.

B La cacophonie européenne

- **Les décisions des pays européens « frontaliers ».** En 2015, **la Hongrie ferme physiquement sa frontière avec la Serbie** par où transitaient, jusque-là, des flux considérables de migrants. En 2016, ce sont la Slovénie et la Serbie qui décident de ne plus laisser transiter de sans-papiers par leurs territoires, tout comme la Macédoine. **Ces migrants se retrouvent pris au piège,** bloqués aux frontières : 34 000 en Grèce, 1 500 en Macédoine.

- **Le Brexit.** En juin 2016, le Royaume-Uni décide de quitter l'Union européenne. Le souhait de **contrôler intégralement sa politique migratoire a été un argument décisif** au moment du référendum conduisant au Brexit.

- **Les hésitations allemandes.** L'Allemagne est le pays qui reçoit le plus de demandes d'asile. Depuis 2015, le pays est confronté à une **arrivée massive de demandeurs d'asile** (plus d'un million) : la prospérité économique, l'accueil favorable voulu par les autorités fédérales ont attiré des flux incessants par la route des Balkans. **Face aux contestations,** en particulier celles de l'opinion publique et des municipalités confrontées à ces arrivées massives, le gouvernement allemand a été obligé de **durcir les conditions d'attribution** du droit d'asile.

- **Deux visions des frontières.** Les accords de Schengen ont instauré une **liberté de circulation** à l'intérieur de l'Europe **sans instituer de politique commune des migrations**. Chaque État cherche à contrôler les entrées sur son territoire, accusant les pays voisins de laxisme, sous la pression d'**une opinion publique de plus en plus xénophobe**. Cette situation fait ressortir les fractures entre l'Europe de l'Ouest, traditionnelle région d'immigration, et celle de l'Est, incapable de gérer des flux massifs et soudains. Ces fractures sont accentuées par la crise sanitaire liée au Covid-19 (2020-2022) et la guerre en Ukraine (depuis février 2022).

Les frontières de la France

CHAPITRE 25

Le fonctionnement des frontières d'un État européen adhérent à l'espace Schengen, comme la France, pose des problèmes particuliers selon le lieu, les circonstances, les modalités de passage et la nationalité du passager étranger. Les Européens peuvent voyager librement d'un État membre à l'autre, sans visa et seulement avec une pièce d'identité. Les voyageurs non européens sont soumis à des procédures administratives plus contraignantes (obligation d'un passeport en cours de validité ; visa souvent nécessaire, notamment pour un séjour au-delà de trois mois).

1 Les logiques frontalières françaises

A Des frontières multiples

- 4 200 km de frontières. Par sa situation géographique européenne et ses territoires d'outre-mer, la France possède de **multiples frontières avec 35 territoires étrangers**, européens ou non. Elle se place au 43e rang mondial, avec 2 913 km de ligne frontalière pour la France métropolitaine et 1 263 km pour celle d'outre-mer.

- Les frontières terrestres. Sur le continent européen, la France est frontalière de l'Espagne, de l'Italie, de la Suisse, de l'Allemagne, ainsi que du Luxembourg et de la Belgique. En Amérique du Sud, par la Guyane, **elle possède une frontière commune avec le Brésil.**

- Les frontières maritimes et aériennes. Ses frontières maritimes correspondent aux façades Atlantique, de la Manche, de la mer du Nord et de la Méditerranée. S'y ajoutent les côtes de ses territoires d'outre-mer qui lui permettent de disposer de la deuxième **zone d'exploitation exclusive** mondiale (ZEE), **soit près de 12 millions de km²**. Sa cinquantaine d'aéroports internationaux matérialise ses frontières aériennes. **Chacun de ces aéroports fonctionne comme une porte d'entrée dans le pays,** et le voyageur étranger, en débarquant, doit suivre les procédures administratives correspondant à son statut.

B Les différents statuts de la frontière

- **Frontière interne, frontière externe.** Selon la logique des accords de Schengen, les frontières françaises fonctionnent à deux échelles. Le principe initial de la **libre circulation des Européens** dans le territoire européen **annule, de fait, le contrôle frontalier national** entre ressortissants de l'Union. Pour les passagers non européens, et comme tous les autres États membres entre eux, **la France consent à déléguer un contrôle d'entrée dans l'Union** au pays concerné par l'accueil initial des étrangers.

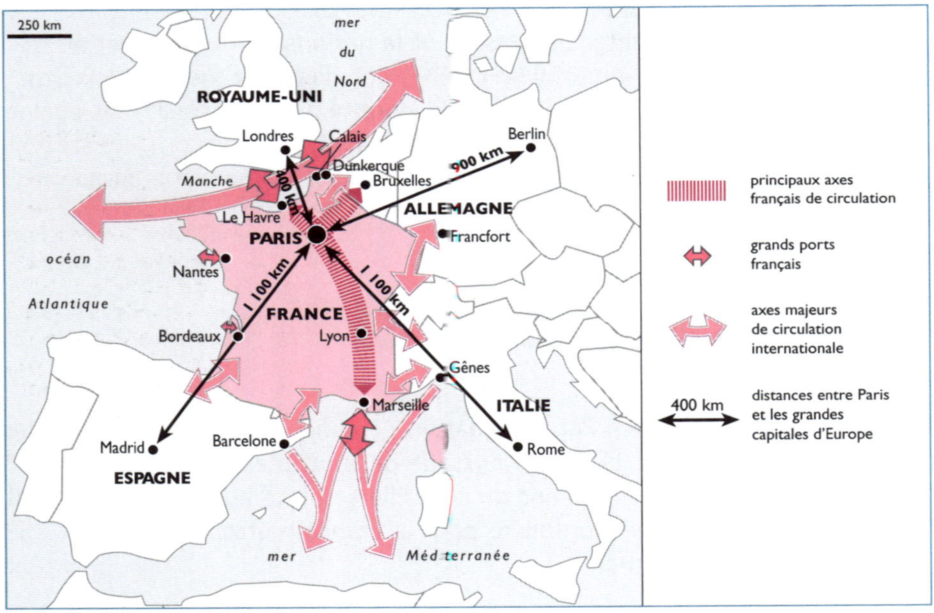

▲ Les frontières de la France en Europe.

- **Une gestion commune.** **Elle est assurée en réciprocité** avec des systèmes de visas internationaux communs à 90 jours et le maintien de visas nationaux au-delà de cette durée ; et selon des catégories particulières (touristes, professionnels, étudiants, chercheurs).

- **Les aéroports internationaux.** La France accueille, chaque année, des dizaines de millions de passagers régis selon **des réglementations différentes** en fonction de leur identité et de leur profil de séjour. Elle peut, ainsi, être le premier pays d'arrivée de certains étrangers désirant se rendre ailleurs en Europe. Dans ce cas, **c'est elle qui fait office de pays « frontière extérieure »**. Ainsi, en acceptant un voyageur étranger, elle l'autorise, de fait, à voyager, ensuite, librement dans tout l'espace Schengen.

2 Les enjeux politiques des frontières françaises

A Une conséquence des crises migratoires

- **La crise de 2015.** L'arrivée de plus d'un million de migrants dans l'Union européenne, en 2015, conjuguée aux menaces terroristes et à la crise sanitaire du Covid-19 en 2020-2022, **a remis en cause le principe de libre circulation** et la gestion déléguée des frontières. Plusieurs pays dont la France ont utilisé la possibilité offerte par les accords de Schengen de **rétablir un contrôle temporaire aux frontières** en cas de graves menaces troublant l'ordre public.

- **Les tensions avec l'Italie.** En 2016, face à une forte croissance des demandes d'asile, la France refoule 64 000 migrants, puis 85 000 en 2017. Une partie d'entre eux se concentre **sur la frontière franco-italienne, générant de vives tensions diplomatiques entre les deux pays**. L'Italie reproche à la France de ne pas respecter son engagement européen concernant les « relocalisations » de migrants (10 000 autorisés, théoriquement, à entrer sur le territoire français depuis les *hotspots* italiens et à peine 650 réellement admis en France).

> **Mots-clés**
>
> ***Hotspots* et camps :** il y a, aujourd'hui, 360 lieux de confinement en Europe dans 44 pays, offrant à peine 47 000 places. Les *hotspots* sont des lieux dotés de structures permettant l'accélération des formalités douanières. Ils ont été mis en service en 2015-2016, en Italie et en Grèce, pour accueillir les réfugiés arrivant dans l'Union européenne. Les camps, en particulier au sud-est de l'Europe, sont les endroits où sont étudiées les demandes d'admission et à partir desquels on peut expulser les migrants.

B Une remise en cause de l'espace Schengen ?

- **Une dénonciation de l'Europe « passoire ».** Lors de périodes de crises migratoires, le discours anti-Schengen est exacerbé, particulièrement par les partis d'extrême droite argumentant de la **meilleure fiabilité des frontières nationales** pour arrêter les flux de migrants, la France redevenant seul maître de sa politique migratoire.

- **Une tentation dangereuse. Quitter Schengen coûterait plusieurs milliards d'euros** par an à la France (nécessité d'augmenter considérablement les capacités douanières du pays, impact considérable sur l'économie en général et le tourisme en particulier). Il faudrait aussi savoir **« comment » quitter Schengen** : maintenir la libre circulation avec seulement certains pays frontaliers, exclure de l'accord nos sept **régions ultrapériphériques d'outre-mer** (dans les océans Indien, Atlantique et Pacifique), etc.

- **Un ennemi imaginaire ?** En refusant l'entrée sur son territoire à des **réfugiés qui, de toute façon, tenteront d'y venir, au risque de leur vie,** la France et l'Union européenne, portées par une opinion publique de plus en plus frileuse, s'inventent un ennemi imaginaire qui lui permet d'éviter de regarder en face **l'échec des politiques frontalière et migratoire** communes, encore accentué par la crise sanitaire du Covid-19 de 2020-2022.

Les espaces transfrontaliers intra-européens

CHAPITRE 26

Selon la formule de Jacques Delors, « la frontière est le laboratoire de l'Europe ». Depuis le début de la construction européenne et le projet politique, social et économique d'une intégration des États membres entre eux, les régions européennes frontalières se sont inscrites, peu à peu, dans des coopérations de proximité. Le programme « Interreg III » définit les priorités de la politique régionale européenne, et plus particulièrement transfrontalière. Mais il en existe aussi une traduction humaine : les travailleurs pendulaires qui passent chaque jour la frontière en sont l'incarnation.

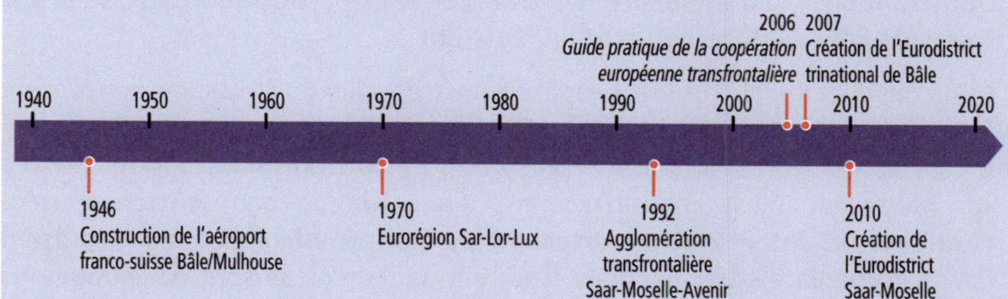

1 Une réalité juridique

A Une politique européenne ancienne

- Un demi-siècle d'histoire. La coopération transfrontalière européenne a débuté par **le temps des pionniers** où des réalités déjà anciennes se sont amplifiées comme le long de de la frontière franco-belge. Puis est venue la **reconnaissance officielle de la coopération** (1980-1990) avec le premier programme « Interreg ». À partir de 1990, cette coopération est encouragée par l'Union européenne qui pousse à la formation d'eurorégions. Selon des logiques transfrontalières, elles doivent **estomper les discontinuités des frontières** des États-nations.

- **Les eurodistricts.** Ces entités administratives plurinationales regroupent des agglomérations situées de part et d'autre d'une frontière. L'eurodistrict de **Bâle** rassemble près de 850 000 habitants dans plus de 220 communes suisses, françaises et allemandes. Il a permis, par exemple, la mutualisation des transports en commun : **l'aéroport de Bâle/Mulhouse ou EuroAirport**, bien que situé du côté français, est officiellement binational franco-suisse.

B Trois espaces emblématiques

- **La Conférence du Rhin supérieur.** Depuis 1996, le groupement local de coopération entre des länder allemands (Bade-Wurtemberg, Sarre, Rhénanie-Palatinat), des départements français (Moselle, Haut-Rhin, Bas-Rhin), le Luxembourg et les cantons nord-ouest de la Suisse s'est imposé sous l'appellation « Conférence du Rhin supérieur ». Dans cet espace économique de première importance se développe un **partenariat européen approfondi** : **échanges culturels** (« Pass Musées ») et **universitaires** (manuel scolaire transfrontalier), plurimodalité des **transports** et participations croisées aux Foires de Bâle, de Strasbourg et de Karlsruhe.

- **L'Eurodistrict Regio Pamina.** L'espace transfrontalier du Rhin supérieur-Centre Sud (Palatinat du Sud, Mittlerer Oberrhein, Alsace du Nord), dénommé « Eurodistrict Regio Pamina » depuis 2008, est une entité autonome centrée sur Karlsruhe. Il est l'aboutissement d'une **longue coopération franco-allemande** et d'une **volonté forte de « vivre ensemble »**. Ses racines puisent dans l'immédiate après Seconde Guerre mondiale où se sont développés les premiers jumelages entre villes françaises et allemandes. Les migrations pendulaires sont importantes : 16 000 frontaliers français traversent quotidiennement la Lauter et le Rhin pour aller travailler sur le territoire allemand.

- **De l'initiative Saar-Lor-Lux à l'idée de la Grande Région.** À l'origine, le territoire Saar-Lor-Lux, ancré dans un département lorrain en France, dans un land allemand et au Luxembourg, a été marqué par les discours de l'unité géographique, historique et économique. « **Chez les gens d'ici, la notion de « frontière », ça sonne faux** et dur. D'ailleurs, elle n'existe pas. » Le thème de la **frontière ouverte** prédomine donc depuis longtemps. Avec le renforcement de cette coopération, la problématique d'intégration régionale européenne s'est élargie vers un espace plus vaste. On parle désormais de « la Grande Région ».

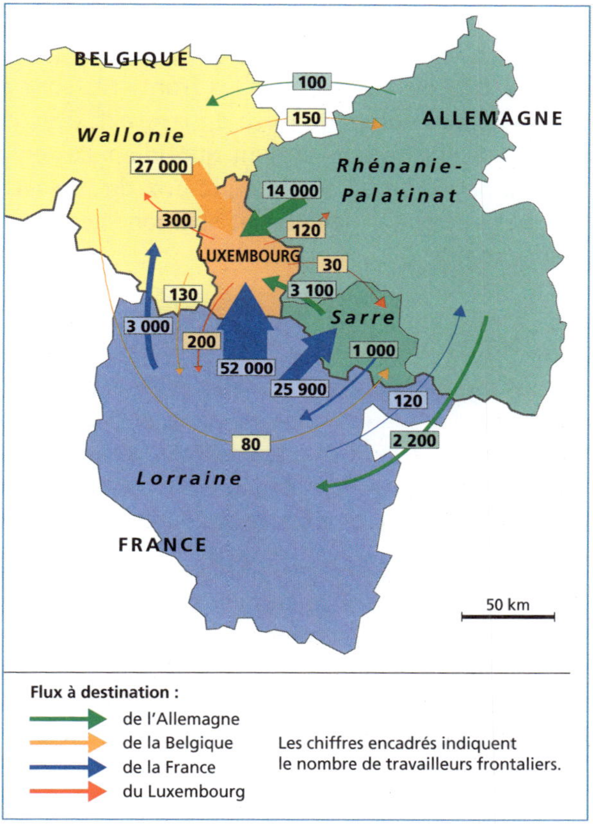

▲ Les flux de travailleurs frontaliers entre la France, le Luxembourg, la Belgique et l'Allemagne.

2 Une réalité quotidienne

A Les migrations pendulaires

- **L'effet « frontière ».** Il organise un territoire à partir des différences de part et d'autre de la frontière. Chaque jour, **des milliers de travailleurs franchissent une frontière européenne** pour aller travailler dans un pays voisin. C'est le quotidien de milliers d'Alsaciens de la région de Mulhouse ou d'Altkirch qui ont leur emploi en Suisse, en particulier dans les usines chimiques de la périphérie de Bâle.

> **Mots-clés**
>
> • **Effet « frontière » :** les différences économiques, sociales et de peuplement de part et d'autre d'une frontière stimulent des échanges entre les espaces délimités.
>
> • **Migration pendulaire :** déplacement quotidien de population, particulièrement entre le domicile et le lieu de travail.

- **La frontière : une interface.** Les frontières existent toujours en tant que barrières : l'Alsace est une région française, Bâle-Ville un canton suisse avec des degrés d'autonomie très différents. Mais les frontières sont également des interfaces, c'est-à-dire **des zones de mise en contact**, avec des axes et des points qui permettent leur franchissement quotidien. Les emplois sont plus nombreux et mieux payés du côté suisse ; le prix du foncier est plus abordable en Alsace où des citoyens helvètes et allemands construisent, souvent, des résidences secondaires ou principales.

B La Suisse, pays transfrontalier par excellence

- **300 000 transfrontaliers.** À la faveur de salaires deux à trois fois plus élevés, l'économie suisse attire, chaque année, plus de **300 000 travailleurs** dont environ 170 000 Français, 70 000 Italiens et 60 000 Allemands. Ils se répartissent dans les régions de l'Arc lémanique francophone, du Mittelland germanophone (cantons de Berne, de Bâle et de Zurich) et du Tessin italophone.
- **Le canton de Genève et la préférence indigène.** La moitié des frontaliers français (85 000) travaillent dans le canton de Genève et résident, majoritairement, dans le pays de Gex en France. L'« invasion » des frontaliers dans « l'Eldorado helvétique » a entraîné des **réactions de rejet xénophobes de la part de la population suisse** : instauration d'un quota de travailleurs étrangers dès 2014 et d'une « préférence indigène ».

CONTRÔLE CONTINU

Dissertation

Sujet : « La délimitation des frontières »

Travail préparatoire

Analyser le sujet

Comprendre le libellé

Il convient d'abord de définir les **termes principaux du sujet,** c'est-à-dire, ici, en premier lieu le mot **« frontières ».** Il s'agit, dans l'esprit du programme, uniquement des frontières politiques, c'est-à-dire ce qui permet à un État d'identifier et d'individualiser son territoire en le séparant de l'extérieur par une ligne plus ou moins matérialisée. La frontière est donc à la fois une séparation et une zone de contact.

Puis il faut aussi définir le mot **« délimitation »** : c'est tout ce qui concerne la façon dont la frontière a été tracée.

Il n'y a pas de bornes chronologiques, il faut donc réfléchir à l'amplitude chronologique du sujet. Il doit s'appuyer sur **des exemples pris dans le passé lointain,** la plupart des frontières ayant un profond ancrage historique, mais aussi mettre en lumière **des processus plus récents de délimitation des frontières.**

Les écueils à éviter

Le sujet est à replacer dans le troisième thème du programme « étudier les divisions politiques du monde : les frontières » et plus particulièrement dans l'axe 1 de ce thème « tracer des frontières ».

Il ne porte pas sur une analyse géographique et géopolitique globale de ce que sont les frontières mais uniquement sur **les explications des différentes causes qui font que l'on trace des frontières.**

Bien qu'étant implicite, la profondeur historique du sujet est évidente. Il convient de prendre des exemples bien identifiés chronologiquement en s'appuyant sur des époques variées.

Les attentes du correcteur

Le devoir doit montrer que l'on **sait définir simplement une frontière** tout en en connaissant les **enjeux** et la profondeur **historique.**

Il a besoin de s'appuyer sur des **exemples précis, bien distincts chronologiquement,** pris dans le cours afin d'exposer les différentes causes de la délimitation des frontières :
– la frontière protectrice (comme le *limes* romain) ;

– la frontière matérialisant de nouvelles conquêtes (le partage colonial de l'Afrique) ;
– la frontière fermée séparant deux territoires antagonistes (celle qui sépare la Corée du Nord de la Corée du Sud).

Le devoir ne doit pas hésiter à **utiliser l'actualité** pour montrer que la délimitation des frontières reste une question contemporaine, voire redevient un enjeu majeur des relations internationales (les nouveaux pays européens nés après l'effondrement de l'Europe de l'Est, les tentatives d'indépendance de la Catalogne depuis plusieurs années, etc.).

Mobiliser ses connaissances

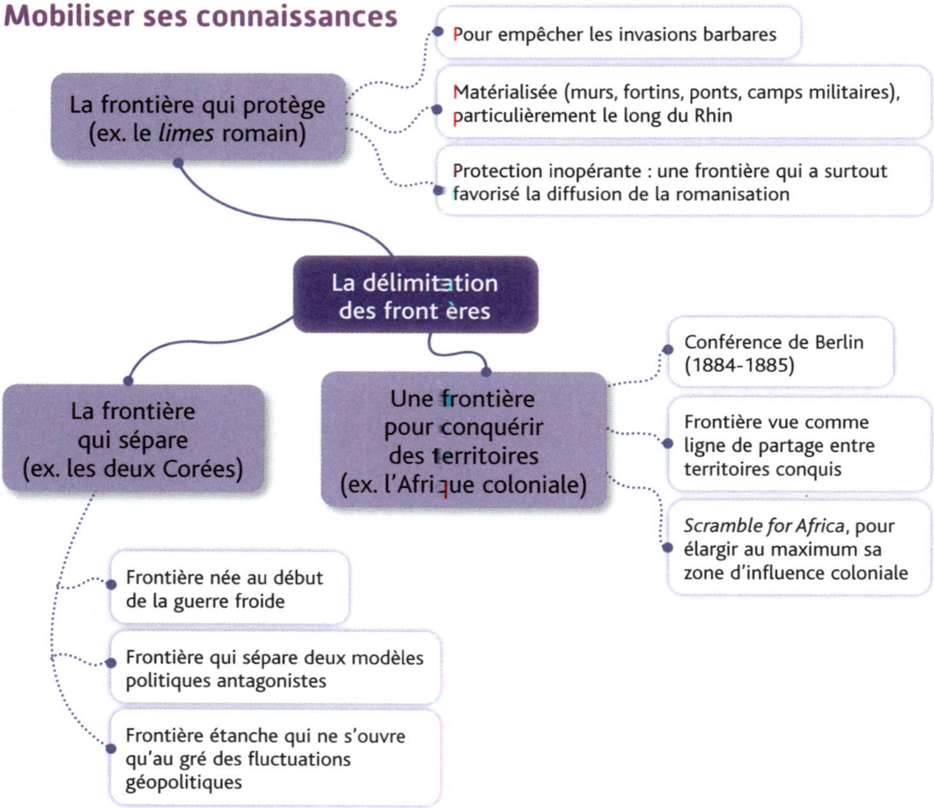

Problématiser le sujet

Le sujet présente une double difficulté. Son libellé est très bref (quatre mots) et se trouve à la forme **affirmative.** Il s'agit donc de **le préciser** (pour éviter de faire un devoir trop théorique ou trop complexe) et de le **problématiser**, c'est-à-dire de le rendre dynamique, **sous la forme d'une ou plusieurs questions** qui permettent de **bâtir un plan pour y répondre.**

Quelles sont les raisons qui poussent à délimiter des frontières ? Pourquoi en trace-t-on depuis l'Antiquité ?

La réponse doit être basée sur des études de cas diversifiées pour éviter des réponses excessivement générales ou inconsidérément philosophiques.

Il faut en premier lieu expliquer que les frontières ont d'abord été un **moyen de se défendre** (comme le soulignent les exemples du *limes* romain ou de la Grande Muraille de Chine).

Puis on doit montrer que les frontières permettent aussi de **partager des territoires conquis** (le « *Scramble for Africa* » découlant de la conférence de Berlin en est une excellente illustration).

Enfin, les frontières comme **moyen de séparation et d'enfermement** sont à aborder dans le cadre de l'affrontement entre la Corée du Nord et la Corée du Sud (la frontière entre l'Allemagne de l'Ouest et l'Allemagne de l'Est du temps de la guerre froide peut aussi être évoquée).

Corrigé type rédigé

Introduction

[accroche]

« Pour protéger la frontière, on établit partout des garnisons et des postes de garde et sur la rive même du Rhin, on établit plus de cinquante fortins », écrit l'historien Florus, au début du IIe siècle. Ainsi, lorsque Rome crée la frontière rhénane, elle la fortifie afin qu'elle permette de protéger l'Empire.

[analyse du sujet]

Délimiter des frontières, c'est les tracer et les matérialiser, afin d'individualiser un territoire de son espace environnant. Le processus qui débouche sur cette délimitation peut avoir des causes multiples qu'il convient d'analyser afin de pouvoir les classer.

[problématique et annonce du plan]

Quelles sont les raisons qui poussent à délimiter des frontières ? Pourquoi en trace-t-on depuis l'Antiquité ?

Pour répondre à cette double interrogation, il faut d'abord envisager la frontière comme un moyen de se protéger, tel l'exemple du *limes* romain (I). Puis on peut se demander si la frontière n'est pas aussi une façon de se partager des territoires nouvellement conquis, comme l'illustre le dépeçage de l'Afrique coloniale à la fin du XIXe siècle (II). Enfin, on pourra étudier, à travers l'exemple des deux Corées, de quelle manière la frontière peut séparer de façon étanche des pays et des systèmes politiques antagonistes (III).

Développement

I. La frontière protectrice : le *limes* romain

[argument 1]

Contrairement aux Grecs qui ne concrétisent leurs frontières que par quelques bornes, les Romains matérialisent celles qui les séparent des mondes barbares. La plupart du temps il ne s'agit que d'une route qui peut longer un fleuve ou une barrière naturelle (fossé, forêt infranchissable, désert). Dans les zones dangereuses ou menaçantes pour la sécurité de l'Empire, la frontière est renforcée. On y construit parfois des murs de protection comme le mur d'Hadrien en Grande-Bretagne comparable à une petite « Muraille de Chine ».

[argument 2]

Pour protéger le Nord européen de l'Empire, se met en place sur plus d'un siècle l'immense *limes* germanique. Commencé sous l'empereur Claude (vers 41) il n'est achevé qu'à la fin du règne d'Antonin le Pieux (161). Il unit deux frontières « naturelles » fluviales qu'on peut facilement surveiller. Partant du Rhin (Coblence), il déploie des milliers de tours de guet, des centaines de châteaux forts et huit camps de légionnaires jusqu'au Danube (Ratisbonne).

[argument 3]

Ce *limes*, construit pendant la paix romaine, ne parvient guère à arrêter les invasions barbares. Percé dès 166, il oblige les empereurs à d'incessantes opérations militaires pour éviter que trop de Germains n'entrent en territoire romain. Il est totalement enfoncé par les tribus germaniques des Alamans dès 254. La Belgique est envahie en 259 et la Gaule en 268. En définitive, plus qu'une protection, le *limes* est avant tout un espace où se rencontrent Romains et Barbares, entraînant un intense brassage ethnique, linguistique et culturel.

[transition]

Tracer des frontières permet aussi d'affirmer sa souveraineté sur un territoire. C'est ce qui se passe en Afrique à la fin du XIXe siècle au moment du « *Scramble for Africa* ».

II. La frontière conquérante : le partage de l'Afrique coloniale

[argument 1]

La conférence qui se tient à Berlin de novembre 1884 à février 1885 réunit les treize principaux pays européens plus la Turquie pour y discuter des problèmes africains. En prenant prétexte des affrontements occidentaux au Congo, l'Allemagne entend poser des règles pour le futur partage de l'Afrique et faire accepter les protectorats qu'elle a déjà mis en place sur le Togo, le Cameroun et la Namibie.

[argument 2]

L'acte final de la conférence (26 février 1885) définit la frontière comme une ligne de partage entre deux pays colonisateurs. Tout pays européen établi sur une côte peut désormais revendiquer l'arrière-pays jusqu'à ce qu'il se heurte à une zone d'influence d'un autre pays européen, la seule condition étant qu'il occupe réellement le terrain et qu'il le fasse savoir.

[argument 3]

La « course aux clochers », ou *« scramble »* pour les Britanniques s'accélère après la conférence de Berlin, car elle pousse à la concurrence coloniale. À partir du moment où une puissance européenne s'installe à un endroit et l'a notifié aux autres États, elle peut établir sa zone d'influence délimitée par des frontières nouvellement créées. Pour les déterminer, plusieurs voies sont privilégiées : missions d'exploration, expéditions militaires, traités, cartographie des territoires.

[transition]

Une frontière peut être aussi une coupure, lorsqu'elle devient fermée, c'est-à-dire lorsqu'elle empêche tout contact entre les deux territoires qu'elle sépare.

III. La frontière étanche : la séparation entre les deux Corées

[argument 1]

En 1945, la Corée, qui était jusque-là sous domination japonaise se trouve occupée par les deux « Alliés » de la Seconde Guerre mondiale, l'URSS et les États-Unis. Son territoire devient rapidement un enjeu de la rivalité idéologique et stratégique entre Soviétiques et Américains. En 1948 deux États coréens antagonistes (Corée du Nord et Corée du Sud) sont créés, séparés par une frontière fermée, qui, au cours du temps, va devenir de plus en plus infranchissable.

[argument 2]

À la fois guerre civile intercoréenne et expression militaire de la guerre froide, la guerre de Corée (1950-1953) a été particulièrement meurtrière dans un temps court. L'impossibilité pour les deux camps de l'emporter oblige à de longues négociations qui aboutissent à l'armistice de Panmunjom le 27 juillet 1953. La ligne de cessez-le-feu, dont le tracé se situe globalement un peu au nord du 38e parallèle, devient la frontière de fait entre les deux Corées, aucun traité de paix n'ayant été signé par la suite.

[argument 3]

Cette frontière entre les deux Corées, paradoxalement dénommée « zone démilitarisée » (DMZ), coupe la péninsule coréenne sur 248 km d'est en ouest, et 4 km de large. C'est la frontière la plus minée au monde, la plus surveillée, la plus infranchissable. Aujourd'hui, dans sa forme, la frontière intercoréenne apparaît toujours comme un reliquat de la guerre froide. Elle en reste le dernier signe militaire, stratégique et géopolitique emblématique. Tantôt totalement étanche, tantôt entrouverte, elle illustre, de nos jours, la variabilité des relations entre la Corée du Nord et la Corée du Sud.

Conclusion

[bilan]

Depuis l'Antiquité, les frontières, qu'elles soient défensives, conquérantes ou étanches, marquent des ruptures et des discontinuités dans l'espace mondial. Le long de ces lignes, les mobilités, qu'elles soient matérielles ou humaines se modifient, parfois s'arrêtent, mais la plupart du temps s'adaptent.

[ouverture]

Les Barbares ont réussi à franchir le *limes* romain, les pays africains issus de la décolonisation ont conservé et se sont plus ou moins accommodés des frontières préexistantes. La frontière fermée entre les deux Corées s'ouvre périodiquement. Et il n'est pas impossible qu'elle suive un jour le destin de celle qui a coupé l'Allemagne en deux pendant la guerre froide.

Dissertation

Sujet : « Les frontières de l'Union européenne »

Travail préparatoire

Analyser le sujet

Comprendre le libellé

Il faut d'abord définir les **termes principaux du sujet,** c'est-à-dire, ici, en premier lieu le mot **« frontières »**. Il s'agit, dans l'esprit du programme, uniquement des frontières politiques, c'est-à-dire ce qui permet à un État d'identifier et d'individualiser son territoire en le séparant de l'extérieur par une ligne plus ou moins matérialisée.

Mais cette définition doit être nuancée au regard de l'espace géographique qu'elle concerne, à savoir « **l'Union européenne** ». En effet, depuis les accords de Schengen, il existe **deux types de frontières** en Europe :
– les **frontières internes**, quasiment abolies et qui ne sont que des zones de contact ou **interfaces** ;
– les **frontières externes**, qui forment la ligne de séparation entre l'Union et le reste du monde.

Ainsi, le sujet invite naturellement à bien **différencier ce double sens du mot frontière**, qui fonde à la fois l'originalité de l'Union et qui est à la source de toutes les polémiques qui se développent depuis plusieurs années autour de la question migratoire.

Les écueils à éviter

Le sujet est à replacer dans le troisième thème du programme « étudier les divisions politiques du monde : les frontières » et plus particulièrement dans l'objet de travail conclusif de ce thème « les frontières internes et externes de l'Union européenne ».

Il ne s'agit **pas de dérouler tout l'historique de la libre circulation** à l'intérieur de l'Union depuis le traité de Rome, **ni d'étudier les étapes successives de la mise en place de l'espace Schengen** à proprement parler. En revanche, il ne faut pas oublier de mentionner les **dynamiques** créées par la libre circulation à l'intérieur des frontières de l'Union et plus particulièrement les dynamiques **transfrontalières**.

Les attentes du correcteur

Le devoir doit montrer que l'on connaît **la différence de statut** entre les frontières internes et externes de l'Union, ainsi que la façon dont elles sont gérées et **les dynamiques propres** qu'elles génèrent (« **l'effet frontière** »).

Il est aussi souhaitable d'utiliser une **étude de cas** pour rendre plus **concrètes les notions** de frontières internes et externes : les frontières de l'État adhérent étudiées pendant l'année serviront logiquement d'exemple.

Enfin, sans tomber dans une simplification excessive, il ne faut pas hésiter à utiliser l'actualité très récente en liaison avec **les crises successives des migrants** qui préoccupent l'opinion publique depuis quelques années.

Mobiliser ses connaissances

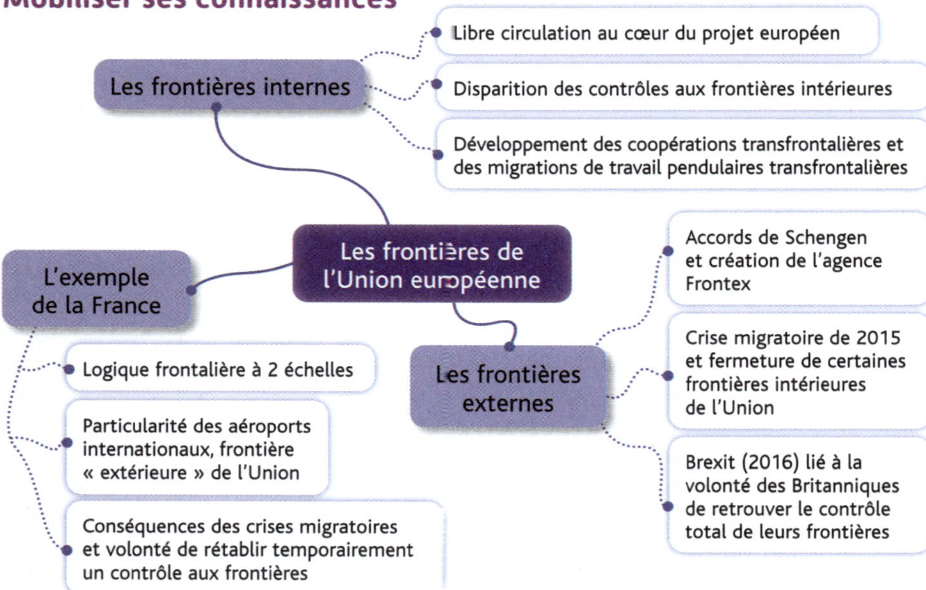

Problématiser le sujet

Le libellé a une forme **affirmative.** Il s'agit donc de le **problématiser,** c'est-à-dire de le rendre dynamique, **sous la forme d'une ou plusieurs questions** qui permettent de **bâtir un plan pour y répondre.**

Quelles sont les formes des différentes frontières de l'Union ? Quels sont leurs enjeux et quelles dynamiques et quels débats produisent-elles ?

La réponse doit être nuancée sans être caricaturale (baser tout le devoir sur le courant populiste qui se développe en Europe face aux crises migratoires ne traite que très partiellement le sujet) et il faut qu'elle s'appuie sur une étude de cas permettant de mieux rendre accessible l'analyse produite.

Il faut d'abord expliquer qu'à **l'intérieur de l'Europe**, la disparition des frontières a favorisé les mobilités, surtout au sein des espaces **transfrontaliers**.

Puis on doit montrer les enjeux de Schengen au travers du **contrôle aux frontières extérieures** et des **polémiques** qu'il suscite.

Enfin, **les frontières d'un État adhérent** (ici en l'occurrence la France) sont à aborder comme illustration de la complexité de la gestion des frontières aujourd'hui.

Corrigé type rédigé

Introduction

[accroche]

« Nos grands-parents étaient des réfugiés, nos parents des migrants économiques. Comment pourrions-nous aujourd'hui être racistes ? ». Ce graffiti tracé en 2015 sur un mur de la ville de Kilkis, en Macédoine grecque, rappelle que si la libre circulation des hommes peut être ressentie comme négative par certaines sociétés qui voient dans les migrations massives une menace qui remettrait en cause leurs habitudes quotidiennes et leur niveau de vie, ce sont pourtant elles qui permettent à tout être humain de garder espoir, même quand la situation semble sans issue.

[analyse du sujet]

Ce principe de libre circulation des hommes et des biens est à l'origine du projet européen. Il s'est traduit par l'effacement progressif des frontières à l'intérieur de l'Union et l'assouplissement des formalités d'entrée dans l'Union. Les crises migratoires qui secouent l'Europe depuis une dizaine d'années semblent remettre en cause tout ce processus et suscitent de nouveaux débats et affrontements liés aux frontières.

[problématique et annonce du plan]

Quelles sont les formes des différentes frontières de l'Union ? Quels sont leurs enjeux et quelles dynamiques et quels débats produisent-elles ?

Pour répondre à cette double interrogation, il faut d'abord envisager les frontières internes et les dynamiques transfrontalières qu'elles suscitent (I). Puis on peut se demander comment fonctionnent les frontières extérieures de l'Union, surtout depuis le développement des crises migratoires du milieu des années 2010 (II). Enfin, on pourra étudier plus précisément les frontières d'un État adhérent, à travers l'exemple de la France (III).

Développement

I. Les frontières internes de l'Union européenne

[argument 1]

L'Union européenne ne se définit pas uniquement comme une association de libre-échange, son projet est également social, politique et culturel. La libre circulation des personnes, à l'intérieur de l'espace communautaire, est, en théorie, une des bases de l'intégration européenne. Dès 1957, le traité de Rome prévoit la libre circulation des travailleurs dans le territoire des États membres. Il reconnaît également le libre accès et le droit au séjour dans ce dernier.

[argument 2]

Depuis le début de la construction européenne, les régions européennes frontalières se sont inscrites peu à peu dans des coopérations de proximité qui doivent estomper les discontinuités des frontières des États-nations. Elles s'incarnent dans des eurodistricts comme celui de Bâle (850 000 habitants dans plus de 220 communes suisses, françaises et allemandes et un aéroport commun). Elles se concrétisent dans des espaces emblématiques comme la Conférence du Rhin supérieur (groupement local de coopération entre des Länder allemands, des départements français, le Luxembourg et les cantons nord-ouest de la Suisse) ou l'ensemble Saar-Lor-Lux, appelé désormais « Grande Région ».

[argument 3]

Les frontières sont également des interfaces, c'est-à-dire des zones de mise en contact, avec des axes et des points qui permettent leur franchissement quotidien. Les emplois sont plus nombreux et mieux payés côté suisse, le prix du foncier est plus abordable en Alsace où des citoyens helvètes et allemands construisent souvent des résidences secondaires ou principales. Ainsi, chaque jour des milliers de travailleurs franchissent une frontière européenne pour aller travailler dans un pays voisin. Ces migrations pendulaires transfrontalières renforcent considérablement l'intégration européenne.

[transition]

La quasi-disparition des frontières internes de l'Union a obligé les Européens à repenser la notion de « frontières extérieures ».

II. Les frontières externes de l'Union européenne

[argument 1]

En 1985, le premier accord de Schengen (Benelux, France, RFA) transfère les contrôles des personnes aux frontières externes des États signataires. En 1990, la convention de Dublin établit l'organisation du droit d'asile, dont la demande se fait dans l'État qui a reçu le demandeur. Elle prévoit des sanctions contre les transporteurs clandestins et la solidarité entre pays membres (un refus est ainsi généralisé à tout l'espace européen). En 2004 est créée l'agence Frontex qui aide les États membres et associés à l'espace Schengen à gérer leurs frontières extérieures. Elle contribue également à harmoniser les contrôles aux frontières au sein de l'Union.

[argument 2]

Pendant la crise migratoire de 2015, la Hongrie ferme physiquement sa frontière avec la Serbie par où transitaient jusque-là des flux considérables de migrants. En 2016, ce sont la Slovénie et la Serbie qui décident de ne plus laisser transiter de sans-papiers par leurs territoires, tout comme la Macédoine. En juin 2016, le Royaume-Uni, pourtant en dehors de l'espace Schengen, décide de quitter l'Union européenne. Le souhait de contrôler intégralement sa politique migratoire a été un argument décisif au moment du référendum conduisant au Brexit.

[argument 3]

L'Allemagne est le pays qui reçoit le plus de demandes d'asile. Depuis 2015, le pays est confronté à une arrivée massive de demandeurs d'asile (plus d'un million). Face aux contestations, en particulier celles de l'opinion publique et des municipalités confrontées à ces arrivées massives, le gouvernement allemand a été obligé de durcir les conditions d'attribution du droit d'asile. Chaque État cherche désormais à contrôler les entrées sur son territoire, accusant les pays voisins de laxisme, sous la pression d'une opinion publique de plus en plus xénophobe. Cette crise accentue aussi les fractures entre l'Europe de l'Ouest, traditionnelle région d'immigration, et celle de l'Est, incapable de gérer des flux massifs et soudains.

[transition]

Ainsi, les [illegible] l'intérieur de l'Union comme la France délèguent aux pays frontaliers externes le contrôle des migrations extérieures.

III. Les frontières de la France, entre abolition et résurgence

[argument 1]

Selon la logique des accords de Schengen, les frontières françaises fonctionnent à deux échelles. Le principe initial de la libre circulation des Européens dans le territoire européen annule, de fait, le contrôle frontalier national entre ressortissants de l'Union. Pour les passagers non européens, et comme tous les autres États membres entre eux, la France consent à déléguer un contrôle d'entrée dans l'Union au pays concerné par l'accueil initial des étrangers.

[argument 2]

La problématique est différente pour les aéroports internationaux. La France accueille chaque année des dizaines de millions de passagers régis selon des réglementations différentes en fonction de leurs identités et de leur profil de séjour. Elle peut être le premier pays d'arrivée de certains étrangers désirant se rendre ailleurs en Europe. Dans ce cas c'est elle qui fait office de pays « frontière extérieure ». Ainsi, en acceptant un voyageur étranger, elle l'autorise, de fait, à voyager ensuite librement dans tout l'espace Schengen.

[argument 3]

Depuis 2015, l'arrivée de plus d'un million de migrants dans l'Union européenne conjuguée aux menaces terroristes et à la crise sanitaire du Covid-19 en 2020-2022 a remis en cause le principe de libre circulation et la gestion déléguée des frontières. Plusieurs pays dont la France ont utilisé la possibilité offerte par les accords de Schengen de rétablir un contrôle temporaire aux frontières en cas de graves menaces troublant l'ordre public.

Conclusion

[bilan]

Les accords de Schengen ont instauré une liberté de circulation à l'intérieur de l'Europe sans instituer une politique commune des migrations. Ces hésitations ont replacé la question migratoire et des frontières au cœur de nombreux enjeux politiques européens. Elles ont exacerbé le discours anti-Schengen tenu particulièrement par les partis d'extrême droite argumentant de la meilleure fiabilité des frontières nationales pour arrêter les flux de migrants, chaque pays européen redevenant seul maître de sa politique migratoire.

[ouverture]

Dans le cas de la France, quitter Schengen coûterait plusieurs milliards d'euros par an (nécessité d'augmenter considérablement les capacités douanières du pays, impact conséquent sur l'économie en général et le tourisme en particulier). Il faudrait aussi savoir « comment » quitter Schengen : maintenir la libre circulation avec seulement certains pays frontaliers, exclure de l'accord nos sept régions ultrapériphériques d'outremer, etc.

Thème 4

Regard critique sur les sources et les modes de communication

Cours

Contrôle continu

CHAPITRE 27

Comment s'informe-t-on aujourd'hui ?

La convergence entre l'audiovisuel, les télécommunications et l'informatique donne lieu à un bouleversement des moyens et des pratiques d'information aussi bien dans leur contenu que dans leurs vecteurs de diffusion. À l'information verticale et contrôlée succède, aujourd'hui, une information horizontale et débridée sans que les inégalités préexistantes soient réellement comblées. Ce sont toujours les puissances dominantes qui contrôlent, sous des formes renouvelées, l'information.

1 Les moyens pour s'informer

A L'explosion de l'information

- Instantanéité et complexité. Aujourd'hui, l'information disponible est multiple, instantanée, et **se joue des frontières**. Des données de plus en plus diversifiées sont transmises sur toute la planète en temps réel.
- Un coût toujours plus élevé. **Produire de l'information coûte cher.** Il faut des journalistes dans le monde entier, des relais de transmission, des services de documentation, de diffusion et des outils de production onéreux (imprimeries, studios de télévision, etc.).
- La convergence numérique. Elle a bouleversé à la fois les supports et la façon de s'informer, en rendant l'information plus accessible à tout moment. Chaque événement peut être capté par toute personne équipée d'un **Smartphone, soit 40 % de la population mondiale** en 2018. Il peut aussi être immédiatement diffusé dès que l'on a la possibilité de se raccorder au réseau Internet. **Ainsi, plusieurs types d'informations viennent en concurrence** : celle qui est **produite par les professionnels** et celle de **n'importe quel internaute** *via* la Toile.

B Anciens et nouveaux supports de diffusion

- La presse écrite. Elle doit relever de nombreux défis. Dans les années 1970 d'abord, **face à la radio et à la télévision**, qui la concurrencent dans le

domaine de la rapidité d'accès à l'information et qui captent une part importante du **marché publicitaire**. Puis face à Internet, au coût de diffusion beaucoup plus bas. Pour survivre, la presse s'est diversifiée et utilise, aujourd'hui, massivement Internet.

- **La radio.** Média majeur des années 1960-1980, **elle conserve, aujourd'hui, tout son intérêt par la simplicité de sa technique et son universalité**. La création de radios d'information en continu illustre sa capacité de résistance. France Info est la 3e radio la plus écoutée en France en audience cumulée début 2024.
- **La télévision.** Au carrefour de nombreuses innovations, elle devient, à la fin du XXe siècle, le **principal moyen d'information** (création des chaînes d'information en continu), et le journal télévisé reste encore le support d'information privilégié d'une majorité d'adultes, surtout après quarante ans.
- **Internet.** La Toile a **profondément modifié l'accès à l'information**, surtout chez les jeunes. En 2024, en, France, on considère que plus d'un adolescent ou jeune adulte sur deux **s'informe exclusivement par les réseaux sociaux**.

2 Les conséquences de la révolution de l'information

A Surinformation et désinformation

- **L'uniformisation de l'information.** La plupart des médias s'approvisionnent **aux mêmes sources** (agences de presse, grandes agences d'images, principaux comptes des réseaux sociaux) ; et, sous une apparence de multiplicité, ce sont **souvent les mêmes informations qui sont reprises partout**, morcelées ou **abusivement simplifiées**.

Mot-clé

Mass media : c'est une abréviation de *media of mass communication* qui signifie, en français « moyens de communication de masse ». Ces moyens d'information comprennent la presse écrite, la radio, la télévision et Internet, qui parvient, aujourd'hui, à diffuser et à faire converger tous les moyens traditionnels préexistants.

▲ Les nouvelles façons de s'informer dans les pays en retard de développement : le toit d'une maison de Tananarive (Madagascar).

- **La manipulation.** Abreuvés d'images en temps réel, **les individus semblent de plus en plus démunis et isolés** face à l'information, qu'ils ne savent pas décrypter correctement.

- **Quelle régulation ?** Jusqu'à l'apparition d'Internet, les moyens de régulation étaient bien définis. **En France, l'État puis des institutions spécifiques sont les garants de l'indépendance des médias** (lois, réglementation, code de la profession protégeant les journalistes, etc.). **Dans la tradition anglo-saxonne, c'est la profession elle-même qui se régule** (charte de bon comportement adoptée par la presse anglaise dès 1989). L'immatérialité internationale d'**Internet oblige à une nouvelle réflexion** puisque aucune autorité ou aucun groupement d'intérêt national ne peut entièrement maîtriser la Toile.

> **Mot-clé**
>
> **Régulation :** définition des objectifs, des méthodes, des instruments pour maintenir en équilibre le système de la communication. Elle comprend des lois (antitrust), des règlements (directives européennes sur la protection des données personnelles), des cahiers des charges (groupes publics d'audiovisuel), des autorités indépendantes (Hadopi, Conseil supérieur de l'audiovisuel en France), etc.

B Les nouvelles inégalités

- **La domination des pays du Nord.** Malgré l'émergence de géants chinois, le monde médiatique est plus que jamais dominé par les pays du Nord. **CNN, contrôlée par des capitaux américains,** est toujours la seule chaîne de télévision implantée dans la quasi-totalité des pays du monde. **Les deux tiers des entreprises d'information et de divertissement** sont, encore aujourd'hui, directement ou indirectement, détenus par les **investisseurs américains ou européens**.

- **La fracture numérique.** Les nouveaux moyens de diffusion de l'information n'ont pas fait disparaître l'opposition Nord/Sud. **Dans les pays développés,** la pénétration des appareils numériques a atteint la **quasi-totalité de la population**. Plus de 94 % des habitants des pays du Nord surfent régulièrement sur Internet, et presque tous possèdent au moins un téléphone portable. D'autres régions du monde affichent un retard plus ou moins important. En janvier 2024, seuls **37 % des Africains ont accès à Internet** et 21 % utilisent un réseau social. Au Burkina Faso, les chiffres tombent à 22 et 8 %.

Le développement de la presse à grand tirage

CHAPITRE 28

Longtemps réservée à une élite, **la lecture devient le principal moyen d'information** des Français à partir de la seconde moitié du XIXe siècle. Grâce à l'utilisation de la presse rotative et aux progrès de la scolarisation, la presse devient accessible à un nombre croissant de personnes.

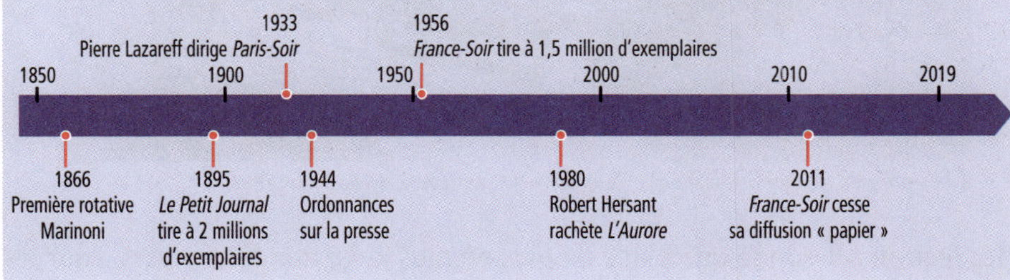

1 La naissance de la presse à grand tirage

A Le tournant des années 1850

- **Une presse jusque-là pour les élites.** Du XVIe siècle aux années 1840, la presse, presque exclusivement politique, reste destinée aux élites. Les procédés d'impression sont coûteux, **les moyens de diffusion** (exclusivement par abonnement) **sont limités.**
- **Un développement spectaculaire.** Les perfectionnements techniques (rotative à grand débit de Marinoni) conjugués à un public alphabétisé de plus en plus large conduisent à un **abaissement spectaculaire de ses prix de vente** (quelques centimes). L'introduction de la **publicité** lui permet encore de diminuer les coûts de production et d'en faire des entreprises très rentables.
- ***Le Petit Journal.*** Symbole de cette démocratisation, *Le Petit Journal* est fondé par Millaud en 1863. Il tire à 200 000 exemplaires en 1870 et à près de 2 millions en 1895. Cette très large diffusion l'oblige à **adapter son contenu.** Pour ne choquer personne, il se veut « neutre politiquement ». Pour attirer

▲ Les presses rotatives Marinoni à l'Exposition Universelle de Paris en 1889.

les lecteurs, il donne une place de plus en plus large aux faits divers. Pour les fidéliser, il offre des **feuilletons** et, à partir de 1884, un supplément illustré en couleurs.

B L'émulation par la concurrence

- **Une concurrence féroce.** En 1876, Jean Dupuy lance *Le Petit Parisien*, basé sur la même formule et dont le succès est immédiat. Nous sommes entrés dans l'ère de l'abondance : **1 300 périodiques sont publiés** à Paris en 1880.
- **Les journaux de province.** Ils ne sont pas en reste. De nombreuses régions se dotent d'un quotidien qui devient, rapidement, une institution incontournable, qui fait et défait les réputations politiques et qui **contribue à l'élargissement des horizons locaux**. Parmi les plus importants, il faut citer *Le Progrès de Lyon* (1859), *Le Petit Marseillais* (1868), *L'Écho du Nord* (1868), *La Dépêche de Toulouse* (1870), *La Petite Gironde* (1872).

Biographie

Louis Hachette (1800-1864) : il incarne les mutations de l'édition française au XIXe siècle. Il saisit toutes les opportunités offertes par le développement de l'instruction et des nouvelles techniques. Sous le Second Empire, il lance les « bibliothèques » de gare où les voyageurs pressés peuvent se procurer des « livres distrayants, honnêtes et peu onéreux ». En 1855, il crée la Bibliothèque rose à destination des enfants. Disponible aussi dans les gares, cette collection à prix modique connaît un succès immédiat.

2 L'ère des médias imprimés

A L'entre-deux-guerres

- **Une pratique généralisée.** En 1939, les Français achètent environ 12 millions de quotidiens. La pénétration de la presse a progressé au sein des foyers. Désormais, grâce à une **alphabétisation généralisée, c'est toute la famille qui peut lire et commenter les nouvelles** qu'elle découvre dans les pages de son journal favori.
- **Le triomphe de la presse provinciale.** Le déséquilibre entre Paris et la province s'est retourné en faveur de cette dernière. En 1939, les quotidiens régionaux vendent plus d'exemplaires que ceux de la capitale. **La majorité de la population lit une presse de proximité** aux étiquettes politiques moins accusées et soucieuses de préserver les équilibres locaux.
- **Une presse parisienne orientée à droite.** Seuls *L'Humanité* éditée par le PCF et *Le Populaire* dirigé par Léon Blum peuvent, modestement, s'opposer au *Petit Parisien* ou au *Journal* aux options très conservatrices. **La radicalisation progressive de la presse parisienne explique, en partie, la désaffection qu'elle subit** de la part d'un public lassé des articles élogieux sur Mussolini ou Franco. Ainsi, les ventes du *Matin*, au nationalisme de plus en plus fascisant, s'effondrent (1,1 million d'exemplaires en 1919 contre seulement 320 000 en 1939).
- **L'éclatant succès de *Paris-Soir*.** Seul quotidien français novateur de l'entre-deux-guerres, il connaît un développement fulgurant : 100 000 exemplaires en 1931 et 2 millions en 1938. Cette réussite s'explique par son **indépendance d'esprit**, la diversité de ses rubriques (horoscope, vie quotidienne, sport, cinéma), la **qualité de ses articles** (Pierre Lazareff, rédacteur en chef, n'hésite pas à engager Georges Simenon comme reporter) **et l'attrait de sa mise en pages** (nombreuses photographies, maquette aérée).

B Depuis 1945

- **Les ordonnances de 1944.** Elles ont pour but de définir un nouveau statut des entreprises de presse basé sur la **transparence et le respect du pluralisme**. Dès les années 1960, elles n'empêchent pas la **constitution de grands**

> **Mot-clé**
>
> **Les magazines :** c'est un modèle venu d'Amérique. *Marie-Claire* en est l'archétype. Démarqué des concepts anglo-saxons (valorisation des femmes actives), l'hebdomadaire dépasse déjà le million d'exemplaires en 1939. *Match*, inspiré de l'américain *Life*, se situe dans la même lignée. Grâce à ses reportages photographiques, les ventes frôlent le million et demi en 1939. *L'Auto* (rebaptisé *L'Équipe* après la guerre) s'impose comme le premier magazine sportif. *Le Journal de Mickey*, importé d'Amérique par Paul Winkler en 1934, a déjà séduit 400 000 lecteurs en 1939.

empires, comme celui de Robert Hersant. Il parvient, en une vingtaine d'années, à contrôler plusieurs quotidiens et hebdomadaires nationaux (*Le Figaro*, *L'Express*) et de nombreux quotidiens régionaux (*Le Midi libre*, *La Voix du Nord*, *L'Est républicain*, etc.).

- **Le déclin progressif de la presse écrite.** Il est lié au changement des habitudes des Français et à la concurrence des autres médias. **Il frappe d'abord la presse quotidienne parisienne** dès les années 1980 (disparition de *L'Aurore*), avant de **menacer les quotidiens régionaux** au début des années 2000. Même les *newsmagazines* (*L'Express*, *Marianne*), les périodiques grand public (*Paris Match*, *Voici*, *Gala*) et les revues spécialisées, pourtant réputées insubmersibles en raison d'un lectorat fidèle, **peinent à survivre aujourd'hui**. Seule la presse « télé » parvient encore à tirer son épingle du jeu.

Radio et télévision au XXe siècle

CHAPITRE 29

Après la presse, vecteur incontesté de l'information jusqu'aux années 1930, deux médias dominent en France. D'abord la **radio** qui conserve, jusqu'à nos jours, ses atouts majeurs : **simplicité et adaptabilité**. Puis la **télévision** qui semble, dans les années 1980, le **« rouleau compresseur informatif »** qui va tout emporter. Un célèbre pamphlet de cette époque la qualifie, d'ailleurs, de la « folle du logis dans les sociétés démocratiques ».

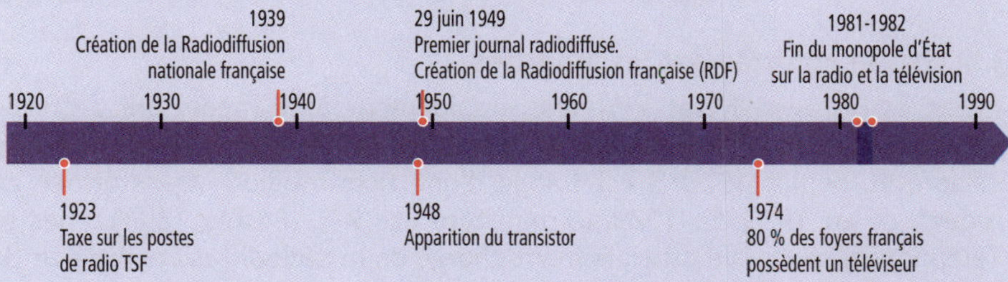

1 La radio, média révolutionnaire du milieu du siècle

A L'invention de la TSF

- **Des débuts modestes.** La TSF (téléphonie sans fil) **naît dans l'indifférence générale** au début du XXe siècle. Héritière de l'évolution technique des transmissions militaires perfectionnées pendant la Première Guerre mondiale, **elle commence à se développer au début des années 1920**. Quelques émetteurs parviennent à diffuser des programmes captés par une poignée de « galénistes », comme on les surnomme à l'époque, c'est-à-dire des possesseurs d'un poste de réception à galène.

Biographie

Guglielmo Marconi (1874-1937) : il est le **principal inventeur de l'émetteur permettant la télégraphie sans fil**. Combinant des découvertes antérieures, il y parvient en 1896, dépose un brevet en 1899 et fonde la *Marconi's Wireless Telegraph Co.* Il arrive à intéresser rapidement de nombreux partenaires (les postes anglaises, les armées, le Vatican ou les grands organes de presse).

- **Les années 1930.** Dès cette époque, **la situation a considérablement évolué.** Une bonne couverture du territoire (une douzaine de grands émetteurs-relais provinciaux ont été mis en place) et la chute du prix des récepteurs **ont multiplié le nombre d'auditeurs (20 millions),** même s'il reste encore inférieur à celui des autres grandes puissances (33,2 millions en Grande-Bretagne, 33,6 millions en Allemagne, 104 millions aux États-Unis en 1937).

Année	1930	1935	1937	1938	1939	1944
Nombre de postes récepteurs déclarés (millions)	0,5	1,9	3	4	5	5,5
Public potentiel (millions)	2	7,6	12	16	20	22

▲ Le développement de la radio en France de 1930 à 1944.

B Succès et contrôle par les autorités

- **L'État et la radio.** L'État s'intéresse rapidement à ce média qui s'affirme comme un **redoutable instrument politique**. L'achat des appareils doit être déclaré et, depuis 1923, il est frappé d'une taxe modique transformée en redevance en 1933. En 1929, le ministère des PTT (Postes, Télégraphes et Téléphones) se trouve officiellement chargé de la radiodiffusion. À partir de 1935, le pouvoir prend carrément les choses en main.

- **Radios publiques et radios privées.** D'un côté, les radios d'État (Radio-Paris, Radio-PTT, Radio-Journal de France, diffusées sur tout le territoire) sont directement contrôlées par le gouvernement. **Elles fusionnent en 1939 pour former la Radiodiffusion française nationale**. De l'autre, les radios privées (le Poste parisien lié au quotidien *Le Petit Parisien*, Radio-Cité de Marcel Bleustein-Blanchet, Radio 37 de Jean Prouvost ou Radio-Luxembourg du groupe Havas) **nécessitent une autorisation mais peuvent émettre presque sans contraintes.**

- **Des contenus diversifiés.** Si les radios publiques offrent des **programmes classiques** (théâtre, musiques symphoniques, causeries, journal parlé de plus en plus contrôlé par les autorités), les postes privés proposent des **divertissements pionniers**. Radio-Cité organise des émissions musicales pour découvrir les chanteurs de demain (**« Le Crochet radiophonique » financé par Monsavon**), le Poste parisien lance « La Course au trésor » (organisée par Pierre Dac) et Radio 37 se fait l'écho des grands succès du septième art (« Le Cinéma vous parle »).

- **Le rôle du sport.** Les manifestations sportives prennent une importance grandissante dans les programmes. En 1938, les auditeurs peuvent suivre en direct, pour la première fois, **les étapes du Tour de France**, grâce aux commentaires de Georges Briquet, Jean Antoine et Alex Virot. Le vainqueur, l'Italien **Gino Bartali, devient immédiatement une vedette**. Signe des temps, la figure du **« radio reporter »** commence à se substituer à celle, plus convenue, du journaliste de presse. En 1939, **Georges Briquet tient, d'ailleurs, son propre rôle** de commentateur du Tour de France aux côtés de Fernandel **dans le film *Les Cinq Sous de Lavarède* de Maurice Cammage.**

2 Radio et télévision depuis les années 1950

A L'adaptation de la radio, média inusable

- **Les mutations techniques.** Principal moyen de communication « moderne » des années 1930, la radio **s'adapte sans peine à l'arrivée de la télévision** à la fin des années 1940 (le premier journal télévisé est diffusé le 29 juin 1949 devant une poignée de téléspectateurs). **L'apparition du transistor, en 1948,** et de la **stéréophonie, en 1956,** en font le premier média nomade de qualité.

- **Le média des jeunes ?** La jeunesse des Trente Glorieuses est friande de radio, quand elle diffuse, aussi bien sur les radios dites « périphériques » (Europe 1, RTL), **la musique qu'elle aime** que des **informations non censurées par le pouvoir** (principalement pendant Mai 68). Elle demeure, jusqu'à nos jours, un média indétrônable dans toutes ses déclinaisons (généraliste, thématique ou de proximité).

B La télévision, média hégémonique de la fin du XXᵉ siècle

- **L'envol dans les années 1960.** La télévision, après des **taux d'équipement timides dans les années 1950 comparés aux pays anglo-saxons**, devient « le » média de la fin du XXᵉ siècle. Longtemps malthusienne (une seule chaîne jusqu'en 1964 !) et tenue en laisse par un pouvoir politique qui comprend son utilité et qui craint son impact sur l'opinion publique, la « télé », comme on l'appelle désormais, **prend son envol dans les années 1960.**

- **L'hégémonie des années 1990.** La troisième chaîne apparaît en 1973, le monopole d'État est aboli en 1982 et les opérateurs privés sont autorisés à partir de 1984 (Canal Plus). La télévision devient la reine des médias des années 1990. Chaque Français passe alors, en moyenne, **plus de trois heures par jour devant le petit** ...is elle est, peu à peu, concurrencée par de nouveaux moyens de

■ **Les mutations contemporaines.** En 2019, **les Français** (principalement les moins de 25 ans) **regardent moins la télévision** que cinq ans auparavant. Mais cela ne signifie pas qu'ils sont moins sensibles aux médias de l'image. Ils les utilisent différemment et privilégient **les écrans « nomades »** (tablettes, smartphones, etc.) leur permettant de voir ce qu'ils désirent à tout moment. **Et, grâce aux réseaux sociaux, ils participent, désormais, largement à la construction de l'information.**

	Déc. 1954	Avril 1961	Janv. 1966	Janv. 1971	Janv. 1974
Automobile	21	35	48	61	66
Réfrigérateur	7,5	30,5	59,3	79,8	87
Machine à laver	8,4	27,2	41,2	59,9	65,7
Aspirateur	14	32,1	45	52,7	60
Lave-vaisselle	–	–	–	2,4	5,3
Téléviseur	**1**	**18,8**	**47**	**70,4**	**79,1**
Tourne-disque	–	19,9	31,5	40,2	48
Congélateur	–	–	–	–	10,1

▲ Taux d'équipement des ménages français : la percée de la télévision pendant les Trente Glorieuses.

Naissance et extension du réseau Internet

CHAPITRE 30

La diffusion massive des **techniques de l'informatique dans tous les secteurs de la vie courante** (ordinateur, téléphone, objets connectés, etc.) et leur **mise en réseau par le biais d'Internet** ont tellement bouleversé la civilisation contemporaine que certains vont jusqu'à parler de l'avènement d'un nouvel individu, l'***Homo numericus***, remplaçant, peu à peu, l'*Homo sapiens*.

1 Du numérique à Internet

A Le développement de l'informatique

- **Le test de Turing.** Entre 1937 et 1946 sont conçus les premiers essais d'ordinateurs. Ce sont alors de gigantesques machines à calculer programmables grâce à des suites d'opérations arithmétiques et logiques, participant à l'effort de guerre américain. Dès 1950, le mathématicien britannique **Alan Turing a l'intuition du développement futur d'une intelligence artificielle** et élabore le « test de Turing » dans lequel les machines doivent imiter l'intelligence humaine et tromper la vigilance des hommes. Les progrès des ordinateurs sont, cependant, très lents et leur diffusion ne concerne que quelques communautés de scientifiques.

- **Les ordinateurs personnels.** Tout change à la fin des années 1970 avec l'apparition des ordinateurs personnels grand public, plus petits et dotés de microprocesseurs, tel l'Apple II de Steve Wozniak et Steve Jobs (1977). Le premier succès commercial est le **Macintosh d'Apple en 1984**. Les usages de l'informatique se multiplient avec le **traitement de texte**, les **premiers logiciels de création graphique**, mais aussi les **jeux**, qui attirent immédiatement un public familial.

- **Les innovations des années 1990.** La deuxième grande révolution date des années 1990 avec la popularisation progressive des ordinateurs portables et d'importantes **innovations** dans plusieurs domaines simultanés : le **son** (lancement du CD audio, fichiers MP3), l'**image fixe** (l'appareil photo numérique), l'**image animée** (le Caméscope numérique), le **téléphone portable**, la télévision numérique.

B Mise en réseau et convergence

- **Au départ, les militaires américains.** Le **projet militaire Arpanet**, né aux États-Unis en 1969, a pour but de faciliter **les échanges d'informations entre les ingénieurs de la Défense et les grandes universités américaines**. En parallèle se développent des réseaux locaux d'entreprises. Dans les années 1980, la volonté de relier ces réseaux, malgré leurs différences technologiques, aboutit à la **création de protocoles universels** permettant le transport de données numériques : TCP *(Transmission Control Protocol)* et IP *(Internet Protocol)*. La partie universitaire du réseau se sépare alors de la partie militaire et devient Internet.
- **L'extension mondiale des années 1990.** Internet permet aux ordinateurs de nombreuses universités de les faire **communiquer** entre elles, **quel que soit le matériel utilisé**. Internet arrive en Europe, en Asie du Sud-Est et en Australie en 1991. Les grandes universités, les multinationales s'y relient directement. Mais, pour les autres (particuliers, petites entreprises), le coût des infrastructures est tel qu'**ils ne peuvent s'y connecter que par le réseau téléphonique** grâce à des opérateurs publics ou privés (FAI ou fournisseurs d'accès à Internet) pour des usages de plus en plus diversifiés : messagerie différée ou instantanée, forums, services et jeux en ligne, réseaux sociaux mettant en contact des millions d'utilisateurs, encyclopédie contributive.
- **Le Smartphone.** À partir de 2007, l'invention du « Smartphone » (téléphone connecté) par Apple provoque l'irruption d'un **nouvel outil mobile**, peu encombrant et puissant, permettant de **réunir pratiquement tous les usages du numérique** : accès permanent à Internet *via* un forfait illimité ; multitude d'applications ; production, stockage et partage d'informations, de son, de photos, de vidéos.
- **La convergence numérique.** Le Smartphone **commande également de plus en plus d'objets connectés** qui pénètrent dans tous les domaines de la vie quotidienne (montres, lunettes, maisons). On parle de « convergence numérique » :

> **Mot-clé**
>
> **Minitel :** terminal informatique simplifié relié au réseau téléphonique visant, au départ, à remplacer l'annuaire téléphonique papier par un annuaire électronique et devenant rapidement un fournisseur de services (messagerie, accès à des banques de données, etc.). Distribué gratuitement à des millions de Français par France Télécom à partir de 1980, **il crée une première convergence numérique** entre le téléphone, l'ordinateur et le téléviseur.

des contenus qui nécessitaient, jusqu'ici, différents supports peuvent, désormais, circuler sur un même réseau grâce à la numérisation.

	1999	2001	2003	2005	2015
Nombre de Français connectés à Internet (1)	3,7	7	16	27	55
Évolution du trafic Minitel (2)	77 661	52 541	37 601	18 553	0

▲ Le « match » Internet/Minitel en France

(1) En millions. (2) En milliers d'heures.

2 La déferlante Internet

A Le tournant des années 2000

- **Une conquête sur à peine 10 ans.** Les statistiques témoignent de l'incroyable succès de ce qu'on appelle « les nouvelles technologies d'information et de communication » (NTIC). Les experts font remarquer que **la radio a mis 38 ans pour atteindre 50 millions d'utilisateurs**, la télévision 13 ans et **Internet seulement 4 ans.** En 1997, le monde comptait déjà 325 millions d'ordinateurs fixes, 215 millions de téléphones portables et 117 millions d'internautes. Dix ans plus tard, on atteignait 3,3 milliards de portables et 1,3 milliard d'internautes.

- **La France, championne d'Internet.** Pour la France, par exemple, grâce à une intense publicité et à une concurrence effrénée entre les opérateurs, **il n'a fallu que 6 ans pour passer de 5,8 millions** (10 % des actifs), fin 1997, **à 41,6 millions de portables** (69 % des actifs), fin 2003, avec plus de 16 millions de Français connectés au Web. Le pays était préparé au développement d'Internet grâce à un ancêtre franco-français, le **Minitel**, mis en service dès 1980.

B La situation actuelle

- **Le monde en réseaux.** Aujourd'hui, le numérique a largement conquis le monde entier. Début 2024, d'après les estimations de l'agence *We are social*, le monde **comprend plus de 5 milliards d'internautes** (64 % de la population), 5,8 milliards d'utilisateurs du portable (70 %) et

Mot-clé

FAI (fournisseur d'accès à Internet) : opérateur privé ou public disposant de serveurs connectés à Internet et ayant accès à un réseau de diffusion grand public (réseau téléphonique fixe ou mobile, câble, fibre optique, etc.). Il permet à toute personne ayant accès à ces réseaux de se connecter au Web *via* un abonnement.

près de 5 milliards d'usagers des réseaux sociaux (58 %), dont 4,8 milliards passent régulièrement par les données mobiles.

- **La planète « jeune ».** Le réseau social Facebook a dépassé les 2 milliards d'utilisateurs en juin 2017. **En France, 99 % des 18-24 ans et 85 % des 13-19 ans possédaient un Smartphone** en 2024. Tous les indicateurs continuent d'afficher des taux de croissance impressionnants : on estime que la planète compte **un nouvel internaute toutes les 10 secondes.** En 2023, TikTok est devenu le réseau privilégié par les adolescents français (50 % des 22 millions d'utilisateurs mensuels), tandis qu'Instagram est préféré par les jeunes adultes (65 % des 26 millions d'utilisateurs mensuels).

L'affaire Dreyfus et la presse

CHAPITRE 31

Au moment de la condamnation du capitaine Dreyfus pour trahison en 1894, **la presse reflète l'opinion d'une très grande majorité de Français** convaincue de sa **culpabilité**. Par la suite, anti-dreyfusards et dreyfusards s'opposent violemment pour la conquête de l'opinion dans de nouveaux journaux créés à l'occasion. **Peu à peu, toute la presse ou presque s'empare de « l'Affaire »**, qui occupe, dès lors, une place considérable dans la vie politique.

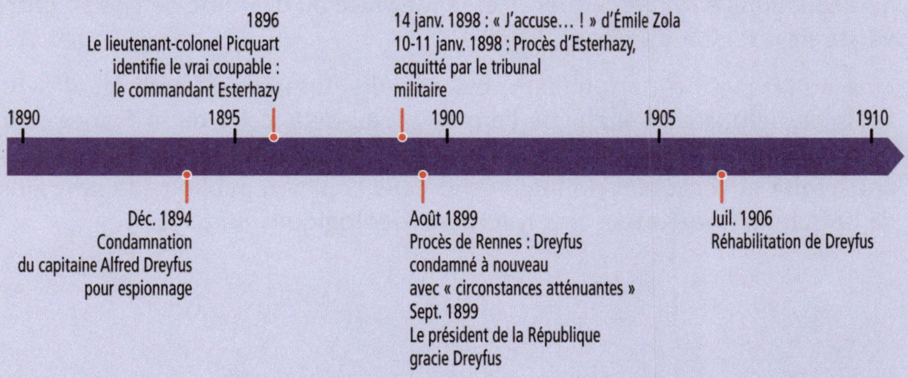

1 D'une affaire judiciaire banale à « l'Affaire »

A L'affaire judiciaire

- **Le procès de 1894.** En décembre 1894, le capitaine Alfred Dreyfus est traduit devant le conseil de guerre après avoir été accusé de transmettre des documents secrets à l'Allemagne. Le général Mercier, alors **ministre de la Guerre**, demande à ses services **la constitution d'un dossier à charge** où plusieurs faux sont introduits. Les preuves paraissent si accablantes que Dreyfus est **condamné au bagne à vie et déporté en Guyane.**

- **« Il n'y a pas d'affaire Dreyfus. »** Cette affirmation du **chef du gouvernement Jules Méline, en décembre 1897,** illustre la position des autorités républicaines depuis 1894. Le respect de la « chose jugée » et de l'opinion publique, majoritairement anti-dreyfusarde à cause des violentes campagnes antisémites de la presse, interdit toute reconsidération d'une « péripétie » judiciaire déjà ancienne.

B « L'Affaire »

- **Une crise politique et morale.** L'affaire d'espionnage se transforme en crise politique et morale, en 1898, **lors de l'acquittement du vrai coupable**, le commandant Esterhazy. **Les défenseurs de Dreyfus, que Clémenceau qualifie, en 1898, d'« intellectuels »,** sont convaincus de son innocence et lancent une vaste campagne en faveur de sa réhabilitation. Elle oblige la IIIe République à rouvrir le procès et la met face au dilemme de choisir **entre vérité et « raison d'État ».**

- **Une amplification nationaliste.** Les anti-dreyfusards accusent les dreyfusards de bafouer l'honneur de l'armée et, au-delà, celui de la France. Leur **nationalisme** prend, dans une partie de la presse, une tonalité violemment antisémite et rencontre un large écho dans l'opinion publique, faisant ainsi de l'Affaire un **révélateur des fractures idéologiques du pays.**

2 La presse au cœur de l'Affaire

A La puissance de la presse anti-dreyfusarde

- **11 millions d'exemplaires contre Dreyfus.** À l'occasion de l'affaire Dreyfus, la quasi-totalité de la presse se mobilise pour convaincre l'opinion de la culpabilité de ce dernier. **Tous les grands quotidiens de Paris et de province sont anti-dreyfusards,** avec quelques nuances. *Le Petit Journal* (près de 2 millions d'exemplaires dans les plus gros tirages) est franchement contre Dreyfus, tandis que son concurrent direct *Le Petit Parisien* (800 000 exemplaires) est plus attentiste.

- **Émotion et invective.** La presse anti-dreyfusarde recourt au registre de l'invective et de l'émotion. Elle multiplie les articles et les **caricatures présentant Dreyfus et ses soutiens comme des traîtres à la nation française** en raison de **leur origine juive**. Elle utilise les stéréotypes antisémites et vise à diffuser, auprès de l'opinion, la thèse de l'existence d'un **complot juif** menaçant gravement l'intégrité de la France. Elle tente de discréditer les entreprises de révision du procès de Dreyfus en les associant à un désir de saper les fondements de l'autorité de l'État et de l'armée.

B Les armes décalées de la presse dreyfusarde

- **Une presse très minoritaire.** Représentant, au départ, **moins de 10 % du tirage quotidien français**, elle cherche à convaincre l'opinion que l'accusation de Dreyfus repose sur la fabrication de faux et une entreprise de dissimulation de la vérité entretenue, notamment, par des membres de l'état-major.
- **« J'accuse… ! »** Avec la publication de « J'accuse… ! » de Zola, la presse dreyfusarde amplifie le débat et le **transfère sur le terrain politique** en désignant publiquement les principaux acteurs au sein de l'armée, de la presse et de la justice, responsables de l'erreur judiciaire. **Très réactive, cette presse se développe par la création de nombreux nouveaux titres** *(Le Signal, Voltaire, Le Siècle)*. Elle sait aussi riposter en publiant des articles et des caricatures destinés à prouver aux lecteurs le caractère infondé des accusations des journaux anti-dreyfusards.

Cinq Centimes

Directeur ERNEST VAUGHAN

L'AURORE

Littéraire, Artistique, Sociale

J'Accuse…!

LETTRE AU PRÉSIDENT DE LA RÉPUBLIQUE

Par ÉMILE ZOLA

LETTRE A M. FÉLIX FAURE

Président de la République

Monsieur le Président,

▲ « J'accuse… ! » d'Émile Zola. Cet article de presse a transformé une erreur judiciaire antisémite en une crise politique qui a failli emporter la République.

▲ « Ils en ont parlé… » Caricature de Caran d'Ache pour *Le Figaro* (14 fév. 1898).
Seul le dessin de presse parvient à traduire, en un seul document, comment l'Affaire devient un séisme qui touche toute la société française. Il suffit d'évoquer Dreyfus et, immédiatement, l'ordre familial et l'ordre moral sont sens dessus dessous, comme le suggère, de manière ravageuse (et incroyable d'audace pour l'époque), le dessin du chien tout en bas à droite.

De l'Agence Havas à l'AFP

CHAPITRE 32

Dès 1835, Charles-Louis Havas, traducteur de journaux étrangers au départ, fonde une agence qui s'inscrit dans une **position stratégique d'informateur-relais** pour différents publics (États, entreprises, médias). Elle devient, progressivement, une source indispensable pour tous ceux qui ont besoin d'informations. D'où **son statut « protégé »**, lorsqu'elle se transforme en Agence France-Presse (AFP) en 1944 : d'abord par l'État, puis par une loi qui la rend **théoriquement indépendante** de tous les pouvoirs.

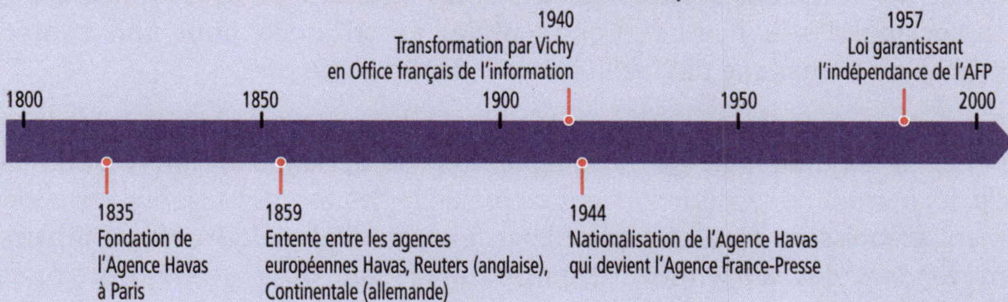

1 L'Agence Havas

A Un développement rapide

- **Un besoin croissant d'informations.** À partir des années 1830, une nouvelle dynamique de la communication et de l'information des États et des acteurs de pouvoir se met en place pour distribuer toujours plus de nouvelles d'actualité. C'est en France que se développe, dès 1835, la **première officine d'informations régulières**, pour répondre à une demande croissante de la société (bureau de traduction des nouvelles du monde à l'initiative de Charles-Louis Havas). Dès lors, **un marché des informations se développe** et s'impose, peu à peu, à l'échelle du monde.

- **Le télégraphe électrique.** L'avènement de la technologie du télégraphe électrique (en remplacement des pigeons voyageurs) et la mise en place **des câbles océaniques transatlantiques bouleversent le monde de la**

communication et de l'information, et donc le fonctionnement des agences. Havas devient indispensable à la presse (synthèse des nouvelles du monde) mais aussi aux décideurs (faits boursiers, cotes des actions, etc.).

- **Un traitement privilégié.** Havas, « officiellement officieuse » par rapport à l'État, bénéficie, dès lors, d'un traitement de faveur. **Sa branche « publicité », qui se développe à côté des services d'informations, devient très lucrative** et permet à l'entreprise de se diversifier.

B Le temps des hésitations

- **Une société anonyme de droit privé.** La transformation de l'Agence Havas en **société anonyme**, sous la tutelle de la Banque de Paris et des Pays-Bas, **en 1879**, permet de mieux séparer la branche « publicité » de la branche « information ». Mais cette dernière connaît des moments difficiles au début du XXe siècle, **concurrencée par les agences de presse étrangères** (Associated Press, Reuters, Continentale) et **critiquée pour son conformisme** ou le manque de fiabilité de ses dépêches de presse.

- **Les emprunts russes et la corruption.** La branche « publicité » d'Havas bénéficie du monopole de fait que l'entreprise détient sur l'information (ce qui lui permet de recourir souvent au mélange des genres (d'où le développement grandissant de la corruption). Ainsi, entre 1901 et 1914, **Havas diffuse**, moyennant des subventions déguisées provenant du gouvernement russe, **des informations systématiquement positives sur la Russie** pour inciter les Français à y investir *via* des emprunts prétendus « très sûrs ».

▲ Le premier téléscripteur (télex) acquis par l'Agence Havas en 1895. Il permet d'imprimer en clair, en moins d'une minute, n'importe quelle dépêche provenant du monde entier.

2 L'Agence France-Presse

A Indépendance et moralisation

- **De l'Agence Havas à l'Agence France-Presse.** Après avoir **collaboré avec le régime de Vichy** et l'occupant nazi en se transformant en Office français de l'information à partir de 1940, l'Agence Havas est nationalisée et remplacée par l'Agence France-Presse en 1944. Après 1945, l'agence s'applique à la reconstruction de son réseau international.

- **Une agence sous influence ?** Contrôlée par l'État, l'AFP est alors fréquemment dénoncée comme **un outil de propagande aux mains des gouvernements français** (6 directeurs de 1944 à 1956). Sa crédibilité internationale en est affectée (tutelle financière fixée par la loi de finances). Pendant la guerre d'Algérie, **l'agence ignore ainsi la réalité de la torture** pratiquée par l'armée française.

- **Le statut de 1957.** Le gaulliste historique Jean Marin, qui dirige l'AFP de 1954 à 1975, est à l'origine du statut de 1957 garantissant **l'indépendance de l'agence** par rapport à tous les pouvoirs. Le réseau mondial de l'Agence France-Presse couvre, aujourd'hui, 151 pays (200 bureaux dans le monde, 2 300 collaborateurs dont 1 500 journalistes) et se classe au **troisième rang des agences mondiales d'information** derrière l'américaine Associated Press et la britannique Reuters.

B Les défis de l'ère numérique

- **Les problèmes financiers.** L'AFP est **victime de l'ampleur de la révolution induite par le développement des NTIC.** La fin du XXe siècle a été marquée par des gestions parfois inadaptées occasionnant de forts déficits (dérive des dépenses en 1998-1999) et donc des tensions avec l'État et les syndicats. Le développement d'Internet, à partir de 2005, et de la gratuité de certains médias affecte fortement ses équilibres budgétaires, entraînant des plans sociaux.

> **Mot-clé**
>
> **NTIC** : les nouvelles technologies d'information et de communication correspondent à tout ce qui permet de communiquer aujourd'hui (audiovisuel, informatique, télématique). La **convergence numérique** fait, désormais, du réseau Internet le vecteur principal des NTIC. Le Smartphone en est l'exemple le plus visible. Il réunit, en un seul objet facilement transportable, télévision, téléphone, appareil photo, ordinateur, Internet, etc. Il est à la fois producteur et récepteur d'informations.

- **Un retour en grâce ?** Paradoxalement, l'AFP ne semble pas hors jeu dans le nouveau monde de l'information. Elle a développé une chaîne d'information de référence (AFP TV) et apparaît, de plus en plus, dans un univers où les ***fake news*** explosent, comme **une source d'informations fiable et indépendante.**

CHAPITRE 33 Les médias et la guerre du Vietnam

La « sale » guerre du Vietnam (novembre 1955-avril 1975) a tué plus de 58 000 soldats américains et fait près de 160 000 blessés. Ce conflit sanglant et très traumatisant pour le monde occidental a révélé, pour la première fois, **la puissance des médias sur les opinions publiques** aux États-Unis et dans les pays occidentaux. Le bourbier vietnamien a consacré l'importance désormais irréversible de l'impact du **photojournalisme** en temps de guerre.

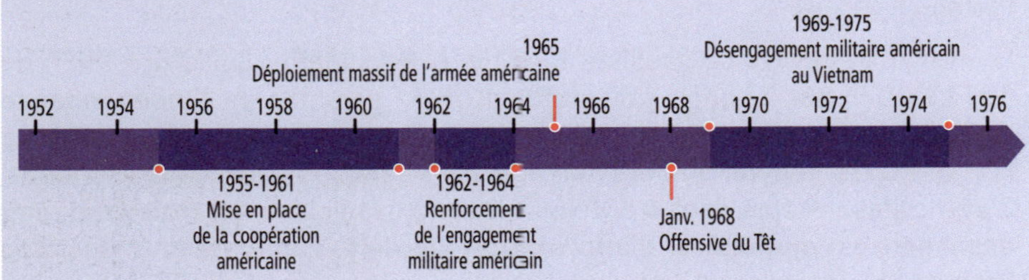

1 Les médias pour cacher la « sale » guerre

A Un engagement militaire considérable

- **Une guerre sans front.** La guerre du Vietnam est le plus grand engagement militaire des États-Unis depuis la Seconde Guerre mondiale (environ 536 000 soldats déployés en 1968). **Cette guerre n'a ni front ni batailles.** Le Viêt-cong contrôle de vastes espaces ruraux s'étendant largement sur les hauts plateaux et dans le delta du Mékong. Il se dissimule parmi la population civile majoritairement paysanne, tend des embuscades, mine le terrain : ce qui provoque de **lourdes pertes dans l'armée américaine**.
- **Une « sale » guerre.** Cette difficulté à progresser et à lutter contre un ennemi que l'on ne voit pas pousse les Américains à recourir à des méthodes violentes telles que **l'utilisation de bombes incendiaires au napalm ou l'usage de défoliant** (l'agent orange) pour déloger les combattants en

brûlant les villages et en détruisant le couvert végétal qui masque les bases militaires de l'ennemi. Les milliers de morts et de personnes contaminées renforcent l'opposition au gouvernement du Sud-Vietnam et encouragent de nombreux paysans à rejoindre les rangs du Viêt-cong.

B Un consensus médiatique originel

- **La censure.** Dans un premier temps s'établit un consensus entre les médias et le gouvernement. Des chercheurs universitaires, Noam Chomsky et Edward Herman, ont montré comment les médias dominants ont servi l'idéologie des élites au pouvoir, en censurant eux-mêmes les informations selon une **grille de lecture systématique intitulée « modèle de propagande ».**
- **Le contexte de la « guerre froide ».** Au nom de la politique américaine d'**endiguement du communisme**, les actes répréhensibles de l'armée américaine sur les populations civiles vietnamiennes sont minimisés, voire occultés. La **télévision**, notamment, ne montre longtemps que des **images neutres**, aseptisées du conflit, sans violence ni brutalité.

▲ La photographie qui a changé le cours de la guerre du Vietnam : enfants vietnamiens fuyant le bombardement au napalm de leur village par l'armée américaine.

- **La propagande cinématographique.** Le film *Les Bérets verts*, produit par l'acteur John Wayne avec l'appui de la multinationale cinématographique Warner et de l'armée de terre américaine, raconte l'**engagement d'un journaliste américain**, au départ opposé à cette guerre et qui, envoyé sur le terrain pour suivre les troupes d'élite (les fameux Bérets verts qui donnent le titre à l'œuvre), en découvre progressivement les « bienfaits ». Sorti en 1968, au moment de l'élection de Richard Nixon, ce film va dans le **sens de la poursuite d'une guerre devenue de plus en plus complexe et coûteuse en argent**, en hommes et en armement. Son indéniable succès en salles ouvre, paradoxalement, l'ère de la défaite médiatique des autorités et du Pentagone.

2 Les médias pour dénoncer la « sale » guerre

A La guerre des images

- **Le tournant de l'offensive du Têt.** Alors que les citoyens américains pensaient que leur armée gagnait la guerre dans la jungle, ils découvrent la tragédie de janvier 1968, lors de l'offensive du Têt. À cette occasion, **les reporters américains filment, dans les villes de Saïgon et Hué, en direct, les combats d'une extrême violence**.

- **Le basculement de l'opinion publique.** La contestation, qui ne touchait, jusque-là, que les campus universitaires ou quelques intellectuels, se répand dans l'opinion publique. La diffusion des bombardements, des combats rapprochés, des scènes de carnage fait dire au président américain Johnson que **la télévision « avait installé le défaitisme au domicile de tous les Américains »**. L'opinion publique se détourne, progressivement, d'un conflit dont elle comprend de moins en moins les enjeux.

- **Une photographie décisive.** Nick Ut, envoyé par l'Associated Press comme photographe de guerre, prend, en juin 1972, **une photographie qui devient le symbole de l'horreur de la guerre** du Vietnam : une petite fille vietnamienne, Phan Thi Kim Phuc, nue, fuyant sur la route, les bras écartés et lançant des appels au secours. Parue le 12 juin dans le *New York Times*, elle est, deux jours plus tard, à la une des plus grands journaux du monde.

B La *catharsis* hollywoodienne

- ***Apocalypse Now.*** Réalisé par Francis Ford Coppola en 1979, soit juste après la fin de la guerre, ce film n'hésite pas à présenter **une armée américaine ayant**

perdu ses repères moraux, particulièrement dans les scènes d'attaques aéroportées. Le film de Coppola illustre la fonction cathartique du cinéma américain. Il a permis aux États-Unis, très peu de temps après le conflit, de **crever en partie « l'abcès mémoriel »** qu'il représentait.

- **Une réflexion sur la guerre.** Après *Apocalypse Now*, d'autres grands films s'emparent de la guerre du Vietnam, comme *Platoon* (1986), *Full Metal Jacket* (1987) ou *Né un 4 juillet* (1989). Malgré des scènes souvent spectaculaires, ils privilégient une approche psychologique afin de bien montrer **l'inutilité de la guerre** et de mieux faire comprendre les **graves séquelles qu'elle crée chez les soldats américains** eux-mêmes.

Film-clé

***Apocalypse Now* :** Francis Ford Coppola souhaite réaliser, dès 1975, le film « définitif » sur la guerre du Vietnam. Dans un souci de réalisme maximal, le tournage se déroule aux Philippines, mais son retard – plus de deux ans et demi – en fait l'un des films les plus chers de l'histoire du cinéma américain. Récompensé par une **Palme d'or au Festival de Cannes en 1979**, *Apocalypse Now* raconte, porté par la musique de Richard Wagner *(La Chevauchée des Walkyries)*, les horreurs de la guerre au travers de la mission secrète d'un officier américain chargé d'en éliminer un autre devenu fou.

CHAPITRE 34

L'information fragmentée

Le développement des nouvelles techniques d'information et de communication a **profondément modifié la façon de s'informer et d'apprendre**. La convergence numérique a accéléré **l'horizontalité de l'information** en permettant, à **tout individu connecté à Internet,** de diffuser un message qui peut être repris des milliers de fois, en quelques minutes, par les réseaux sociaux et venir concurrencer ou **contredire l'information produite par les professionnels** (journalistes, enseignants, etc.).

1 Une information décuplée et accessible

A Une somme de savoirs

- **Une bibliothèque infinie.** L'essor du numérique, d'abord sur CD ou DVD, puis aujourd'hui sur Internet, a donné accès à une **somme impressionnante de connaissances** en tout genre, jusqu'ici seulement réservées à une élite culturelle : les livres patrimoniaux numérisés de Gallica (Bibliothèque nationale) ou de Google Books, les publications en ligne des revues savantes, l'encyclopédie gratuite contributive Wikipédia.

- **Des interactions toujours plus grandes.** L'équipement massif des établissements comme des ménages, pour un coût de plus en plus modique, a permis une fréquente **mise en contact des élèves, des étudiants et des chercheurs avec cette somme de savoirs** (essor des MOOC – *Massive Open Online Courses* – formations en ligne ouvertes et massives). La mise en réseau des établissements a suscité des **innovations technologiques** permettant **de travailler autrement et de rendre le savoir plus attractif** (les écoles en contact avec le spationaute Thomas Pesquet ou avec les scientifiques de la base française en Antarctique).

B Un accès de tous à l'information

- **L'information en continu.** Les multiples sites d'information, agences de presse, médias en ligne donnent accès aux **actualités en temps réel** ce qui permet d'enrichir quotidiennement sa culture **(les fils RSS des sites)**. Une recherche indexée dans les archives des médias présents sur Internet ou dans les fichiers de son propre ordinateur facilite la mise en relation des informations et le suivi d'un sujet d'actualité.

- **Un moyen d'échapper à la censure.** Par ses milliards de pages Web et par ses contributeurs, Internet participe au fait d'**échapper à la censure, à la propagande ou à la culture officielle** utilisées par certains régimes moins démocratiques. **Internet est, d'ailleurs, le vecteur de diffusion de l'information le plus craint par les dictatures,** qui n'ont, parfois, d'autre parade que de **couper temporairement son accès** (Syrie, Birmanie, Corée du Nord, Turquie, Venezuela, Chine, etc.).

> **Texte-clé**
>
> « Aujourd'hui, les citoyens sont de plus en plus autonomes vis-à-vis des élites médiatiques et intellectuelles : ils se forment leurs jugements sur les grandes questions de société en étant de moins en moins influencés par ce que disent les journalistes, les universitaires. Internet a favorisé l'affirmation d'opinions sur tous les sujets, de même qu'une fragmentation accrue de l'information et du débat : on discute de plus en plus avec des personnes avec lesquelles on partage les mêmes opinions, en s'appuyant sur des sources orientées idéologiquement. »
>
> Romain Badouard, maître de conférences en sociologie, dans *La Croix* (10 oct. 2017).

2 Une information déstructurée et inégalitaire

A Une individualisation croissante de l'information

- **Les moteurs de recherche sur Internet.** Ils ne donnent pas toujours directement accès aux meilleures ressources. **Leurs résultats répondent à des algorithmes souvent liés au placement de produits des annonceurs** et non pas au référencement des sites de qualité.

- **La fiabilité de l'information pose problème. L'absence de validation universitaire** systématique des sites peut induire l'internaute en erreur en propageant **des données erronées**, non remises à jour ou **manipulées,** au service d'une idéologie quelconque (querelles autour du vandalisme de certaines pages de l'encyclopédie Wikipédia). **Les**

> **Mot-clé**
>
> ***Fake news* : information fausse mais que rien ne distingue d'une information vérifiée** tant qu'elle n'a pas été identifiée comme telle. Elle peut donc être largement diffusée (Internet, réseaux sociaux) pendant un certain laps de temps et causer des dégâts parfois irréparables. La seule façon de s'en prémunir est de **n'utiliser que des informations provenant de sources fiables et identifiées** (agences de presse, grands médias).

médias en ligne peuvent faire circuler en masse des informations fausses que l'internaute ne prend pas forcément la peine de vérifier, comme les ***fake news* diffusées pendant la campagne électorale américaine de 2016** et 2020 ou la guerre de désinformation que mène la Russie sur les réseaux sociaux depuis sa tentative d'envahissement de l'Ukraine en 2022.

- **La multiplicité des ressources numériques et leur absence de hiérarchisation.** **Elles créent une individualisation croissante de l'information et de la connaissance qui remet en cause le patrimoine commun,** qui était souvent transmis par l'école (le déclin de la culture classique), et une **perte de sens critique** dans les travaux d'étudiants (la technique du copier-coller remplace la réflexion personnelle).

B Des conséquences négatives

- **La fracture numérique.** Elle empêche l'accès universel à la culture : **les populations des pays du Sud ou des zones isolées dans les pays du Nord sont moins bien équipées** – ce qui accentue les inégalités. Malgré les progrès récents, 3,5 milliards de personnes n'ont pas accès à Internet sur la planète.

- **L'exclusion numérique.** Elle tient **certaines populations défavorisées à l'écart des potentialités du numérique et donc des sources d'informations,** quelles qu'elles soient, par manque de maîtrise des technologies : c'est **« l'illectronisme »**. Selon une étude datant de janvier 2019, **26 % des plus de 60 ans** (et 59 % des plus de 85 ans) n'ont **aucune pratique d'Internet** en France. Cette exclusion numérique a été cruellement mise en lumière lors des confinements français liés à la pandémie du Covid-19 et la généralisation de l'enseignement en distanciel. Plus d'un collégien et lycéen sur quatre a affirmé n'avoir pas pu suivre correctement les cours à distance à cause d'une mauvaise connexion Internet.

> **Mot-clé**
>
> **Illectronisme :** il s'agit du nouvel **analphabétisme de l'ère du numérique**. Un illectronique est une personne qui ne maîtrise pas les opérations de base permettant d'utiliser les ressources électroniques (près d'un Français sur quatre début 2019).

- **Une déstructuration des esprits ?** Les spécialistes dénoncent l'influence néfaste des écrans sur **la concentration et le fonctionnement de l'esprit**. La psychologue américaine Yalda Uhls a montré que l'utilisation du multimédia a tendance à diminuer l'empathie. L'apprentissage sur Internet semble moins efficace que l'interactivité avec un professeur : une étude de l'université de Pennsylvanie a montré que seuls 5 % des utilisateurs suivaient la totalité d'un MOOC. **La mémoire événementielle en semble affectée** : un internaute américain sur deux n'est pas capable, aujourd'hui, de hiérarchiser cinq faits importants ayant trait à l'actualité internationale de l'année écoulée.

Témoignages et lanceurs d'alerte

CHAPITRE 35

Internet est porteur de nombreux progrès synonymes de « liberté ». Mais son expansion fulgurante coïncide aussi avec le péril d'une régression des libertés individuelles. De l'enthousiasme des débuts, les défenseurs des libertés sont passés au stade de la vigilance. Les lanceurs d'alerte professionnels et scientifiques jouent, aujourd'hui, un rôle salutaire pour défendre la démocratie et les citoyens.

1 Le Web, lieu du débat public

A Au départ, une « utopie démocratique »

- Un lieu de débats et de témoignages. Internet a initialement été conçu, par ses fondateurs, comme un lieu permettant à chacun de partager des connaissances et de débattre sans entraves. Surnommé, par ses premiers adeptes ***infobahn*, « l'autoroute de l'information »,** le Web est perçu comme le **symbole de la liberté** par excellence.

- Le Web 2.0. Lorsqu'il naît en 1999 et avec lui l'Internet participatif, **un nouvel espace de débat public semble émerger**. Pionnier de la liberté d'Internet, l'Américain **John Perry Barlow** fonde l'*Electronic Frontier Foundation*, l'**association de défense de la liberté d'expression sur Internet**. Il fait partie de la première génération d'idéalistes de l'Internet, perçu comme abolissant les frontières et permettant de lutter contre la censure des pouvoirs politiques.

B Une évolution contradictoire

- Blogs, chats et réseaux sociaux. Ils permettent à une opinion publique mondialisée de participer directement au débat civique, tout en s'affranchissant de la censure ou de la confiscation de la politique par des élites jalouses de leur pouvoir. Dès 2011, l'**ONU** publiait un rapport considérant que le fait de **couper l'accès à Internet était contraire à la liberté d'opinion et d'expression**.

- **La peur des dictatures.** Percevant le Web comme une menace, **les régimes autoritaires** déploient toute une batterie de mesures destinées **à en contrôler ou à en interdire purement et simplement l'accès à leurs habitants**. Ainsi, la **Chine** a érigé « une **grande muraille numérique** [autour de ses réseaux] capable de filtrer quasiment tout ce qui rentre et sort », et le réseau de la Corée du Nord fonctionne comme un Intranet sous haute surveillance.
- **Une régression des libertés individuelles.** Dans un des pays réputés parmi les plus libres et les plus démocratiques de la planète comme les États-Unis, Internet est devenu un vecteur de prédilection des ***fake news***, de manipulation des élections, de propagation de la haine raciste et de **vols massifs de données personnelles**.

Texte-clé

Une définition européenne des lanceurs d'alerte

« Le Comité des ministres [...], reconnaissant que les personnes qui font des signalements ou révèlent des informations concernant des menaces ou un préjudice pour l'intérêt général **("lanceurs d'alerte")** peuvent contribuer à renforcer la transparence et la responsabilité démocratique, [...] recommande aux États membres de disposer d'un cadre normatif, institutionnel et judiciaire pour [les] protéger. »

Recommandation CM/Rec(2014)7 du Conseil de l'Europe (30 avr. 2014).

Texte-clé

Une transposition dans le droit français

« Un lanceur d'alerte est une personne physique qui révèle ou signale, de manière désintéressée et de bonne foi, un crime ou un délit, une violation grave et manifeste d'un engagement international régulièrement ratifié ou approuvé par la France, d'un acte unilatéral d'une organisation internationale pris sur le fondement d'un tel engagement, de la loi ou du règlement, ou une menace ou un préjudice grave pour l'intérêt général, dont elle a eu personnellement connaissance. »

Article 6 de la loi du 9 décembre 2016, dite « loi Sapin II ».

2 Du témoin au lanceur d'alerte

A Des pratiques anciennes

- **Transparence et démocratie.** Dès l'Antiquité gréco-romaine, on peut établir une correspondance entre la naissance des premiers régimes démocratiques et la transparence dans l'espace public, celui de la cité, où **agora et forum** symbolisent **le lieu par excellence du débat citoyen**. Au XVIIIe siècle, **Jeremy Bentham** déclare que **« la publicité est l'âme de la justice »**. Des **philosophes des Lumières** comme Rousseau défendent le projet d'une **société transparente** où seraient abolies les zones obscures que l'absolutisme royal s'était ménagées pour mieux protéger les privilèges d'une minorité.

- **Daniel Ellsberg et la guerre du Vietnam.** Pendant cette guerre, grâce au soutien du *New York Times*, Daniel Ellsberg, ancien agent du Pentagone considéré, *a posteriori*, comme **le premier lanceur d'alerte**, organise la divulgation de dossiers secrets : les ***Pentagon Papers***. Il révèle ainsi à l'opinion publique **les mensonges du pouvoir politique sur la réalité du conflit** mené en Asie du Sud-Est par les États-Unis.

B Lanceurs d'alerte à l'ère du numérique

- **WikiLeaks.** Sur Internet se multiplient de retentissantes divulgations symbolisées par WikiLeaks. Le site fondé par **Julian Assange** en 2006 est devenu le lieu où **témoignages et preuves apportés par les lanceurs d'alerte sont diffusés.** Ils concernent de nombreux crimes et délits (blanchiment d'argent sale, paradis fiscaux, finance offshore, corruption, surveillance généralisée et indue des citoyens par les États, répression et torture, etc.).
- **Edward Snowden.** Ses révélations, en 2013, dans *The Guardian* et *The Washington Post*, sur l'existence du **programme d'espionnage à grande échelle des principaux serveurs Internet mené par la National Security Agency (NSA)** américaine font le tour de la planète et lui valent une condamnation par la justice américaine l'obligeant à s'exiler en Russie.
- **La lutte contre « l'économie de la surveillance ».** Les révélations d'Edward Snowden ont entraîné une prise de conscience planétaire des dangers de ce que les défenseurs des libertés appellent, désormais, « l'économie de la surveillance ». Selon le célèbre lanceur d'alerte : « Tout a changé. **Le gouvernement et les entreprises privées tiraient profit de notre ignorance.** Mais, désormais, nous savons. Les gens sont conscients. Nous sommes encore impuissants, mais nous essayons. **Les révélations ont équilibré le combat.** Les gouvernements et les entreprises sont dans le jeu depuis longtemps, et nous commençons tout juste. »

Quelques lanceurs d'alerte

Edward Snowden contre la « surveillance » du monde par les États-Unis.
Chelsea Manning contre la violation des droits humains dans l'armée américaine.
Antoine Deltour contre le gouvernement luxembourgeois et les accords fiscaux avec de grandes firmes multinationales.
Bennet Omalu contre le lobby du football américain.
Erin Brockovitch contre la Pacific Gas and Electric Company, lors d'une pollution du réseau d'eau potable en Californie.

CHAPITRE 36
Les théories du complot

Les nouvelles façons de communiquer ont permis à des **individus rompus aux pratiques de la manipulation** de **donner une nouvelle jeunesse à des informations fausses ou déformées** datant parfois de plusieurs siècles. Ainsi, les **théories du complot**, très ancrées dans les nébuleuses d'extrême droite et chez les fondamentalistes religieux, trouvent, sur le Net, un **espace de diffusion inédit** qui leur permet de se propager de manière beaucoup plus large et incontrôlée qu'autrefois.

1 Le complotisme : un produit des extrêmes

A Se créer une identité contre la norme

- **Une vision duale de la société.** L'idée que **le monde se divise en ami/ennemi** est à la base des théories du complot. Elle permet de **se construire facilement une identité face à l'autre** qui représente la norme, la majorité et, **aujourd'hui, le « système »**. Cette idée disculpe des échecs personnels **à cause d'un prétendu complot ennemi** qui empêche de réussir. **Elle justifie les moyens utilisés** (mensonges, amalgames, actions violentes) et **le mépris de leur réfutation**, puisque celle-ci est faite par l'ennemi.

- **La communauté contre l'universalité.** L'appartenance à la communauté structure les mouvances complotistes. Elle fait passer ce qu'elle considère comme **ses valeurs constitutives avant les droits individuels et universels**. Cette attitude explique le rejet des normes dominantes (démocratie, liberté, etc.) et le fait de les combattre par tous les moyens.

B Un fondement de l'identité d'extrême droite

- **Au départ, l'abbé Barruel.** Ses *Mémoires pour servir l'histoire du jacobinisme* (1798) sont l'une des bases conceptuelles du complotisme et de la **pensée contre-révolutionnaire**. Selon Barruel, **la disparition de l'Ancien Régime**, impensable car correspondant à la société parfaite voulue par Dieu, **est**, par essence, **un complot satanique**. Pour lui, **la Révolution, dans ses principes mêmes,** a cherché à détruire la religion et la France.

- **L'extrême droite identitaire.** En France, la marginalisation de la pensée contre-révolutionnaire, à la fin du XIXe siècle, par le triomphe de la démocratie républicaine, entraîne sa **radicalisation. L'idée qu'une supposée « essence raciale » de la France crée son identité** et qu'il faut **la défendre contre l'étranger** (particulièrement **le juif**) devient l'un des axes majeurs de la pensée d'extrême droite. Elle s'incarne dans l'Action française de Charles Maurras et débouche sur le statut des juifs du gouvernement de Vichy en 1940.

Biographie

Charles Maurras (1868-1952) : théoricien politique français de l'extrême droite, inventeur du nationalisme intégral (« la nation est la forme le plus parfaite des sociétés humaines »), qu'il défend dans son journal *L'Action française*. Violemment xénophobe et antisémite, il salue l'arrivée du maréchal Pétain au pouvoir, en 1940, comme « une divine surprise ». Il est condamné à la réclusion à perpétuité en 1945.

▲ Charles Maurras en 1936.

2 Le complotisme sur Internet

A Internet et la culture des extrêmes

- **« Le Web rend notre culture vulnérable aux extrêmes. »** La formule de Lawrence Lessig est corroborée par Mitchell Baker, la présidente de Mozilla : « On voit, aujourd'hui, une explosion des conflits et des violences sur la Toile, que la technologie rend possibles, voire magnifie. » De plus, **les internautes**

aguerris en désinformation peuvent entrer en contact, beaucoup plus facilement que dans la vie « réelle », **avec un grand public crédule** et souvent désarmé face aux techniques de persuasion qu'ils déploient.

- **Une diffusion massive.** Internet offre une fenêtre de diffusion massive **aux propos extrémistes. Le manque de contrôle de la fiabilité des sources** permet d'accréditer n'importe quelle fausse information que l'on peut étayer par des preuves tronquées et qu'il est difficile de réfuter en quelques phrases. **La diffusion virale** fait le reste. L'internaute de bonne foi, convaincu à tort, transmet lui-même la fausse information et **contribue à l'élargissement sans fin de sa diffusion.**

B Vieux et jeunes complots

- **Le « vieux fond antisémite ».** Rebaptisée aujourd'hui « complot sioniste » pour éviter de tomber sous le coup de la loi, **c'est la matrice** qui a généré l'immense majorité des thèses complotistes. Elle est basée sur l'idée de départ que **les diasporas, les peuples sans patrie, s'installent dans les nations constituées pour en prendre le contrôle**. Combinée **à l'antisémitisme natif des sociétés occidentales chrétiennes** (les Juifs seraient le peuple ayant mis à mort Jésus), cette théorie se décline sous des dizaines de formes et **réapparaît sans cesse, particulièrement depuis deux siècles**, à l'**extrême droite** aussi bien politique (*La France juive* de Drumont, 1886 ; ***Mein Kampf*** **d'Hitler**, 1925) que religieuse (les fondamentalistes religieux radicaux), voire à l'**extrême gauche** (les juifs associés au patronat et au grand capital).

- **Le *Protocole des Sages de Sion*.** Il s'agit d'un **faux grossier fabriqué par la police secrète russe en 1905** détaillant la mise en place progressive d'une prétendue conspiration juive pour prendre « les leviers de commande de l'univers » sous couvert de démocratie. Relayé aux États-Unis par Henry Ford, amplifié en Allemagne par Hitler, ce faux, **malgré toutes les preuves apportées quant à son origine totalement inventée, continue d'être un levier de propagande antisémite,** particulièrement au Moyen-Orient. **Internet lui redonne une nouvelle jeunesse** en en faisant un document prétendument « historique ».

Texte-clé

« **Le complotisme se répand dans l'électorat français.** Au cœur de cette vague amplifiée par les réseaux sociaux, les électeurs de Marine Le Pen apparaissent comme les plus sensibles aux mythes conspirationnistes, selon une étude menée par l'IFOP [...]. Début février, cette vaste enquête avait déjà montré qu'un Français sur cinq était "d'accord" avec au moins cinq thèses complotistes. Un nouveau volet de données vient démontrer la perméabilité particulièrement forte de l'électorat d'extrême droite aux théories conspirationnistes, notamment celle sur un prétendu "complot sioniste". »

Lucie Soulier, *Le Monde* (20 fév. 2019).

- **La remise en cause de la réalité perçue et du savoir.** Plus contemporaine, il faut la mettre en relation avec la **surabondance d'informations** et une **méfiance** grandissante face aux sources du **savoir traditionnel « vertical »**. La plus célèbre thèse complotiste est celle qui **nie la réalité des attentats du 11 septembre 2001** à New York. Mais d'autres fleurissent dans des domaines aussi divers que **la technologie** (les Américains ne seraient jamais allés sur la Lune) **ou la médecine** (les vaccins seraient dangereux et ne serviraient qu'à engraisser les multinationales pharmaceutiques).

CONTRÔLE CONTINU

Dissertation

Sujet : « L'évolution des techniques de l'information depuis le XIXe siècle »

Travail préparatoire

Analyser le sujet

Comprendre le libellé

Il faut d'abord définir les **termes principaux du sujet,** c'est-à-dire, ici, en premier lieu l'expression **« les techniques de l'information »**. Il s'agit, dans l'esprit du programme, de ce qui permet la diffusion de l'information, à savoir le support imprimé, la radio et la télévision ainsi que le réseau Internet.

Le mot **« évolution »** invite à s'intéresser surtout aux **progrès techniques** qui permettent une place grandissante de l'**information** dans la vie quotidienne.

Les bornes temporelles nous invitent à faire un **plan chronologique** débutant au milieu du XIXe siècle (naissance de la presse à « grand tirage ») et se terminant de nos jours (généralisation d'une information mondialisée et généralisée grâce aux nouveaux moyens de communication).

Il n'y a pas de limites spatiales mais, suivant les orientations implicites du programme, on se bornera aux pays occidentaux et principalement à **la France**.

Les écueils à éviter

Le sujet est à replacer dans le quatrième thème du programme « s'informer : un regard critique sur les sources et les modes de communication » et plus particulièrement dans l'axe 1 de ce thème « les grandes révolutions techniques de l'information ».

Il ne s'agit **pas de décrire exhaustivement les changements techniques** qui ont eu lieu depuis le milieu du XIXe siècle mais d'en évaluer les **conséquences** (naissance et développement des médias de masse). De même, **il ne faut pas s'attarder sur les enjeux autour de l'information** qui n'entrent pas dans la problématique sur l'évolution technique. Il faut les évoquer seulement en fin de copie, en ouverture (conclusion).

Les attentes du correcteur

Le devoir doit montrer que l'on connaît **bien les différents supports de l'information de masse,** à savoir la presse, la radio, la télévision et de nos jours Internet.

Il est aussi souhaitable de donner une **profondeur historique** à la copie et donc de bien insister sur le rôle de la presse tout au long des XIXe et XXe siècles.

L'ampleur spatiale du sujet est telle que l'on peut se contenter presque exclusivement d'**exemples pris en France.**

Mobiliser ses connaissances

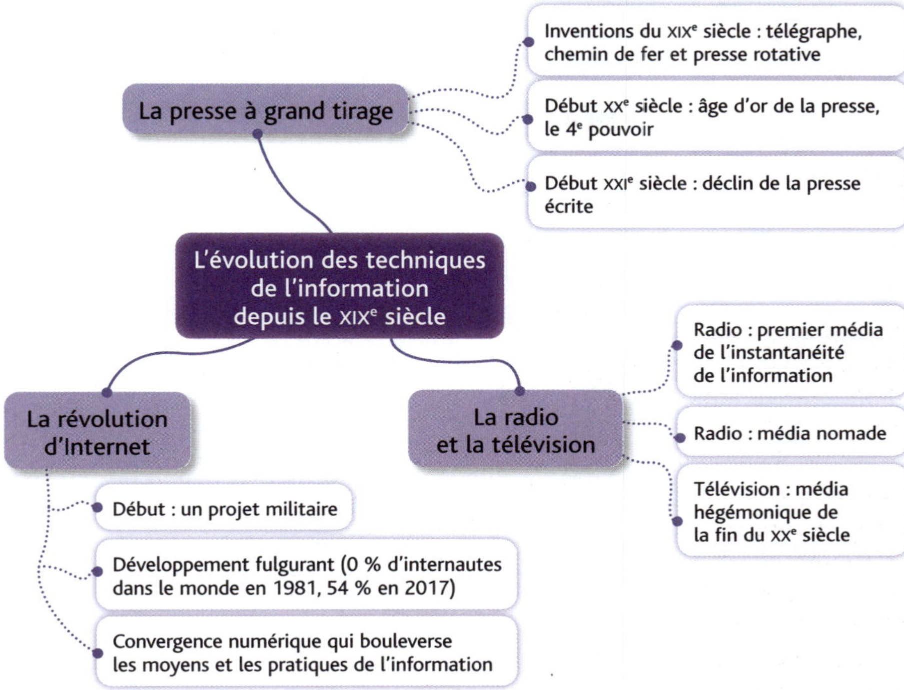

Problématiser le sujet

Le libellé a une forme **affirmative.** Il s'agit donc de le **problématiser,** c'est-à-dire de le rendre dynamique, **sous la forme d'une ou plusieurs questions** qui permettent de **bâtir un plan pour y répondre.**

Comment l'évolution des techniques de l'information, depuis le XIXe siècle, l'a fait entrer au cœur de la vie quotidienne ?

La réponse à cette interrogation doit s'appuyer sur des connaissances précises (comment évoluent techniquement les différents médias de masse) pour mieux saisir la manière dont s'est généralisée l'accessibilité à l'information pour la majeure partie de la population.

Il faut d'abord expliquer que **c'est le développement de la presse à grand tirage,** conjugué à la généralisation de l'alphabétisation, qui est, dans les pays occidentaux, à l'origine de l'information de masse.

Puis on doit montrer l'importance croissante prise par **la radio et la télévision** tout au cours du XXe siècle, accélérant la diffusion de l'information.

Enfin, la **révolution d'Internet** est à aborder dans l'optique de la **mondialisation** de l'information et de son **individualisation** de plus en plus marquée.

Corrigé type rédigé

Introduction

[accroche]

En 1631, le premier périodique francais, *La Gazette* de Théophraste Renaudot tire à 800 exemplaires. Au début des années 1890, *Le Petit Journal* dépasse les deux millions.

[analyse du sujet]

Ainsi, au XIXe siècle, la naissance du télégraphe et celle du chemin de fer liées au développement de la presse à grand tirage inaugure l'ère des médias de masse. L'information circule plus rapidement et atteint progressivement toutes les catégories de la population. Cette rapidité de circulation ne cesse de se renforcer jusqu'à nos jours, l'information devenant instantanée, pléthorique et désormais mondialisée.

[problématique et annonce du plan]

Comment l'évolution des techniques de l'information depuis le XIXe siècle l'a fait entrer au cœur de la vie quotidienne ?

Pour répondre à cette double interrogation, il faut d'abord envisager l'entrée dans l'information de masse grâce au support imprimé que constitue la presse à grand tirage (I). Puis on peut se demander quel rôle ont joué la radio et la presse dans la diffusion massive de l'information (II). Enfin, on pourra étudier les bouleversements touchant l'information qui découlent du développement très rapide du réseau Internet de nos jours (III).

Développement

I. La presse à grand tirage, support historique de l'information de masse

[argument 1]

Longtemps réservée à une élite, la lecture devient le principal moyen d'information des Occidentaux à partir de la deuxième moitié du XIXe siècle. Grâce à l'utilisation de la presse rotative et aux progrès de la scolarisation, la presse devient accessible à un nombre croissant de personnes. En France, *Le Petit Journal* est le premier symbole de cette démocratisation. Il tire à 200 000 exemplaires en 1870 et à près de 2 millions en 1895. Cette très large diffusion l'oblige à adapter son contenu. Pour ne choquer personne, il se veut « neutre politiquement ». Pour attirer les lecteurs, il donne une place de plus en plus large aux faits divers. Pour les fidéliser, il offre des feuilletons, et à partir de 1884, un supplément illustré en couleurs.

[argument 2]

Les années 1930 marquent l'âge d'or de la presse à grand tirage à tel point que l'on parle d'un « quatrième pouvoir ». En 1939, les Français achètent environ 12 millions de quotidiens. La pénétration de la presse a progressé au sein des foyers. Désormais, grâce à une alphabétisation généralisée, c'est toute la famille qui peut lire et commenter les nouvelles qu'elle découvre dans les pages de « son » journal. *Paris-Soir*, seul quotidien français novateur de l'entre-deux-guerres, connaît un développement fulgurant : 100 000 exemplaires en 1931 et 2 millions en 1938. Cette réussite s'explique par son indépendance d'esprit, la diversité de ses rubriques, la qualité de ses articles et l'attrait de sa mise en pages (nombreuses photographies, maquette aérée).

[argument 3]

La presse écrite, principal vecteur de l'information jusqu'à la Seconde Guerre mondiale, doit, par la suite, relever de nombreux défis. Dans les années 1970 d'abord, face à la radio et à la télévision qui la concurrencent dans le domaine de la rapidité d'accès à l'information et qui captent une part importante du marché publicitaire. Puis face à Internet au coût de diffusion beaucoup plus bas. Pour survivre, la presse s'est diversifiée et utilise aujourd'hui massivement Internet.

[transition]

La radio puis la télévision ont ainsi d'abord concurrencé puis peu à peu supplanté la presse écrite dans la diffusion de l'information.

II. L'information à l'heure de la radio et de la télévision

[argument 1]

La radio est le principal moyen de communication « moderne » des années 1930. En France, une bonne couverture du territoire et la chute du prix des récepteurs ont multiplié le nombre d'auditeurs (20 millions) même s'il reste encore inférieur à celui des autres grandes puissances (33,2 millions en Grande-Bretagne, 33,6 millions en Allemagne, 104 millions aux États-Unis en 1937). Elle s'adapte sans peine à l'arrivée de la télévision à la fin des années 1940 (le premier journal télévisé est diffusé le 29 juin 1949 devant une poignée de téléspectateurs). L'apparition du transistor en 1948 et celle de la stéréophonie en 1956 en font le premier média nomade de qualité.

[argument 2]

En France, la jeunesse des Trente Glorieuses est friande de radio, aussi bien quand elle diffuse, sur les radios dites « périphériques » (Europe 1, RTL) la musique qu'elle aime, que des informations non censurées par le pouvoir (principalement pendant Mai 68). Elle demeure jusqu'à nos jours un média indétrônable dans toutes ses déclinaisons (généraliste, thématique ou de proximité). La création de radios d'information en continu illustre sa capacité de résistance. France Info est la 3e radio la plus écoutée en France en audience cumulée début 2024.

[argument 3]

En France, la télévision, après des taux d'équipement timides dans les années 1950 comparés aux pays anglo-saxons, devient « le » média de la fin du XXe siècle. Longtemps malthusienne (une seule chaîne jusqu'en 1964) et tenue en laisse par un pouvoir politique qui comprend son utilité et qui craint son impact sur l'opinion publique, la « télé », comme on l'appelle désormais, prend son envol dans les années 1970. Au carrefour de nombreuses innovations, elle devient, à la fin du XXe siècle, le principal moyen d'information (création des chaînes d'information en continu) et le journal télévisé reste encore le support d'information privilégié d'une majorité d'adultes, surtout après quarante ans.

[transition]

Mais la télévision est peu à peu concurrencée par de nouveaux moyens de communication. En 2024, les Français (principalement les moins de 25 ans) la regardent moins que cinq ans auparavant. Mais cela ne signifie pas qu'ils sont moins sensibles aux médias de l'image.

III. La révolution d'Internet

[argument 1]

Au départ d'Internet, il y a le projet militaire Arpanet. Né aux États-Unis en 1969, il a pour but de faciliter les échanges d'informations entre les ingénieurs de la Défense et les grandes universités américaines. En parallèle se développent des réseaux locaux d'entreprises. Dans les années 1980, la volonté de relier ces réseaux malgré leurs différences technologiques aboutit à la création de protocoles universels permettant le transport de données numériques : TCP (*Transport Control Protocol*) et IP (*Internet Protocol*). La partie universitaire du réseau se sépare alors de la partie militaire et devient Internet.

[argument 2]

Internet permet ainsi aux ordinateurs de nombreuses universités de communiquer entre elles quel que soit le matériel utilisé. Internet arrive en Europe, en Asie du Sud-Est et en Australie en 1991. Les grandes universités, les multinationales s'y relient directement. Mais pour les autres (particuliers, petites entreprises) le coût des infrastructures est tel qu'ils ne peuvent s'y connecter que par le réseau téléphonique grâce à des opérateurs publics ou privés (FAI ou fournisseurs d'accès à Internet). À partir de 2007, l'invention du smartphone (téléphone connecté) par Apple provoque l'irruption d'un nouvel outil mobile, peu encombrant et puissant, permettant de réunir pratiquement tous les usages du numérique. Son accès permanent à Internet *via* un forfait illimité bouleverse le rapport à l'information.

[argument 3]

Aujourd'hui, Internet a largement conquis le monde entier. Début 2024, d'après les estimations de l'agence *We are social*, le monde comprenait plus de 5 milliards d'internautes (64 % de la population), 5,8 milliards d'utilisateurs du portable (70 %) et près de 5 milliards d'usagers des réseaux sociaux (58 %), dont 4,8 milliards passaient régulièrement par les données mobiles. Le réseau social Facebook a dépassé les 2 milliards d'utilisateurs en juin 2017. En France, 99 % des 18-24 ans et 85 % des 13-19 ans possédaient un smartphone en 2024. Tous les indicateurs continuent d'afficher des taux de croissance impressionnants : on estime que la planète compte un nouvel internaute toutes les 10 secondes. Désormais Internet ne diffuse plus l'information, il la fait.

Conclusion

[bilan]

Depuis le milieu du XIXe siècle, les progrès techniques ont permis à l'information de se diffuser plus vite et de toucher un nombre grandissant de personnes. Ils l'ont fait ainsi « entrer » dans notre vie quotidienne sans en modifier en profondeur sa production (l'œuvre des journalistes) et sa circulation (du diffuseur au citoyen « consommateur »).

[ouverture]

C'est Internet qui, en facilitant la convergence entre l'audiovisuel, les télécommunications et l'informatique donne lieu, depuis une dizaine d'années, à un bouleversement des moyens et des pratiques d'information aussi bien dans leur contenu que dans leurs vecteurs de diffusion. À l'information verticale et contrôlée succède aujourd'hui une information horizontale et débridée.

Dissertation

Sujet : « Forces et faiblesses de l'information sur Internet »

Travail préparatoire

Analyser le sujet

Comprendre le libellé

Il faut d'abord préciser les **termes principaux du sujet**, c'est-à-dire, ici, en premier lieu le mot **« information »**. Selon la définition du dictionnaire, il s'agit de « tout événement, tout fait, tout jugement porté à la connaissance d'un public plus ou moins large, sous forme d'images, de textes, de discours, de sons ».

On doit aussi définir « **Internet** », à savoir le « réseau télématique international résultant de l'interconnexion des appareils numériques (ordinateurs, smartphones, etc.) du monde, ouvert à tout utilisateur pouvant s'y connecter ».

Ces deux termes doivent être mis en relation avec la première partie du libellé **« forces et faiblesses »**. Il s'agit d'une formule utilisée dans certains types de sujets dits **« dialectiques »**, c'est-à-dire qui obligent à étudier d'abord des arguments positifs puis négatifs afin d'en tirer un bilan.

Très fréquent en français ou en philosophie, ce sujet se rencontre aussi en histoire-géographie et en géopolitique.

Les écueils à éviter

Le sujet est à replacer dans le troisième thème du programme « s'informer : un regard critique sur les sources et les modes de communication » et plus particulièrement dans l'objet de travail conclusif de ce thème « l'information à l'heure d'Internet ».

Il demande un **tri logique dans les connaissances** qui doivent être en relation avec le plan dialectique. Il ne s'agit **pas d'étudier tout le fonctionnement** du réseau **Internet** à proprement parler **ni de décrire toutes les manipulations** qui peuvent être subies par l'information.

En revanche il faut impérativement **en tirer un bilan synthétique** en fin de devoir.

Les attentes du correcteur

Le devoir doit montrer que l'on a réfléchi à l'**évolution de l'information** grâce à ces nouveaux canaux de diffusion.

Il est possible d'invoquer des jalons du second axe (« liberté ou contrôle de l'information ») afin de les croiser avec ceux de l'objet de travail conclusif, pour **nuancer le propos** et éviter de tomber dans une **simplification excessive** : l'information n'était pas toujours plus fiable avant Internet (c'est le thème central de l'axe 2) et la Toile n'a pas toujours libéré l'information de façon positive (c'est le principal enseignement de l'objet de travail conclusif).

Enfin, il ne faut pas craindre d'utiliser des exemples issus de l'actualité très récente en liaison avec la problématique des **lanceurs d'alerte** ou des **théories du complot.**

Mobiliser ses connaissances

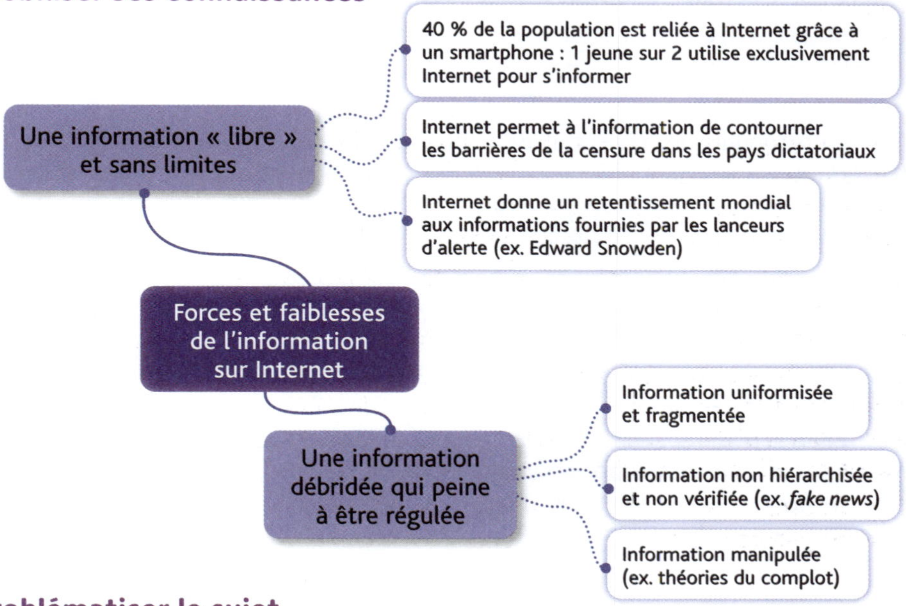

Problématiser le sujet

Le libellé induit une problématique conduisant à une réflexion dialectique.

Il s'agit donc d'enclencher cette réflexion par une **question** conduisant à un **plan** qui, logiquement, présente des **arguments positifs et négatifs.**

De quelle manière Internet a-t-il modifié en profondeur la façon de s'informer ?

La principale difficulté réside dans le dosage, à la fois des arguments « pour » et des arguments « contre » (le devoir doit être équilibré) et de la place laissée à la synthèse : faut-il en faire une 3e partie ou juste poser le bilan en conclusion ?

En classe de première, le **plan en deux parties**, plus court, semble le meilleur. Il permet d'avoir plus de temps préalable pour bien trier ses connaissances afin de construire solidement la partie « pour » et la partie « contre ». Dans le supérieur, où les durées des épreuves sont plus longues (jusqu'à 7 heures), un plan en trois parties (avec une troisième partie « bilan » ou « synthèse ») serait envisageable.

Ainsi, il faut d'abord expliquer en quoi Internet **favorise la diffusion** de l'information et crée de **nouvelles pratiques** souvent positives. Puis on doit montrer les **dangers de cette multiplication des sources informatives** pouvant faire l'objet de toutes les manipulations.

Corrigé type rédigé

Introduction

[accroche]

« Un lanceur d'alerte est une personne physique qui révèle ou signale, de manière désintéressée et de bonne foi, un crime ou un délit, [...] une menace ou un préjudice graves pour l'intérêt général, dont elle a eu personnellement connaissance. »

[analyse du sujet]

En reconnaissant un statut particulier aux lanceurs d'alerte depuis 2016, la loi française souligne l'importance qu'ils ont pris dans l'espace public et aussi le rôle majeur d'Internet dans la diffusion de l'information. Car c'est bien grâce aux témoignages et aux preuves qu'ils divulguent sur Internet que les lanceurs d'alerte peuvent jouer un rôle grandissant de défenseurs de la démocratie et des citoyens.

[problématique et annonce du plan]

De quelle manière Internet a-t-il modifié en profondeur la façon de s'informer ?

Pour répondre à cette interrogation, il faut d'abord envisager comment Internet a bouleversé positivement la façon de s'informer (I). Puis on peut se demander quels sont les dangers et les limites de cette révolution de l'information (II).

Développement

I. Internet ou la liberté sans limites de l'information

[argument 1]

Aujourd'hui, l'information disponible est multiple, instantanée et se joue des frontières. Des données de plus en plus diversifiées sont transmises sur toute la planète en temps réel. Chaque événement peut être capté par toute personne équipée d'un smartphone, soit plus de 40 % de la population mondiale en 2018. La Toile a aussi profondément modifié l'accès à l'information surtout chez les jeunes. En 2019, en France, on considère qu'un adolescent ou jeune adulte sur deux s'informe exclusivement par les réseaux sociaux.

[argument 2]

Dès le départ, Internet a été conçu par ses fondateurs comme un lieu permettant à chacun de partager des connaissances et de débattre sans entrave. Surnommé par ses premiers adeptes « *infobahn* », « l'autoroute de l'information », le Web est perçu comme le symbole de la liberté par excellence. Par ses milliards de pages Web, Internet contribue ainsi à échapper à la censure, à la propagande ou la culture officielle utilisées par certains régimes moins démocratiques. Internet est d'ailleurs le vecteur de diffusion de l'information le plus craint par les dictatures. Percevant le Web comme une menace, elles déploient toute une batterie de mesures destinées à en contrôler ou à en interdire l'accès à leurs habitants. Par exemple, la Chine a érigé « une grande muraille numérique [autour de ses réseaux] capable de filtrer quasiment tout ce qui rentre et sort » et le réseau de la Corée du Nord fonctionne comme un Intranet sous haute surveillance.

[argument 3]

Internet aide certaines informations à se diffuser plus facilement qu'auparavant. Ainsi les lanceurs d'alerte professionnels et scientifiques y jouent-ils, aujourd'hui, un rôle salutaire pour défendre la démocratie et les citoyens. Sur la Toile, se multiplient de retentissantes divulgations symbolisées par WikiLeaks. Le site fondé par Julian Assange en 2006 est devenu le lieu où témoignages et preuves apportées par les lanceurs d'alerte sont diffusés. Ils concernent de nombreux crimes et délits (blanchiment d'argent sale, paradis fiscaux, finance offshore, corruption, surveillance généralisée et indue des citoyens par les États, répression et torture, etc.). En 2013, les révélations d'Edward Snowden dans *The Guardian* et *The Washington Post* sur l'existence du programme d'espionnage à grande échelle des principaux serveurs Internet mené par la National Security Agency (NSA) américaine font le tour de la planète et lui valent une condamnation par la justice américaine l'obligeant à s'exiler en Russie.

[transition]

Ces révélations d'Edward Snowden ont entraîné une prise de conscience planétaire des dangers de ce que les défenseurs des libertés appellent désormais « l'économie de la surveillance », la « face cachée » d'Internet.

II. Limites et dangers de l'information sur Internet

[argument 1]

L'uniformisation de l'information n'a jamais été aussi grande que sur Internet. La plupart des médias s'approvisionnent aux mêmes sources (agences de presse, grandes agences d'images, principaux comptes des réseaux sociaux) et sous une apparence de multiplicité, ce sont souvent les mêmes informations qui sont reprises partout, morcelées ou abusivement simplifiées. Abreuvés d'images en temps réel, les individus semblent de plus en plus démunis et isolés face à l'information, qu'ils ne savent pas décrypter correctement.

[argument 2]

La multiplicité des ressources numériques et leur absence de hiérarchisation créent aussi une individualisation croissante de l'information et de la connaissance. De même, l'absence de validation universitaire systématique des sites peut induire l'internaute en erreur en propageant des données erronées, non remises à jour ou manipulées au service d'une idéologie quelconque (querelles autour du vandalisme de certaines pages de l'encyclopédie Wikipédia). Ce manque de contrôle de la fiabilité des sources permet d'accréditer n'importe quelle fausse information que l'on peut étayer par des preuves tronquées et qu'il est difficile de réfuter en quelques phrases. La diffusion virale fait le reste. L'internaute de bonne foi, convaincu à tort, transmet lui-même l'information et contribue à l'élargissement sans fin de sa diffusion, comme les *fake news* diffusées pendant les campagnes électorales américaines de 2016 et 2020 ou la guerre de désinformation que mène la Russie sur les réseaux sociaux depuis sa tentative d'envahissement de l'Ukraine en 2022.

[argument 3]

Les nouvelles façons de s'informer grâce à Internet ont aussi permis à des individus rompus aux pratiques de la manipulation de donner une nouvelle jeunesse à des informations fausses ou déformées datant parfois de plusieurs siècles. Ainsi, les théories du complot, très ancrées dans les nébuleuses d'extrême droite et chez les fondamentalistes religieux, trouvent, sur le Net, un espace de diffusion inédit qui leur permet de se propager de manière beaucoup plus large et incontrôlée qu'autrefois. Ces théories du complot sont à mettre en relation avec la surabondance d'informations et une méfiance grandissante face aux sources du savoir traditionnel « vertical ». La plus célèbre thèse complotiste est celle qui nie la réalité des attentats du 11 septembre 2001 à New York. Mais d'autres fleurissent dans des domaines aussi divers que la technologie (les Américains ne seraient jamais allés sur la Lune) ou la médecine (les vaccins seraient dangereux et ne serviraient qu'à engraisser les multinationales pharmaceutiques).

Conclusion

[bilan]

Le développement d'Internet a profondément modifié la façon de s'informer. Il a « libéré » l'information en la rendant moins dépendante des pouvoirs et de la censure. Mais il a aussi accéléré l'horizontalité de l'information en permettant à tout individu connecté à Internet de diffuser un message qui peut être repris des milliers de fois en quelques minutes par les réseaux sociaux et venir concurrencer ou contredire l'information produite par les professionnels (journalistes, scientifiques, enseignants, etc.).

[ouverture]

Plutôt que de déplorer une évolution désormais irréversible, les autorités et les professionnels devraient plus activement réfléchir aux nouveaux moyens d'encadrer l'information sur Internet, non pour la contrôler, mais pour la réguler et l'assainir.

Thème 5

Analyser les dynamiques des puissances internationales

Cours

Contrôle continu

CHAPITRE 37

États et religions aujourd'hui l'exemple de l'Europe

Les rapports entre les États et les religions ont été un axe majeur de l'histoire européenne depuis près de deux millénaires. Jusqu'à la Renaissance, ils sont étroitement complémentaires. La religion, principalement catholique, est nécessaire au fonctionnement des États. L'irruption de la réforme protestante modifie profondément cette situation et enclenche un processus de sécularisation qui s'amplifie jusqu'à nos jours.

1 La sécularisation de l'Europe occidentale

A Les États laïcs

- **La France, championne de la laïcité.** Depuis la loi de 1905, la séparation entre les Églises et l'État est absolue (sauf en Alsace et en Moselle) : **« L'État ne reconnaît et ne subventionne aucun culte. »** La liberté religieuse est garantie au titre des libertés individuelles fondamentales (liberté de conscience) mais ne peut se faire de manière exagérément ostentatoire dans l'espace public.
- **Le Portugal.** Le principe de séparation, déjà inscrit dans la Constitution de 1911, est repris par celle de 1976 qui fonde le Portugal démocratique. **En 2004,** le Portugal signe un **nouveau concordat** remplaçant celui de 1940 qui **met fin à de nombreux privilèges** dont bénéficiait encore l'Église catholique.

B Les États avec des accords de collaboration réciproque

- **Le statut de la majorité des États européens.** Il concerne **l'Allemagne, les Pays-Bas, la Belgique, le Luxembourg, l'Espagne et l'Italie** ainsi que la plupart des pays ayant rejoint l'Union européenne depuis 2004 (comme la Pologne, la Slovaquie ou la Bulgarie).
- **Des collaborations à géométrie variable.** **Partout, il n'y a plus ni religion d'État ni religion officielle** (c'était le cas en Espagne jusqu'en 1976 et en Italie jusqu'en 1984) mais **une collaboration réciproque avec l'État dans**

certains domaines. En Allemagne, l'article 140 de la loi fondamentale de 1949 garantit la liberté religieuse des Églises protestantes et de l'Église catholique qui bénéficient du *Kirchensteuer* (l'impôt ecclésiastique). En Belgique, au Luxembourg et aux Pays-Bas, l'État, suivant des modalités diverses, rémunère les ministres du culte des confessions reconnues officiellement.

C Les États avec une religion officielle

- **Le Danemark et la Grèce.** Dans ces deux pays, il existe **une religion officielle**. Ainsi, la **Constitution danoise** de 1953 spécifie que « **l'Église évangélique luthérienne** est l'Église nationale danoise et jouit, comme telle, du soutien de l'État ». **En Grèce,** la Constitution de 2008 précise que « la religion dominante est celle de **l'Église orthodoxe orientale du Christ** ». Le président de la République grecque doit prêter serment, lors de sa prise de fonction, au nom de la Sainte Trinité.

- **Le Royaume-Uni.** En Angleterre, **l'Église anglicane** est une Église d'État placée sous l'autorité du souverain. Il en est de même pour **l'Église presbytérienne écossaise** (la *Kirk*). Les autres religions relèvent du droit commun. En Angleterre et en Écosse, l'instruction religieuse, qui doit faire une place essentielle « aux valeurs chrétiennes », fait partie du programme scolaire dans les écoles publiques.

> **Texte-clé**
>
> **L'Église catholique accepte la sécularisation de la société.**
>
> « Les chrétiens actifs dans le développement économique et social et dans la lutte pour le progrès, la justice et la charité doivent être persuadés qu'ils peuvent ainsi beaucoup pour la prospérité de l'humanité et la paix du monde. Qu'ils maintiennent, au milieu des activités terrestres, une juste hiérarchie des valeurs, fidèles au Christ et à son Évangile. »
>
> Constitution pastorale *Gaudium et Spes* (« Joie et Espoir »), adoptée lors du concile de Vatican II en 1965.

2 Les évolutions au XXIe siècle

A Le développement de l'islam

- **L'évolution numérique depuis la Seconde Guerre mondiale.** Les grands courants d'immigration en provenance du Bassin méditerranéen lors des Trente Glorieuses ont entraîné la **constitution d'une minorité religieuse islamique conséquente** en Europe occidentale, renforcée au moment de la décolonisation. On estime qu'il y a, aujourd'hui, environ **16 millions de musulmans** dans l'Union européenne, dont environ 5,5 millions en France et plus de 3,5 millions en Allemagne.

■ **De nouvelles demandes.** Cette augmentation rapide et récente **n'a pas été prise en compte par les récentes législations concernant le statut des religions.** Or, la sédentarisation de ces nouvelles populations religieuses les a amenées à demander des lieux de culte et des moyens pour le pratiquer.

B Une remise en cause des acquis de la sécularisation ?

■ **Une crispation identitaire.** Certaines demandes des populations musulmanes sont apparues à une partie de l'opinion publique comme contradictoires avec l'évolution de la sécularisation européenne et **ont entraîné des réactions de rejet** débouchant sur une crispation identitaire. Cette dernière a favorisé **le développement des partis d'extrême droite** associant religion musulmane et immigration, particulièrement aux Pays-Bas, en Allemagne, en France et, plus récemment, en Italie. La **radicalisation d'une infime minorité des musulmans** européens se proclamant en lutte contre l'Occident a amplifié ce rejet depuis plusieurs années.

■ **Une incohérence des politiques publiques ?** L'incapacité des politiques publiques à **intégrer la majorité des musulmans dans la société européenne** souligne **les limites des législations en place.** Souvent, il est demandé à ces populations des efforts d'assimilation alors qu'aucun moyen juridique ou financier n'est mis à leur disposition. Ainsi, il est clairement apparu que l'opacité contrainte du financement du culte islamique (construction de mosquées, écoles coraniques), faute de soutien légal, renforçait le développement de l'islam radical et le processus de confessionnalisation chez une partie des musulmans.

Mots-clés

• **Concordat :** accord diplomatique signé entre un État et le Saint-Siège (le « gouvernement » de l'Église catholique siégeant au Vatican dans la ville de Rome).

• ***Kirchensteuer* (impôt ecclésiastique) :** en Allemagne, reconnues comme des « corporations de droit public », les Églises chrétiennes bénéficient d'un impôt spécifique prélevé directement par l'État. Elles assurent, dans les écoles, un enseignement confessionnel obligatoire (sauf dispenses demandées par les élèves).

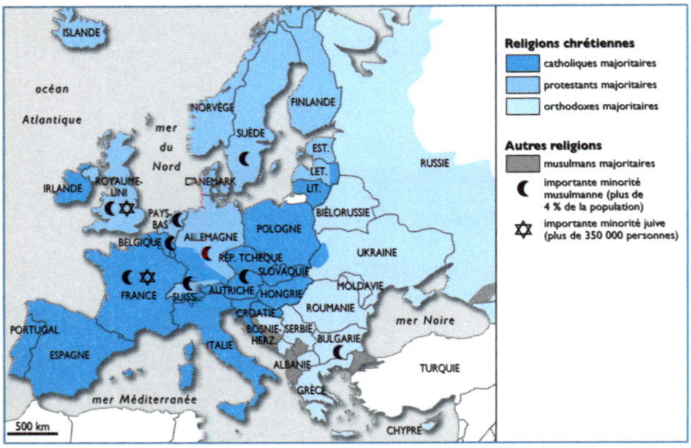

▲ Les principales religions en Europe aujourd'hui.

Charlemagne et l'Église

CHAPITRE 38

Selon certains chroniqueurs de l'époque, **Charlemagne aurait refusé de s'agenouiller devant le pape en 800 lorsque celui-ci le couronna empereur**. Dans la tradition romaine et byzantine, **il se considère, de fait, comme le chef de l'Église terrestre** et **voit dans le pape son subordonné**. Mais, en même temps, Charlemagne a besoin de l'Église, dépositaire exclusive du savoir et de l'écrit, pour administrer son Empire.

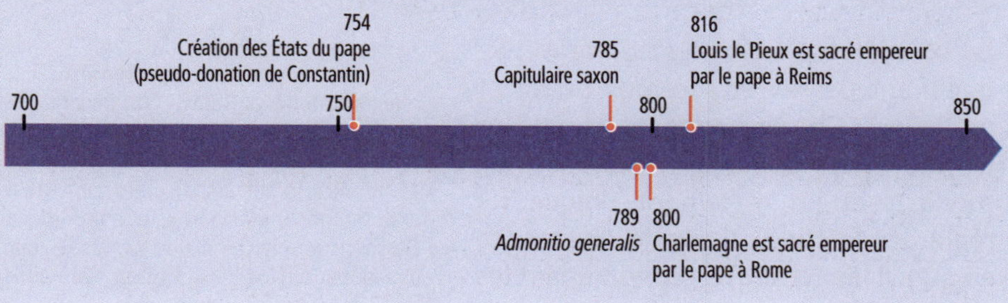

1 L'empereur au-dessus du pape

A Le responsable des chrétiens devant Dieu

- **Un empereur sacré.** Depuis son père Pépin le Bref, le roi des Francs est sacré, c'est-à-dire que **l'Église lui confère un pouvoir venu directement de Dieu**. Il commande le peuple élu en étant l'intermédiaire de Dieu, comme le montre la place de son trône dans le palais d'Aix-la-Chapelle. Positionné en hauteur sous le portrait du Christ, il domine l'assemblée de ses sujets placés en dessous.

- **Un devoir d'expansion de la foi.** Cette *dilatatio christianitatis* est la première mission de l'empereur. Il doit **lutter contre les païens tout en étendant son territoire**. La guerre contre les Saxons est à l'origine d'une véritable terreur religieuse codifiée dans le capitulaire (loi) saxon de 785 : « Tout Saxon non baptisé qui cherchera à se dissimuler parmi ses compatriotes et qui refusera de se faire baptiser sera mis à mort. »

B Le vrai chef de l'Église

- **Un césaro-papisme.** Charlemagne le confirme dès l'*Admonitio generalis*, son plus célèbre capitulaire (celui qui crée les écoles primaires), en prenant pour modèle le roi de la Bible Josias : « **Il m'appartient de défendre en tous lieux la Sainte Église** : en dehors par la guerre de conversion, au-dedans pour la protéger et diffuser la foi. » **Le pape comme les évêques** ne sont que des ministres du culte **à son service**. C'est l'empereur qui contrôle le recrutement des évêques et la discipline du clergé.

> **Mot-clé**
>
> **César-opapisme :** absorption par le souverain temporel (César) des fonctions spirituelles qui relèvent du chef de l'Église (le pape). Ce dernier conserve sa fonction religieuse mais est soumis au souverain. C'est le mode de fonctionnement de l'Empire romain chrétien (325-476), de l'Empire byzantin (395-1453), de l'Empire carolingien (751-924), puis, d'une manière plus discontinue, du Saint Empire romain germanique (au moins de 996 à 1250).

- **Le décideur du dogme et de la foi.** Se qualifiant de *rex et sacerdos* (« roi et prêtre »), **Charlemagne veut unifier les croyances de l'Église**. Il impose aux monastères un règlement unique (la règle bénédictine). Il fixe le dogme (ce en quoi il faut croire) en condamnant les hérésies. Il impose sa version de la principale prière chrétienne de l'époque : le *Credo*.

> **Texte-clé**
>
> **Le couronnement de Charlemagne**
>
> « Venant donc à Rome, Charlemagne y passa tout l'hiver. C'est alors qu'il reçut les titres d'empereur et d'Auguste. Et il s'en montra, d'ailleurs, si mécontent qu'il aurait renoncé, affirmait-il, à entrer dans l'église ce jour-là, bien que ce fût le jour de la Nativité [Noël], s'il avait pu connaître d'avance les desseins du pape. »
>
> Éginhard, *Vie de Charlemagne* (vers 830).

- **Le protecteur des États du pape.** Possesseur de territoires autour de Rome qui lui ont été concédés par Pépin le Bref, **le pape a besoin de l'aide de Charlemagne** pour les conserver et les agrandir. Aussi l'empereur exerce-t-il un véritable contrôle sur les États pontificaux, n'hésitant pas à intervenir dans leurs affaires intérieures et dans la désignation des évêques.

2 Un empire administré par l'Église

A Le clergé au service de l'empereur

- **Le rôle des évêques.** Dans tout l'Empire, **les évêques sont désignés directement par Charlemagne**, sans que le pape ait son mot à dire. Ils jouent, avec les comtes, les rôles d'administrateurs et de surveillants (les *missi dominici*).

- **Le clergé récompensé.** Pour s'assurer de la fidélité du clergé, l'empereur donne des terres à ses membres et leur permet de **lever un impôt, la dîme,** généralisé en 779. **Il leur assure l'immunité**, c'est-à-dire une protection qu'il garantit personnellement.

B L'Église « éducatrice de l'État »

- **Les conséquences de la réhabilitation de l'écrit.** En réhabilitant l'écrit et le droit romain, **l'empereur a besoin du clergé** qui possède alors le monopole du savoir. Il doit donc développer les écoles pour éduquer les gens d'Église qui forment la quasi-totalité de son administration.

- **La « Renaissance carolingienne ».** Comme chef de l'institution chrétienne, Charlemagne doit en célébrer l'importance par la **construction d'abbayes et de basiliques**. Il doit aussi aider à la propagation du message chrétien en **multipliant les ateliers de copistes** permettant la **diffusion des textes sacrés** qui doivent être les plus beaux possibles. Ainsi, l'Empire carolingien est « un État d'Église avec une Église d'État ».

Notion-clé

Les deux glaives : théorie fondant la **théocratie pontificale**, issue des écrits de saint Augustin (354-430) et développée par Innocent III, pape de 1198 à 1216. Le pape est *vicarius Christi* (« vicaire de Jésus-Christ ») et possède la *plenitudino potestatis* (la « puissance totale »). Il détient donc le glaive spirituel (religieux) et le glaive temporel (le gouvernement des États). Il est ainsi supérieur aux rois qu'il doit commander. Cette théorie ne s'appliquera jamais réellement dans l'Occident médiéval. Elle s'incarne dans la « querelle des investitures » qui voit s'opposer le pape et l'empereur du Saint Empire. Après quelques succès du pape (il oblige l'empereur Henri IV à venir lui demander pardon à genoux), cette querelle conforte la prééminence du pouvoir temporel sur le pouvoir spirituel, particulièrement en France.

◄ **Le denier d'argent de Charlemagne (800).** Le souverain y apparaît revêtu de tous les attributs du pouvoir des empereurs romains (couronne de laurier, cuirasse et manteau pourpre). Au revers, l'inscription « La religion chrétienne » et la croix confirment la prééminence religieuse de l'empereur.

CHAPITRE 39

Le calife et l'empereur byzantin

La **détention du pouvoir temporel et spirituel par un seul homme** qui prévalait dans l'Empire romain, particulièrement depuis sa christianisation par Constantin (306-337), **se maintient en Orient tout au long du Moyen Âge** alors qu'elle n'est plus qu'épisodique en Europe occidentale. **L'empereur byzantin** puis **le calife** se disent à la fois souverains temporels et chefs d'une religion qu'ils essaient d'étendre au monde entier.

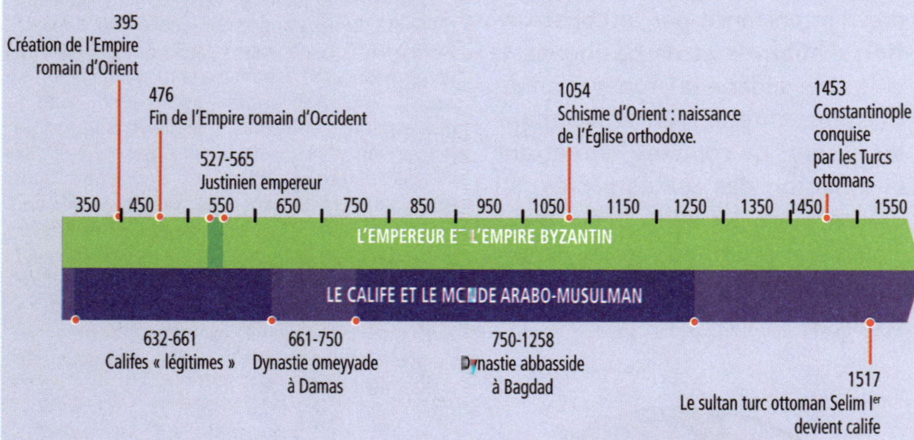

1 Un pouvoir théoriquement sans partage

A L'empereur : le *Basileus*

- **L'héritier des empereurs romains.** Détenteur d'une magistrature comme dans la Rome antique, **l'empereur est « l'autorité légitime, le bien commun de tous ses sujets »** (traité de droit byzantin dit *Épanagôgé*). Lors de son avènement, l'empereur est présenté au Sénat, puis acclamé par le peuple et par l'armée lors d'une cérémonie à l'Hippodrome.

- **Le lieutenant de Dieu sur Terre.** Dans le royaume terrestre, l'empereur occupe la place que Dieu occupe dans le royaume des Cieux. **Son pouvoir** est une émanation de la providence et **n'a** donc **aucune limite théorique**. Il est « la loi incarnée ».

- **L'Empire universel.** L'empereur chrétien a pour **mission d'étendre son empire**, car, comme il n'y a qu'un royaume céleste, il n'y a qu'un royaume terrestre. Toute terre chrétienne est inaliénable et doit être reconquise si elle a été perdue. L'empereur est donc aussi **un chef de guerre permanent**.

B Le calife : le successeur de Mahomet

- **Les premiers califes.** Mahomet n'ayant pas organisé de succession, les musulmans de Médine choisissent **son beau-père Abu Bakr pour le remplacer** en 632. Dans un climat de guerre civile, se succèdent trois califes appelés « légitimes » jusqu'à la proclamation, par un arbitrage discuté, d'un nouveau calife, Mo'awiya, en 661. Il impose le principe de la **succession héréditaire** et fonde la dynastie Omeyyade (661-750).

- **Le calife omeyyade.** « Lieutenant de Dieu et chef militaire des croyants (émir) », il reste, avant tout, **un chef bédouin administrant un immense territoire** où de nombreuses populations ne sont ni arabes ni musulmanes. Mais, en se fixant à Damas, le calife, désormais **chef de guerre à la tête d'un immense empire**, met en place un **rituel monarchique** teinté d'influences perses et byzantines.

- **Une adaptation du modèle byzantin ?** Avec la dynastie abbasside (750-1258), le calife, bientôt installé à Bagdad, se transforme en **monarque de droit divin** en devenant **imam** (chef de la prière) et en adoptant des noms de règne évoquant la faveur divine *(laqâb)*. Il est **souvent représenté à la manière du *Basileus***.

Mot-clé

***Basileus* :** titre donné, à l'origine, aux rois de Perse et porté, ensuite, par les empereurs byzantins. Le *Basileus* (« roi » en grec) est l'incarnation vivante du césaro-papisme. « Lieutenant de Dieu sur Terre », il dirige « l'Empire universel » grâce à son pouvoir temporel sur les hommes et son pouvoir spirituel sur l'Église. Le patriarche (chef de l'Église byzantine) est son vicaire et lui obéit.

Le *solidus* d'or de l'empereur byzantin Léon VI le Sage, IXe s. ▶
Détenteur des deux pouvoirs, temporel et spirituel, le *Basileus* est vêtu de la chlamyde (manteau des empereurs romains), du *loros* (écharpe impériale) et tient le globe surmonté de la croix chrétienne (l'orbe crucigère).

2 Le problème de la succession

A Principe dynastique et usurpations à Byzance

- **La liberté de Dieu.** L'essence même du pouvoir du *Basileus* **interdisait le principe dynastique**, Dieu ne devant choisir que les meilleurs, qui n'étaient pas forcément les enfants. Ce principe s'impose, cependant, assez vite et **favorise aussi toutes les contestations**.

- **De multiples usurpations du trône.** Chaque usurpation réussie devient le signe que Dieu désire un changement de dynastie. Ainsi **les meilleurs empereurs du xe siècle sont-ils tous des usurpateurs**, mais ils s'allient à la famille régnante et conservent auprès d'eux les héritiers légitimes, appelés « porphyrogénètes » (nés dans la salle recouverte de marbre rouge – le porphyre – où accouche l'impératrice).

B Principe dynastique et mise sous tutelle à Bagdad

- **La succession d'Hârûn ar-Rashîd.** Il veut rendre officiel le **système de désignation de l'héritier par le souverain régnant** en choisissant, au début du VIIIe siècle, son second fils comme futur calife et en faisant placarder sa décision sur la Kaaba. Cela n'empêche pas **une guerre civile** à sa mort et **l'assassinat du successeur désigné**. Dès lors, même si le califat demeure dynastique et reste dans le clan abbasside, presque chaque succession entraîne une lutte pour le pouvoir.

- **Vers la fiction califienne.** Les troubles engendrés à chaque succession favorisent l'émergence d'administrateurs et d'hommes de guerre qui captent, peu à peu, le pouvoir. **Le califat passe sous la tutelle d'émirs** d'origine persane ou turque qui deviennent de véritables Premiers ministres et généraux en chef. Ils ne laissent **au calife qu'un pouvoir symbolique** : celui d'incarner l'unité de l'*umma* (communauté des musulmans) et le *dar al-islam*, (rêve d'expansion de l'islam aux limites du monde).

▲ **Le dinar d'or du calife Abd al-Malik, VIIIe s.**
Successeur du prophète Mahomet (inscription en arabe : « Il n'y a de dieu que Dieu, Mahomet est le prophète de Dieu »), le calife, représenté à la manière de l'empereur byzantin, est, par le cimeterre (l'épée) qu'il tient, le propagateur de la foi islamique.

La mise en place de la laïcité en Turquie

CHAPITRE 40

Après la fin de la Première Guerre mondiale, le traité de Sèvres est **très défavorable à l'Empire ottoman**, menacé de démantèlement. Une **résistance nationaliste turque, dirigée par le militaire Mustafa Kemal, s'organise**. Elle débouche sur une guerre d'indépendance qui renverse le dernier sultan calife, pourtant soutenu par les forces françaises et britanniques.

1 De l'Empire ottoman à la Turquie

A La prise du pouvoir

- **Atatürk et l'abolition du sultanat.** Au terme de la guerre de « libération » de la Turquie, Mustafa Kemal apparaît comme **le sauveur de la nation – ce qui lui vaudra plus tard le nom d'Atatürk** (« le Turc-père »). Il parvient, d'abord, à faire élire une Grande Assemblée nationale turque représentative, en avril 1920, puis à déposer le sultan calife Mehmed VI (novembre 1922), qui reste cependant calife mais qui préfère se réfugier sur un navire de guerre anglais.
- **Le maintien temporaire du califat.** La première initiative du nouveau régime est d'affirmer **la séparation des pouvoirs politique (sultanat) et religieux (califat)**. Mustafa Kemal justifie la dissociation du sultanat (pouvoir politique à Constantinople) et le maintien du califat religieux (Abdülmecid II qui remplace Mehmed VI) par le fait que « le califat est une chose très importante dans l'islam, parce qu'il forme un lien sacré entre les musulmans ».

B La naissance de la Turquie

- **La République turque.** **La République est proclamée le 29 octobre 1923** par la Grande Assemblée nationale turque réunie à **Ankara, nouvelle capitale** disjointe d'**Istanbul (Constantinople), trop marquée par son passé religieux**. Mustafa Kemal, surnommé *Ghazi* (« le Victorieux ») depuis ses guerres contre les Grecs pendant la Première Guerre mondiale, en devient président.

- **L'abolition du califat.** Le 3 mars 1924, la Grande Assemblée nationale vote l'abolition du califat. Mehmed VI ainsi que le 101e calife Abdülmecid sont contraints à l'exil définitif, accusés de symboliser l'opposition politique et religieuse à Mustafa Kemal. Ce dernier justifie l'abolition en déclarant que **« la souveraineté appartient, sans restriction ni condition, à la nation »**.

Mots-clés

- **Franc-maçonnerie :** association de personnes, plus ou moins secrète, constituée en « loges maçonniques », et qui exprime une solidarité de pensée philosophique, morale, voire politique. Sous la IIIe République, le Grand Orient de France et la Grande Loge défendent **la République et la laïcité** – ce qui leur attire l'hostilité de l'extrême droite.
- **Traités de Sèvres et de Lausanne :** le premier, signé en 1920, est censé régler le sort de l'Empire ottoman. Mais il lui est tellement défavorable (dépècement presque total) qu'il n'est pas appliqué et entraîne une guerre d'indépendance menée par Mustafa Kemal. La victoire de ce dernier contre le sultan permet la signature d'un **second traité (Lausanne)** moins défavorable et qui, surtout, reconnaît la souveraineté de Kemal sur la Turquie nouvellement créée.

2 La Turquie laïque

A Les réformes kémalistes

- **L'exemple de la Révolution française.** Nul doute que l'engagement dans la **franc-maçonnerie** a fortement conditionné les choix philosophiques et politiques de Mustafa Kemal Atatürk, très inspiré par la Révolution française et **admirateur du Siècle des lumières.**

- **Laïcité et éducation.** La **laïcité** est **inscrite dans la Constitution**, le droit de vote est accordé aux femmes et la **mixité établie dans tous les niveaux de l'enseignement scolaire** jusqu'à l Université (interdiction de toutes les écoles religieuses au nom de la laïcité et du progrès). Selon Mustafa Kemal, « **ce sont les instituteurs qui élèvent les peuples au rang des nations véritables**. C'est vous, maîtres d'école, qui allez édifier la nouvelle génération, la nouvelle Turquie. Car la base de la République turque, c'est la culture ».

- **Lutter contre la pauvreté.** L'objectif principal est de résoudre le problème de la pauvreté en Turquie, en prenant modèle sur les civilisations occidentales. Mustafa Kemal affirme ainsi que « nous allons élever notre nation au niveau des **civilisations les plus riches et les plus modernes du monde**. Nous allons mettre notre culture nationale au-dessus du diapason de la civilisation contemporaine. La forme du gouvernement de l'État turc est la République ».

B L'évolution contemporaine

- **Une nouvelle laïcité ?** Aujourd'hui, sous le régime du président Erdogan, **la physionomie de la laïcité turque a bien changé**. Le propos présidentiel l'atteste à tout moment : « En Turquie, nous ne considérons pas que la laïcité soit hostile à la religion. **Les individus ne peuvent pas être laïcs ; c'est l'État qui peut l'être**. Auparavant, nos filles ne pouvaient pas poursuivre leur scolarité en portant le voile. Aujourd'hui, nous pouvons voir des femmes voilées, dans les universités, au Parlement et dans différents postes au sein de l'État. C'est ça, la laïcité. »
- **Une nouvelle islamisation ?** Il s'agit, désormais, de mettre en place un grand projet d'islamisation de la société. Ainsi, il a été décidé la **construction de la plus grande mosquée de Turquie**, à Istanbul, de même que le retour du voile dans tous les lieux publics. Le président turc n'hésite pas à brandir le Coran lors de ses meetings.

Biographie

Mustafa Kemal Atatürk : fondateur et premier président de la Turquie (1923-1938), il a joué un rôle important dans les orientations politiques de son pays, après la Première Guerre mondiale. L'aperçu le plus remarquable de son action réside dans une stratégie très affirmée et volontariste d'**occidentalisation de la société turque** (procédure de **laïcisation de l'État** à l'encontre de l'emprise historique de l'islam, imposition de l'alphabet latin à la place de l'écriture arabe précédente).

Portrait officiel de Mustafa Kemal (1881-1938), premier président de la République laïque de Turquie. ▶

CHAPITRE 41

États et religions aux États-Unis

Par rapport à la conception de la laïcité française, on peut s'interroger, aux États-Unis, sur **les rapports ambigus entre les États américains et la religion**, dans une société qui a été formée, originellement, par des dissidents religieux. Comme le rappelle **Tocqueville** dans *De la démocratie en Amérique* : « C'est **la religion** qui **a donné naissance aux sociétés anglo-américaines.** »

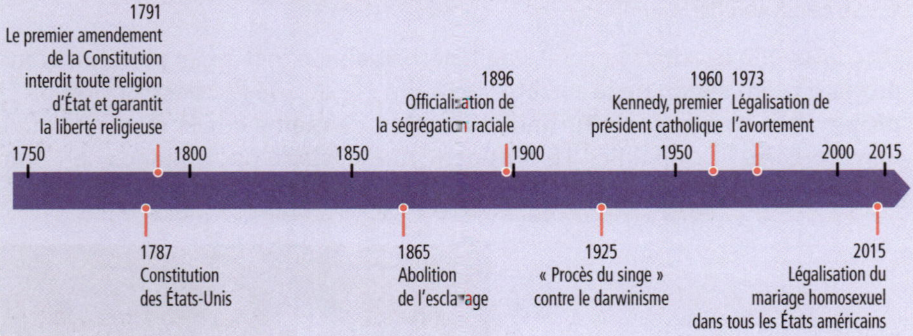

1 Historique des rapports entre États et Églises

A Des Églises et des États théoriquement séparés

- **Le premier amendement de la Constitution (1791).** Il établit un équilibre social entre la liberté religieuse totale de l'individu et la neutralité absolue de l'État. Cet équilibre est même assimilé à un mur entre Église et État par le président Jefferson, dès 1802, dans sa *Lettre à la paroisse de Danbury*. **La séparation entre les Églises et les États est rappelée constamment** dès la fin du XIXe siècle et tout au long du XXe siècle, notamment par les **arrêts de la Cour suprême fédérale**.

Notion-clé

Le premier amendement de la Constitution des États-Unis (1791) : il indique que « le Congrès ne pourra faire aucune loi concernant l'établissement d'une religion ou interdisant son libre exercice ». Cette double clause est le pilier sur lequel s'est établie l'attitude religieuse des États américains depuis deux siècles.

- **Une séparation respectée au XIXe siècle. Cette séparation** entre Églises et États **s'impose au protestantisme** qui domine et façonne la société américaine. Les différentes Églises protestantes, qui sont celles des premiers Américains, forment les cadres de pensée et de fonctionnement de la société américaine, en particulier autour des **valeurs d'individualisme, de libre entreprise et de puritanisme**.
- ***« In God we trust. »*** Aux États-Unis, **l'immigrant peut conserver sa religion** qui a souvent été un facteur de persécution dans son pays d'origine (juifs russes et polonais arrivant à New York entre 1880 et 1914). Mais **il doit aussi adapter l'exercice de son culte aux contraintes imposées par une religion civile** qui offre des repères et un horizon commun à tous les Américains, anciens et nouveaux. Ainsi, **en 1956**, le président Eisenhower fait de la sentence ***« In God we trust »* la devise nationale**.

B La différenciation entre le Nord et le Sud

- **L'évolution au XXe siècle.** Les Églises protestantes divergent rapidement entre les **Églises du Sud, majoritairement évangéliques,** qui représentent des communautés rurales où les valeurs morales conservatrices sont essentielles, et les **Églises progressistes du Nord-Est** urbain et industriel.
- **Des positions différentes face aux grandes questions de société.** Les Églises protestantes du **Sud** cherchent à imposer l'**enseignement du créationnisme** dans les écoles, tandis que celles du Nord s'engagent dans la lutte contre la ségrégation raciale.

> **Mot-clé**
>
> **Créationnisme :** doctrine religieuse chrétienne qui affirme l'origine divine du monde et réfute la théorie darwinienne de l'évolution naturelle par sélection des espèces. Elle est promue par les protestants fondamentalistes des États du Sud pour être enseignée dans les écoles publiques américaines.

2 Les évolutions contemporaines

A La religion, marqueur essentiel de la vie politique

- **Kennedy.** Son élection, en 1960, comme premier président catholique, et donc non protestant, est une rupture fondamentale. **Kennedy** lui-même avait veillé à rassurer la population américaine sur sa neutralité vis-à-vis de Rome en déclarant : « **Je crois en une Amérique où la séparation de l'Église et de l'État est absolue,** où aucun prélat catholique ne dit au président [si celui-ci est catholique] comment agir, et où aucun pasteur protestant ne dit à ses ouailles pour qui voter. »

- **L'instrumentalisation de la religion.** Le **président républicain Ronald Reagan** pratique, dans les années 1980, cette stratégie en **ralliant des pasteurs conservateurs comme la « Majorité morale » de Jerry Falwell ou la « Coalition chrétienne » de Pat Robertson**. Elle prône le rétablissement de la prière dans les écoles publiques et la mise hors la loi de l'avortement. **George W. Bush** proclame, en 2000, que **Jésus-Christ est son philosophe préféré.** Cependant, la Cour suprême refuse en permanence de revenir sur le « mur » constitutionnel de séparation entre les Églises et les États.

B Diversification et sécularisation

- **La diversification religieuse.** Depuis cinquante ans, le paysage religieux des États-Unis se diversifie avec l'**arrivée massive d'immigrations extra-européennes** : les populations venues d'Amérique centrale et d'Amérique du Sud renforcent la présence du catholicisme aux États-Unis. Les populations immigrées d'Afrique et d'Asie ont développé **la pratique de l'islam** en **multipliant par trois** le nombre de musulmans américains depuis 1990.

- **Le télévangélisme.** Incarné par des figures aussi populaires que Billy Graham ou Rick Warren, il utilise désormais, **Internet pour atteindre des catégories de population peu concernées par la pratique religieuse**, comme la jeunesse des grands centres urbains.

> **Mot-clé**
>
> **Églises évangéliques :** courant religieux du protestantisme qui croit à l'autorité supérieure de la Bible et à la nécessaire propagation de son message. Les évangélistes sont surtout présents dans le Sud des États-Unis où ils représentent un tiers de la population *(Bible Belt)*.

- **Les Américains sans religion.** Une véritable sécularisation de la société américaine, quoique beaucoup plus tardive que celle des sociétés européennes, semble aussi s'opérer avec la progression nette des **Américains se déclarant sans religion : 8 % en 1990 et plus de 25 % aujourd'hui**.

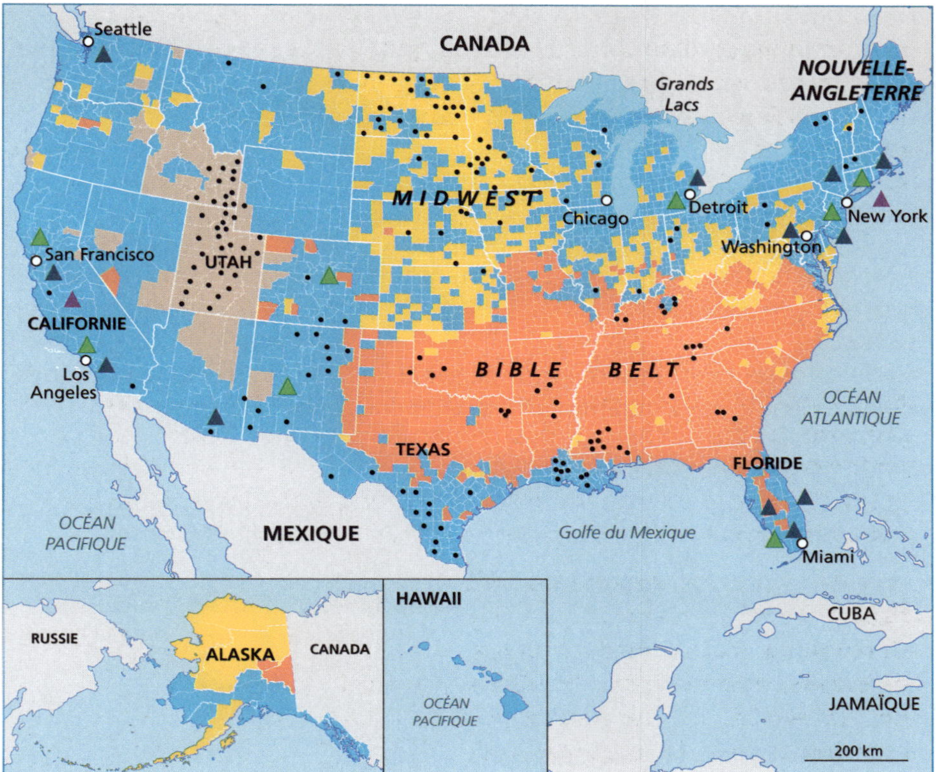

1re religion et majorités religieuses par comté

- Protestantisme baptiste (1 302 comtés)
- Catholicisme (1 164 comtés)
- Protestantisme traditionnel (595 comtés)
- Mormonisme (80 comtés)
- • Une religion dépasse 50 % de la population

Présence de fortes minorités religieuses

- ▲ Judaïsme
- ▲ Islam
- ▲ Bouddhisme

▲ États et religions aux États-Unis aujourd'hui.

CHAPITRE 42

Sécularisme et minorités religieuses en Inde

L'étendue du territoire indien, l'importance de la population, sa forte **diversité religieuse** et la **suprématie de la religion hindouiste** rendent **complexe le fonctionnement de la société et l'organisation démocratique de l'État**. Cette complexité est encore aggravée par les fréquentes tensions religieuses qui secouent le pays, notamment entre hindous et musulmans.

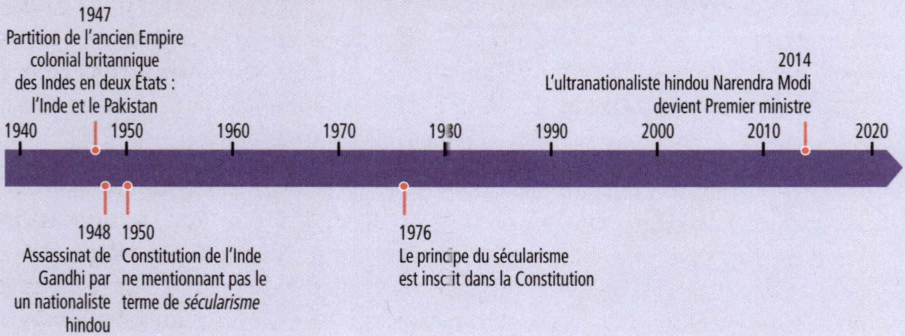

1 Le sécularisme indien

A L'absence de religion d'État

- **Les difficultés religieuses liées à l'indépendance.** Dès 1947, à la fin de l'Empire colonial britannique et lors du passage à l'indépendance, **le gouvernement indien est confronté à de graves tensions religieuses dans le pays**, notamment entre les **deux principales religions, hindouiste et musulmane,** à cause du développement d'un nationalisme hindou très militant et agressif.
- **Le rôle de Gandhi.** Guide spirituel de l'Inde et acteur de l'indépendance du pays, il prône, jusqu'à son assassinat en 1948, **la tolérance mutuelle en matière religieuse** : « Les religions sont comme des routes différentes qui convergent vers un même point. Qu'importe que nous empruntions des voies différentes pourvu que nous arrivions au même but. »

- **La Constitution de 1950.** Sous l'influence de **Nehru**, héritier spirituel de Gandhi, elle pose le principe du **sécularisme**, favorisant une cohabitation religieuse, même si elle reste toujours fragile. En principe, l'État ne reconnaît aucune religion officielle, mais **le poids de l'hindouisme rend les équilibres religieux très précaires.**

Mot-clé

Sécularisme : reconnaissance par l'État de toutes les religions et garanties accordées aux minorités religieuses. L'article 30 de la Constitution indienne de 1950 les autorise à créer leurs propres écoles et à obtenir des subventions de l'État pour leur fonctionnement.

B L'esprit du sécularisme indien

- **Une forme de laïcité moderne.** Le sécularisme indien est, parfois, comparé à la laïcité telle qu'elle est comprise en France. Il est **constitutif de la profonde diversité religieuse du pays** qu'il faut bien réguler, organiser, pacifier. Cependant, à l'inverse de la France, il n'y a **pas de séparation nette entre l'État et les religions,** mais plutôt une tolérance bienveillante envers elles.
- **Une garantie des droits fondamentaux.** L'Inde assure les droits fondamentaux religieux et culturels à tous les citoyens, minorités comprises. Comme le précise le politologue indien Rajeev Bhargava : « Aucune institution éducative financée par l'État ne doit dispenser d'éducation religieuse. La **Constitution ne confère à la religion aucun droit de regard sur les lois du pays.** Toutes les lois pénales sont sécularistes. **Une seule anomalie majeure** persiste : **une partie des lois civiles** qui traitent de la famille, du mariage et de l'héritage **relève de la religion.** »

2 Les minorités religieuses en Inde

A Géographie des minorités religieuses

- **Moins de 80 % d'hindouistes.** En 2015, la publication des statistiques de l'affiliation religieuse de la population indienne a suscité une grande émotion auprès des ultranationalistes indiens. Pour la première fois depuis l'indépendance, **le nombre d'hindouistes descendait en dessous de la barre des 80 %** (970 millions), tandis que **le nombre de musulmans augmentait** (181 millions) et que celui des chrétiens (27 millions) et celui des sikhs (21 millions) restaient stables. Il faut aussi comptabiliser 8 millions de bouddhistes et 4 millions de jaïns.

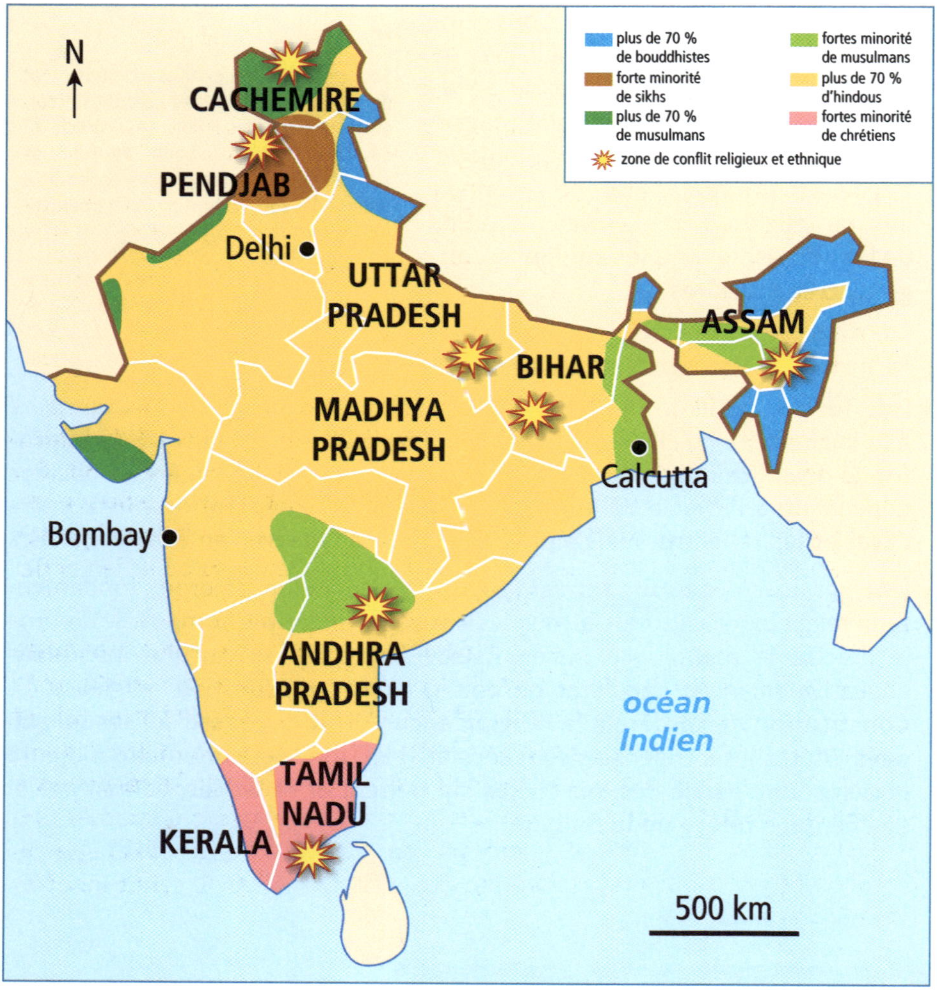

▲ Les minorités religieuses en Inde.

▪ **Une répartition inégale.** Dans le Nord du pays, **les musulmans sont majoritaires dans l'État du Jammu-et-Cachemire**. De fortes minorités musulmanes sont installées au nord-ouest du Rajasthan, dans l'Uttar Pradesh, et au Bengale occidental. Les **sikhs** sont nombreux dans le **Pendjab**. Quant aux **chrétiens**, ils sont significativement présents dans le **Kerala** au sud-ouest, à Goa et dans les territoires de l'Est indien, au-delà de l'État indépendant du Bangladesh musulman.

B Vers une conception ethnique de l'Inde

> **Mots-clés**
> - **Confessionnalisation :** processus permettant de se forger une identité par la confrontation religieuse.
> - ***Hindutva* (hindouité) :** ce qui fait l'essence de l'Inde par rapport au reste du monde. Ce concept, inventé par l'idéologue d'extrême droite Vinayak Damodar Savarkar en 1923, trouve une seconde jeunesse aujourd'hui par la confessionnalisation qui touche l'Inde contemporaine.

- **Des minorités religieuses inquiètes.** Aujourd'hui, le développement de la confessionnalisation pose, à nouveau, le problème de la reconnaissance et du statut des minorités religieuses et des communautés tribales dans la société indienne. Avec **la montée en puissance du nationalisme hindou**, les **chrétiens**, les **musulmans** et toutes les **autres minorités religieuses** de l'Inde, tous **considérés comme des citoyens inférieurs**, sont, désormais, stigmatisés par le Parti du peuple hindou (parti d'extrême droite du Premier ministre Modi). Les églises sont profanées, des chrétiens et des musulmans sont agressés et « reconvertis » à l'hindouisme. L'année 2017 marque une telle recrudescence des violences interreligieuses que le gouvernement américain et le Vatican sont intervenus pour demander le respect de la Constitution de 1950.

- **La fin de l'Inde sécularisté ?** Comme le souligne l'historienne Charlotte Thomas : « Aujourd'hui, c'est bien l'idée même de l'Inde sécularisté, telle qu'elle a été conçue par les pères fondateurs lors de l'indépendance, qui est en jeu. » Dans le Gujarat, l'**abattage illégal des vaches sacrées**, auparavant puni de sept ans de prison, **est, désormais, sanctionné par la réclusion à perpétuité**. L'extrême droite de Narendra Modi essaie même d'imposer une ethnicisation de la démocratie indienne en s'appuyant sur l'**idéologie de l'*hindutva* (« hindouité »)**, selon laquelle la nation indienne serait hindoue de par son essence.

CHAPITRE 43

Des enjeux géopolitiques : l'Inde et le Pakistan

La partition de l'Empire colonial britannique des Indes intervient en 1947, selon un critère de démographie religieuse. Le Pakistan, majoritairement musulman, devient la République islamique du Pakistan. L'Inde, majoritairement hindoue, se transforme en République de l'Inde. Depuis cette époque, le Pakistan et l'Inde, un sixième de la population mondiale à eux deux, s'affrontent de manière récurrente et cyclique. Trois conflits ouverts les ont opposés militairement. Cette conflictualité s'explique par leurs différends relatifs à la souveraineté sur le Cachemire.

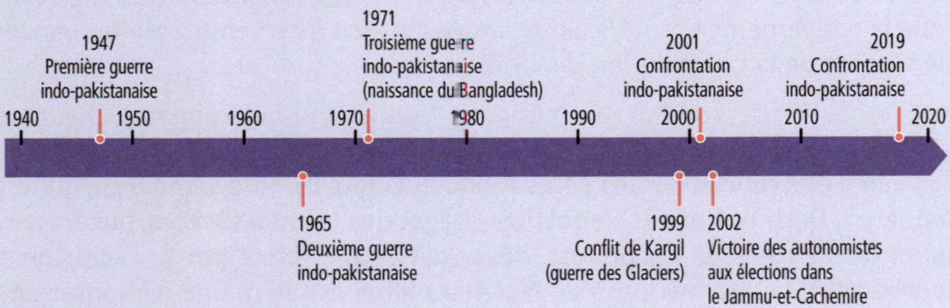

1 Les enjeux initiaux entre les deux pays

A Le contexte de la décolonisation

- **La volonté britannique.** Le conflit entre l'Inde et le Pakistan à propos du Cachemire plonge ses racines dans le passé colonial de la péninsule Indienne. Le colonisateur anglais, soucieux de neutraliser les tensions religieuses, prône une **séparation progressive des communautés musulmane et hindoue.** L'**indépendance** « improvisée » **de 1947 accélère le processus de manière dramatique** par la création de deux États : l'Inde, à majorité hindouiste, et le Pakistan, proclamé « République islamique ».

▪ **L'exode de 1947.** Durant l'été et l'automne 1947, **un gigantesque exode concerne 10 à 15 millions de personnes**, des musulmans et des hindous tentant de gagner leur État respectif. Ces déplacements s'accompagnent d'un **déferlement de violence, lié au tracé des nouvelles frontières** et à la montée des tensions intercommunautaires. Ces transferts sont incomplets, puisque, en 1948, il reste 35 millions de musulmans en Inde – facteur d'affrontements ultérieurs. Ces transferts sont surtout à l'origine d'attentats, de viols, de massacres collectifs et de pillages. Le bilan approximatif s'élève entre 300 000 et 500 000 morts. Le Pendjab, frontalier du Cachemire, est la région la plus touchée, avec un tiers de sa population déplacée.

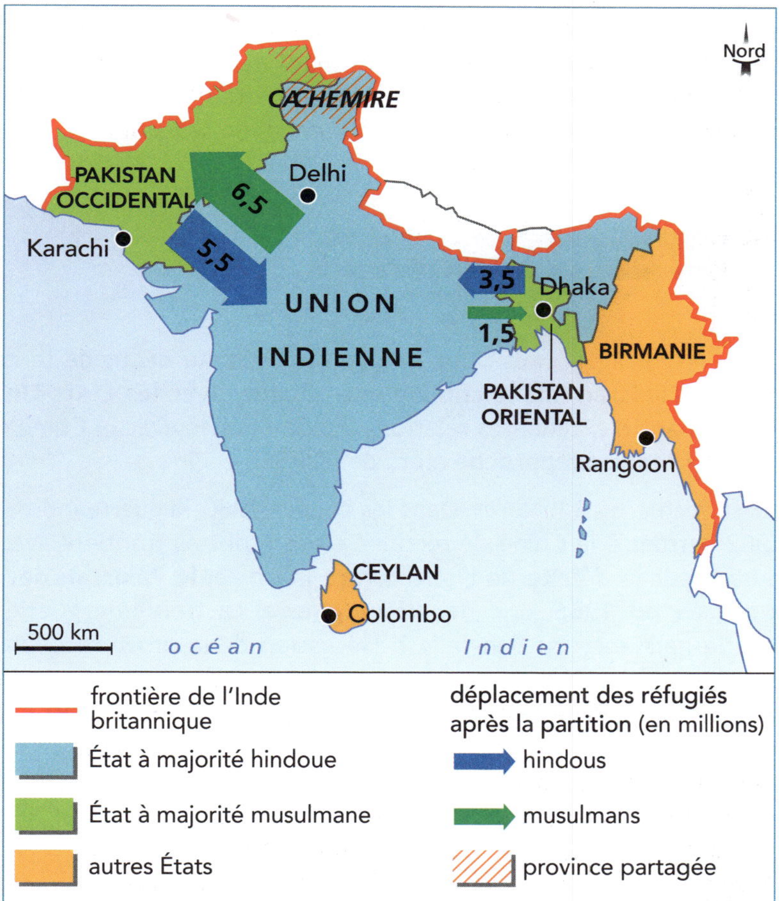

▲ Les transferts religieux au moment de l'indépendance de l'Inde (1947).

B Le problème du Cachemire

- **La première guerre indo-pakistanaise.** À l'occasion de la partition trop hâtive en 1947, l'État princier du Cachemire, à majorité musulmane, hésite à rejoindre l'un ou l'autre de ses voisins, puis choisit le rattachement à l'Inde. Le Pakistan encourage un gouvernement cachemiri rival, entraînant un conflit armé. Le cessez-le-feu imposé par l'ONU débouche sur un **découpage du territoire immédiatement contesté** : au nord-ouest, Azad Cachemire au Pakistan et revendiqué par l'Inde ; au sud-est, Jammu-et-Cachemire en Inde et revendiqué par le Pakistan ; au nord-est, Aksai Chin, petit territoire administré par la Chine et toujours revendiqué par l'Inde.

- **L'eau, source de conflictualité.** Au carrefour de plusieurs ensembles montagneux et avec l'enjeu vital d'un **immense réservoir d'eau**, le Cachemire, qualifié de « veine jugulaire » du Pakistan, devient un *casus belli* territorial permanent entre l'Inde et le Pakistan, ce dernier étant privé de la maîtrise des principales sources de l'Indus et de bon nombre de ses affluents.

2 Des tensions sans cesse ravivées

A Pendant la « guerre froide »

- **L'Inde et le Pakistan dans deux camps opposés.** Au début de la « guerre froide », **le Pakistan fait le choix d'une alliance avec les États-Unis**, tout en développant d'excellentes relations diplomatiques avec la Chine de Mao Tsé-toung. **L'Inde se rapproche alors de l'URSS.**

- **Les affrontements militaires.** Dans les années 1960, la guerre indo-chinoise de 1962 permet à la Chine de rectifier à son profit sa frontière avec l'Inde. Encouragé par la défaite de l'Inde contre la Chine, **le Pakistan déclenche, sans succès, en 1965, une deuxième guerre**. La troisième guerre, résultant de la naissance du Bangladesh (sécession de la province orientale du Pakistan), ne débouche sur aucune avancée, les deux pays reconnaissant simplement la ligne de cessez-le-feu imposée par l'ONU en 1949.

B Depuis 1989

- **La course au nucléaire.** Pour rattraper son retard militaire par rapport à la Chine, **l'Inde se lance dans un ambitieux programme nucléaire** et parvient à fabriquer sa première bombe atomique en 1998. **Le Pakistan, pour contrer son rival indien, se dote aussi de l'arme nucléaire** et peut faire son premier essai réussi la même année. Désormais, les deux pays, qui n'ont pas signé les traités de non-prolifération, peuvent revendiquer le statut de « puissance nucléaire ».

Les changements stratégiques liés au terrorisme islamique. Les attentats du 11 septembre 2001 aux États-Unis et la guerre d'Afghanistan qui en découle déstabilisent le Pakistan. Ils ont pour conséquence la **réouverture du conflit du Cachemire avec l'Inde** (un million de soldats le long de la frontière commune). En même temps, **l'Inde décide d'enrayer le terrorisme islamique au Cachemire** et **le Pakistan rompt avec les talibans et les mouvements islamistes radicaux.** Les conditions sont peut-être en train d'être réunies, désormais, pour le retour à un dialogue bilatéral indo-pakistanais. Il peine, cependant, à s'amorcer, comme en témoigne le regain de tension, entre les deux pays début 2019.

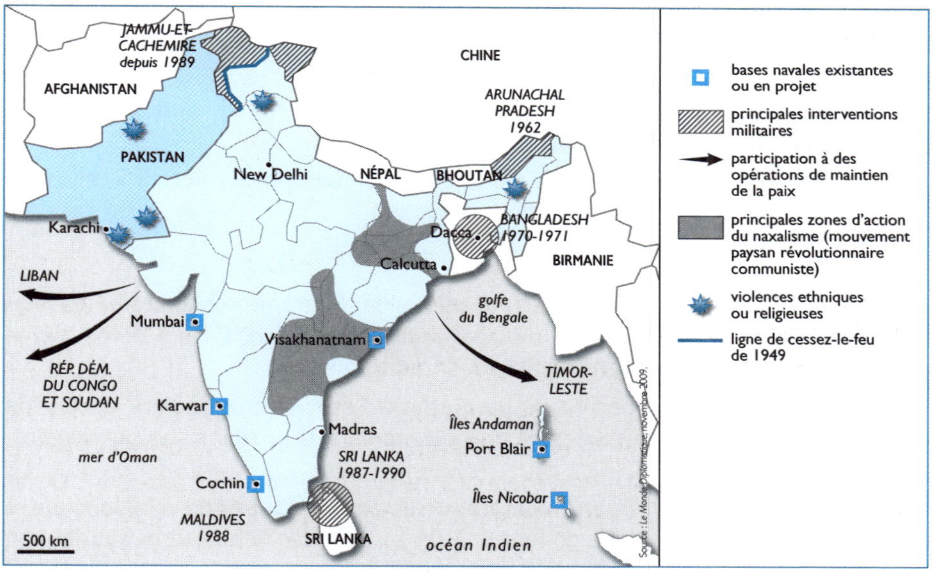

▲ L'Inde aujourd'hui : un pays sous tensions internes et externes.

CONTRÔLE CONTINU

Dissertation

Sujet : « Les liens historiques entre pouvoir et religion »

Travail préparatoire

Analyser le sujet

Comprendre le libellé

Il faut d'abord définir les **termes principaux du sujet,** c'est-à-dire, ici, en premier lieu les mots « **pouvoir** » puis « **religion** ».

« Pouvoir » doit être pris dans son sens le plus simple de pouvoir politique, c'est-à-dire l'autorité souveraine, le gouvernement d'un État.

Le genre singulier de « religion » indique qu'il s'agit de l'institution qui régit les rapports de l'homme au sacré et non des pratiques individuelles de la croyance.

On doit aussi préciser l'expression « **liens historiques** », à savoir les **rapports** instaurés entre les deux entités dans le passé. Ils peuvent être amicaux, conflictuels, de soumission de l'un à l'autre, etc.

Les bornes spatiales et temporelles n'étant pas définies, on se référera à celles qui sont fournies par le programme (voir ci-dessous).

Les écueils à éviter

Le sujet est à replacer dans le cinquième thème du programme « analyser les relations entre États et religions » et plus particulièrement dans l'axe 1 de ce thème « pouvoir et religion : des liens historiques traditionnels ».

Pour bien se conformer à l'esprit du programme, l'étude entre pouvoir et religion doit se faire à **partir d'exemples** et non de manière trop théorique ou exagérément philosophique.

Il ne s'agit donc **pas de dresser un catalogue de tous les types de relations entre le pouvoir et la religion**, mais de les analyser au sein des deux cadres spatiaux et temporels de l'axe 1 : en Occident sous le règne de Charlemagne et en Orient aux IXe-Xe siècles dans le cadre de l'Empire byzantin et du califat.

Les attentes du correcteur

Le devoir doit montrer que l'on connaît **les jalons** précisés par le programme, à savoir les rapports entre les deux pouvoirs dans l'Empire carolingien, dans l'Empire byzantin et dans le califat abbasside.

Il est aussi souhaitable de bien maîtriser certaines notions clés, à savoir, **« *Basileus* », « pouvoir spirituel », « pouvoir temporel », « césaro-papisme », « théocratie »** et d'avoir complété ses connaissances par un travail personnel, particulièrement sur la « **théorie des deux glaives** » et sur la « **querelle des investitures** » qui prolongent la réflexion sur les rapports entre les deux pouvoirs en Occident jusqu'au XIIe siècle (voir chapitre 38).

Enfin, pour bien structurer le devoir, il faut impérativement dégager les différences entre les conceptions des pouvoirs spirituel et temporel en Occident et en Orient.

Mobiliser ses connaissances

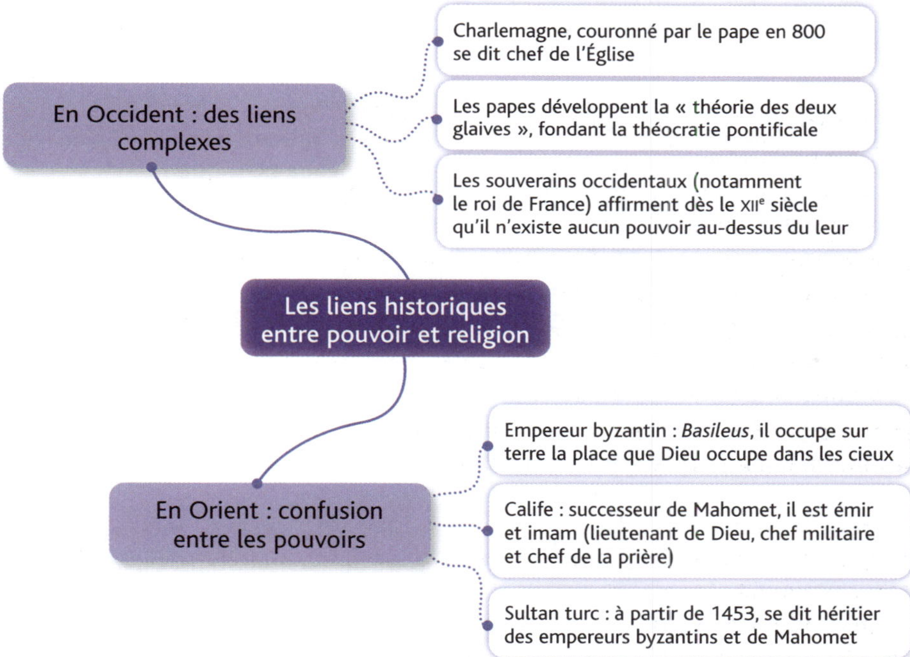

Problématiser le sujet

Le libellé a une forme **affirmative.** Il s'agit donc de le **problématiser,** c'est-à-dire de le rendre dynamique, **sous la forme d'une ou plusieurs questions** qui permettent de **bâtir un plan pour y répondre.**

Quelles sont les interactions anciennes entre pouvoir et religion ? Comment les caractériser ?

Pour répondre à cette interrogation double, il faut d'abord délimiter le cadre spatial et temporel, en indiquant que l'on se bornera au Moyen Âge en Occident et en Orient.

Il faut ensuite expliquer comment fonctionnent les rapports entre pouvoir et religion **en Occident,** depuis le règne de **Charlemagne** : il y a individualisation et concurrence entre les pouvoirs, entraînant une **affirmation progressive du pouvoir politique** face au pouvoir religieux.

Puis on doit montrer l'**enchevêtrement des pouvoirs politique et religieux en Orient**, que ce soit dans l'Empire byzantin ou dans le califat abbasside : leurs dirigeants détiennent les deux pouvoirs à des degrés divers.

Corrigé type rédigé

Introduction

[accroche]

Le geste de mauvaise humeur de Charlemagne lorsque le pape lui pose la couronne impériale sur la tête en 800, tel que le relate l'historien Éginhard, illustre bien la difficulté des rapports entre les pouvoirs politique et religieux.

[analyse du sujet]

L'empereur de l'Occident chrétien qui se proclame *rex et sacerdos* (roi et prêtre) ne veut en aucun cas que le geste symbolique du couronnement puisse être interprété comme une soumission au pouvoir du pape. Ainsi, les rapports entre le pouvoir temporel et le pouvoir spirituel oscillent depuis toujours entre confusion, soumission, concurrence ou tentatives d'émancipation.

[problématique et annonce du plan]

Quelles sont les interactions anciennes entre pouvoir et religion ? Comment les caractériser ?

Pour répondre à ces deux questions, nous nous limiterons chronologiquement au Moyen Âge et spatialement à l'Europe occidentale, ainsi qu'à l'Empire byzantin et au califat abbasside.

Il faut d'abord envisager la situation dans l'Occident chrétien où les deux pouvoirs sont en concurrence (I). Puis on pourra étudier la situation en Orient où l'enchevêtrement entre le religieux et le temporel entraîne une confusion durable entre les deux pouvoirs (II).

Développement

I. En Occident, des liens historiques entre soumission, concurrence et émancipation

[argument 1]

Depuis le règne de Pépin le Bref (751-768), le roi des Francs est sacré, c'est-à-dire que l'Église lui confère un pouvoir venu directement de Dieu. Ainsi Charlemagne commande le peuple élu en étant l'intermédiaire de Dieu, comme le montre la place de son trône dans le palais d'Aix-la-Chapelle. Positionné en hauteur sous le portrait du Christ, il domine l'assemblée de ses sujets placés au-dessous. Dans les traditions romaine et byzantine, il se considère de fait comme le chef de l'Église terrestre et voit dans le pape son subordonné. Mais, en même temps, Charlemagne a besoin de l'Église, dépositaire exclusive du savoir et de l'écrit, pour administrer son Empire.

[argument 2]

Les papes, de plus, revendiquent leur supériorité sur le pouvoir temporel. Ils s'appuient sur la « théorie des deux glaives » fondant la théocratie pontificale. Issue des écrits de saint Augustin (354-430), développée au cours du premier millénaire et portée à son apogée par Innocent III (1198-1216), elle affirme que le pape est *vicarius Christi* (vicaire de Jésus-Christ) et possède la *plenitudino potestatis* (la puissance totale). Le pape détient donc le glaive spirituel (religieux) et le glaive temporel (le gouvernement des États). Il est ainsi supérieur aux rois qu'il doit commander.

[argument 3]

Cette théorie ne s'appliquera jamais réellement dans l'Occident médiéval où elle n'est pas acceptée par les souverains, particulièrement dans le Saint Empire romain germanique, héritier de l'Empire carolingien et dans le royaume de France. Dès la fin du XIIe siècle, le roi de France Philippe Auguste proclame « qu'il est empereur en son royaume » et qu'il n'accepte aucune autorité au-dessus de la sienne, fût-elle celle du pape.

[transition]

Cette émancipation progressive du politique par rapport au religieux est impossible en Orient à la même époque, tant l'imbrication entre les deux pouvoirs y est forte.

II. En Orient, deux pouvoirs intimement confondus

[argument 1]

La détention des pouvoirs temporel et spirituel par un seul homme qui prévalait dans l'Empire romain, particulièrement depuis sa christianisation par Constantin (306-337), se maintient en Orient tout au long du Moyen Âge alors qu'elle n'est plus qu'épisodique en Europe occidentale. L'empereur byzantin puis le calife se disent à la fois souverain temporel et chef d'une religion qu'ils essaient d'étendre au monde entier.

[argument 2]

Dans l'Empire byzantin, l'empereur est le *Basileus*. Il occupe la place que Dieu occupe dans le royaume des cieux. Son pouvoir est une émanation de la providence et n'a donc aucune limite théorique. Il est « la loi incarnée ». L'empereur chrétien a pour mission d'étendre son empire, car comme il n'y a qu'un royaume céleste, il n'y a qu'un royaume terrestre. Toute terre chrétienne est inaliénable et doit être reconquise si elle a été perdue. L'empereur est donc aussi un chef de guerre permanent.

[argument 3]

« Lieutenant de Dieu et chef militaire des croyants (émir) », le calife devient rapidement un chef de guerre à la tête d'un immense empire et met en place un rituel monarchique teinté d'influences perses et byzantines.

Avec la dynastie abbasside (750-1258), le calife, bientôt installé à Bagdad, se transforme en monarque de droit divin en devenant imam (chef de la prière) et en adoptant des noms de règne évoquant la faveur divine *(laqâb)*. Il est souvent représenté à la manière du *Basileus*.

Conclusion

[bilan]

Les rapports entre pouvoir et religion évoluent différemment suivant les espaces. En Orient, la confusion entre les deux pouvoirs s'accentue au moment de la chute de Constantinople en 1453. Le sultan turc qui y installe son pouvoir affirme avoir pris à la fois la succession des empereurs byzantins et celle du prophète Mahomet. Il se proclame donc chef spirituel et temporel et calife ayant autorité sur tous les musulmans.

[ouverture]

En Occident, le pouvoir spirituel a renoncé à se proclamer au-dessus du pouvoir temporel. Boniface VIII, le dernier pape à s'y être risqué, est violemment giflé par l'envoyé du roi de France Philippe le Bel lors de « l'attentat d'Anagni » le 8 septembre 1303 et décède quelques jours plus tard.

Dissertation

Sujet : « État et religions en Inde depuis 1947 »

Travail préparatoire

Analyser le sujet

Comprendre le libellé

Il faut d'abord définir les **termes principaux du sujet,** c'est-à-dire, ici, en premier lieu les mots **« État et religions »**.

« État » doit être pris dans son sens le plus simple du pouvoir politique, c'est-à-dire l'autorité souveraine qui gouverne un pays.

Le genre pluriel de « religions » indique qu'il s'agit à la fois des différents cultes présents en Inde et de la façon dont ils sont organisés.

L'**espace géographique** correspond à l'Union indienne et les bornes chronologiques nous invitent à s'y intéresser depuis le moment de l'indépendance. Il semble donc souhaitable d'y inclure le problème des **rapports avec le Pakistan**.

Les écueils à éviter

Le sujet est à replacer dans le cinquième thème du programme « analyser les relations entre États et religions » et plus particulièrement dans l'objet de travail conclusif de ce thème « État et religions en Inde ».

Pour bien se conformer à l'esprit du programme, l'étude entre le pouvoir et les religions doit se faire à **partir d'exemples** et non de manière trop théorique ou exagérément philosophique.

Il ne s'agit donc **pas de décrire toute la complexité des rapports entre l'État et les religions en Inde** mais d'insister sur l'originalité de son approche de la sécularisation ainsi que sur ses limites (processus actuel de **confessionnalisation**).

Les attentes du correcteur

Le devoir doit montrer que l'on connaît **les jalons** définis par le programme, à savoir une bonne maîtrise de la notion de « **sécularisme** » et l'importance de la **dimension politique de la religion** dans l'Inde contemporaine.

Il est aussi souhaitable d'avoir une idée à peu près complète des **minorités présentes en Inde** et de l'évolution de leur degré d'acceptation par rapport à la religion dominante (l'hindouisme).

Enfin, sans tomber dans une description trop journalistique, il ne faut pas hésiter à utiliser l'actualité récente en liaison avec **les crispations** du pouvoir actuel dans le **domaine religieux**, crispations liées aux orientations **ultranationalistes** du gouvernement dirigé par **l'ultranationaliste Narendra Modi** (thème récurrent de l'*hindutva* ou **hindouité**).

Mobiliser ses connaissances

- **États et religions en Inde depuis 1947**
  - Sécularisme
    - Héritage de la philosophie de Gandhi
    - Principe implicite de la Constitution démocratique de 1950 (explicitement inscrit en 1976)
    - Garantie des droits fondamentaux, religieux et culturels, pour tous les citoyens
  - Les tensions religieuses avec le Pakistan
    - Tensions nées de l'indépendance de 1947
    - Tensions exacerbées par le problème du Cachemire
    - En voie d'apaisement ? Nouvelle convergence d'intérêts dans la lutte contre l'islamisme radical
  - Le sort des minorités religieuses
    - Importance des minorités religieuses (musulmane, chrétienne, sikh, etc.) soit plus de 20 % de la population
    - Remise en cause des droits des minorités religieuses depuis 2014
    - Fin du sécularisme encouragé par le gouvernement ultranationaliste au pouvoir

Problématiser le sujet

Le libellé a une forme **affirmative.** Il s'agit donc de le **problématiser,** c'est-à-dire de le rendre dynamique, **sous la forme d'une ou plusieurs questions** qui permettent de **bâtir un plan pour y répondre.**

Comment évoluent les rapports entre l'État et les religions en Inde depuis 1947 ? Pourquoi est-ce une source de tensions permanentes ?

La réponse à cette double interrogation doit s'appuyer sur des faits précis (les conditions de l'indépendance de 1947, le contexte qui a permis l'émergence du sécularisme en 1950, etc.) et sur une bonne connaissance de l'actualité (résurgence du nationalisme indien, regain de tensions avec le Pakistan).

Il faut d'abord **expliquer ce qu'est le sécularisme,** notion complexe, différente de la sécularisation telle qu'elle est envisagée dans les sociétés occidentales. Puis on doit montrer que le sécularisme est mis à mal par la montée des tensions religieuses liées à la **résurgence du nationalisme hindou**.

Enfin, les **enjeux géopolitiques** découlant d'un contentieux religieux au départ (en l'occurrence le problème du **Cachemire** à majorité musulmane et rattaché à l'Inde au moment de l'indépendance) sont à aborder comme illustration de la complexité de la gestion des relations entre l'État et les religions.

Corrigé type rédigé

Introduction

[accroche]

« Les religions sont comme des routes différentes qui convergent vers un même point. Qu'importe que nous empruntions des voies différentes, pourvu que nous arrivions au même but. »

Cette tolérance mutuelle en matière religieuse, que prêche inlassablement Gandhi jusqu'à son assassinat en 1948, n'est pas aisée à appliquer en Inde.

[analyse du sujet]

L'étendue du territoire indien, l'importance de la population, sa forte **diversité religieuse** et la **suprématie de la religion hindouiste** rendent **complexe le fonctionnement de la société et l'organisation démocratique de l'État**. Cette complexité est encore aggravée par les fréquentes tensions religieuses qui secouent le pays, notamment entre hindous et musulmans et aussi avec certains pays limitrophes comme le Pakistan.

[problématique et annonce du plan]

Comment évoluent les rapports entre l'État et les religions en Inde depuis 1947 ? Pourquoi est-ce une source de tensions permanentes ?

Pour répondre à cette double interrogation, il faut d'abord expliquer ce qu'est le sécularisme indien (I). Puis on peut se demander s'il n'est pas mis à mal par la résurgence récente de l'ultranationalisme hindou menaçant les minorités religieuses (II). Enfin, on pourra étudier en quoi la religion est partie prenante des tensions géopolitiques qui affectent les relations entre l'Inde et le Pakistan (III).

Développement

I. Un rapport particulier aux religions : le sécularisme

[argument 1]

Dès 1947, à la fin de l'Empire britannique et lors du passage à l'indépendance, le gouvernement indien est confronté à des graves tensions religieuses dans le pays, notamment entre les deux principales religions hindouiste et musulmane à cause du développement d'un nationalisme hindou très militant et agressif. Guide spirituel de l'Inde et acteur de l'indépendance du pays, Gandhi prône, jusqu'à son assassinat en 1948, la tolérance mutuelle en matière religieuse.

[argument 2]

Sous l'influence de Nehru, héritier spirituel de Gandhi, la Constitution de 1950 pose le principe du sécularisme, favorisant une cohabitation religieuse même si elle reste toujours fragile. En principe, l'État ne reconnaît aucune religion officielle mais le poids de l'hindouisme rend les équilibres religieux très précaires.

[argument 3]

Le sécularisme indien est parfois comparé à la laïcité telle qu'elle est comprise en France. Il est constitutif de la profonde diversité religieuse du pays qu'il faut réguler, organiser, pacifier. Cependant, à l'inverse de la France, il n'y a pas de séparation nette entre l'État et les religions mais plutôt une tolérance bienveillante envers elles. L'Inde assure ainsi les droits fondamentaux religieux et culturels à tous les citoyens, minorités comprises.

[transition]

Ces droits fondamentaux semblent en partie remis en cause de nos jours par la résurgence d'un nationalisme hindou de plus en plus marqué.

II. L'évolution du sort fait aux minorités religieuses

[argument 1]

Les minorités religieuses sont loin d'être négligeables en Inde. Dans le Nord du pays, les musulmans sont majoritaires dans l'État du Jammu-et-Cachemire. De fortes minorités musulmanes sont installées au nord-ouest du Rajasthan, dans l'Uttar Pradesh et au Bengale occidental. Les sikhs sont nombreux dans le Pendjab. Quant aux chrétiens, ils sont significativement présents dans le Kerala au sud-ouest, à Goa et dans les territoires de l'Est indien au-delà de l'État indépendant du Bangladesh musulman.

[argument 2]

Depuis quelques années, se pose à nouveau le problème de la reconnaissance et du statut des minorités religieuses dans la société indienne. Avec la montée en puissance du nationalisme hindou, les chrétiens, les musulmans et les autres minorités religieuses de l'Inde, tous considérés comme des citoyens inférieurs, sont désormais stigmatisés par le Parti du peuple hindou (parti d'extrême droite du Premier ministre Modi). Les églises sont profanées, des chrétiens et des musulmans sont agressés et « reconvertis » à l'hindouisme. L'année 2017 marque une telle recrudescence des violences interreligieuses que le gouvernement américain et le Vatican sont intervenus pour demander le respect de la Constitution de 1950.

[argument 3]

De nombreux observateurs pensent que la fin de l'Inde sécularisme est proche, tant le pays semble en proie à une logique de confessionnalisation. Dans le Gujarat, l'abattage illégal des vaches sacrées, auparavant puni de sept ans de prison est désormais sanctionné par la réclusion à perpétuité. L'extrême droite de Narendra Modi essaie même imposer une ethnicisation de la démocratie indienne en s'appuyant sur l'idéologie de l'*hindutva* (hindouité), selon laquelle la nation indienne serait hindoue de par son essence.

[transition]

Les tensions liées à la religion contribuent à durcir les relations entre l'Inde et le Pakistan et à entretenir, autour du problème territorial du Cachemire, une conflictualité toujours renouvelée.

III. La religion : un enjeu majeur des relations avec le Pakistan

[argument 1]

Le conflit entre l'Inde et le Pakistan à propos du Cachemire plonge ses racines dans le passé colonial de la péninsule Indienne. Le colonisateur anglais, soucieux de neutraliser les tensions religieuses, prône une séparation progressive des communautés musulmane et hindoue. L'indépendance « improvisée » de 1947 accélère le processus de manière dramatique par la création de deux États : l'Inde à majorité hindouiste et le Pakistan, proclamé république islamiste.

[argument 2]

Durant l'été et l'automne 1947, un gigantesque exode concerne 10 à 15 millions de personnes, des musulmans et des hindous tentant de regagner leur État respectif. Ces déplacements s'accompagnent d'un déferlement de violences, liées au tracé des nouvelles frontières (l'État du Cachemire, à majorité musulmane choisit le rattachement à l'Inde) et à la montée des tensions intercommunautaires. Ces transferts sont incomplets, puisqu'en 1948 il reste 35 millions de musulmans en Inde, facteur d'affrontements ultérieurs, particulièrement au Cachemire (trois guerres indo-pakistanaises entre 1947 et 1971).

[argument 3]

Les attentats du 11 septembre 2001 aux États Unis et la guerre d'Afghanistan qui en découle déstabilisent le Pakistan. Ils entraînent la réouverture du conflit du Cachemire avec l'Inde (un million de soldats le long de la frontière commune). En même temps, l'Inde décide d'enrayer le terrorisme islamique au Cachemire et le Pakistan rompt avec les Talibans et les mouvements islamistes radicaux. Les conditions sont peut-être en train d'être réunies désormais pour le retour à un dialogue bilatéral indo-pakistanais. Il peine cependant à s'amorcer, comme en témoigne le regain de tensions entre les deux pays début 2019.

Conclusion

[bilan]

L'étude des rapports entre État et religions en Inde illustre parfaitement l'intensité variable du processus de sécularisation, c'est-à-dire du détachement progressif des sociétés contemporaines par rapport à la religion. Après s'être incarné de manière originale dans le « sécularisme », victoire posthume mais fragile de la tolérance « à l'indienne » prônée par Gandhi, il est à nouveau remis en cause par la résurgence de l'hindouité.

[ouverture]

Ce concept, inventé par l'idéologue d'extrême droite Vinayak Damodar Savarkar en 1923, fait de l'hindouisme la clé de l'identité du pays et par là même lie à nouveau le pouvoir politique à la religion dominante et exclut toute possibilité d'existence quant aux autres religions.

Cartographie : Domino et Hachette Éducation

Crédits photographiques : p. 38 Illustration de Howard Pyle © North Wind Pictures/Leemage ; p. 40 extrait du film documentaire « Salvador Allende » de Patricio Guzman, 2004 © Farabola/Leemage ; p. 45 © Gerald Bloncourt/RDA/ Leemage ; p. 53 © AFP ; p. 72 Miniature. Museo Navale, Genes ©Luisa Ricciarini/Leemage ; p. 76 Discours de Vladimir Poutine à Moscou, le 7 juillet 2011 ©ITAR-TASS/UIG/Leemage ; p. 123 Garde-frontière nord-coréen à la frontière entre les deux Corées, 2002 © Sovfoto/UIG/Leemage ; p. 127 invasion de la Pologne. L'armée allemande retire les barrières délimitant les frontières entre l'Allemagne et la Pologne, septembre 1939 © MP/ Leemage ; p. 159 Le toit d'une maison à Tananarive, Madagascar © Godong/ Leemage ; p. 162 Les presses rotatives Marinoni à l'exposition universelle de Paris, 1889 « Revue de l'Exposition Universelle » © DeAgostini/ Leemage ; p. 175 Première page du journal « L'Aurore » du 13 janvier 1898 © Bridgemanimages/Leemage ; p. 176 Caricature de Caran d'Ache (Emmanuel Poire 1859-1909) montrant une famille divisée autour de l'affaire Dreyfus dans Le Figaro du 14 février 1898 © Gusman/Leemage ; p. 178 Télescripteur de l'agence Havas, gravure, 1895 © Abecasis/ Leemage ; p. 181 Nick Ut, Associated Press, parue le 12 juin 1972 dans le New York Times D.R. ; p. 191 Charles Maurras (1868-1952) © Selva/Leemage ; p. 211 Denier en argent à l'effigie de Charlemagne, frappé à Mayence vers 812. Paris Musée du Cabinet des Médailles de la Bibliothèque National de France © DeAgostini/Leemage ; p. 213 Solidus de Léon VI le Sage, piece d'or byzantine, Musée Benaki, Athènes © FineArtImages/Leemage ; p. 214 Photothèque Hachette ; p. 217 Photographie vers 1930. Ankara, Turkish Historical Society. Turquie © Luisa Ricciarini/Leemage